artdigilandbooks **saggi**

I0247773

Fabrizio Crisafulli

UN TEATRO APOCALITTICO
La ricerca teatrale di Giuliano Vasilicò negli anni Settanta

artdigiland.com

Artdigiland Ltd
23, Griffith Downs - The Crescent
Drumcondra
Dublin D9
Rep. of Ireland
www.artdigiland.com
info@artdigiland.com

Fabrizio Crisafulli
UN TEATRO APOCALITTICO
La ricerca teatrale di Giuliano Vasilicò negli anni Settanta

prefazione **Dacia Maraini**

testimonianze **Simone Carella, Enrico Frattaroli**
interviste **Goffredo Bonanni, Agostino Raff, Lucia Vasilicò**
col racconto inedito *Amleto finalmente* di **Lucia Vasilicò**

collaborazione agli apparati: Nika Tomasevic
editing e redazione: Nidia Natalini
grafica e impaginazione: Michela Tranquilli

fonti documentali private:
Archivio Giuliano Vasilicò (AGV)
Archivio Lucia Vasilicò (ALV)
Archivio Agostino Raff (AAR)

in copertina:
Inga Alexandrova, Bruno Sais, Lidia Montanari,
Giovanni Saba ne *Le 120 giornate di Sodoma*, 1972

in retrocopertina, da sinistra: Fabrizio Boffelli e Enrico Frattaroli in *Proust*, 1976; Ingrid Enbom e Fabio Gamma in *Amleto*, 1971; Ingrid Enbom, Bruno Sais, Giovanni Saba e Lidia Montanari e, nella foto successiva, Lucia Vasilicò, ne *Le 120 giornate di Sodoma*, 1972

L'editore si dichiara disponibile a provvedere ad eventuali diritti fotografici che non sia stato possibile individuare

© 2017 Artdigiland Ltd
one frame one spirit one stream

© 2017 Fabrizio Crisafulli e altri autori

A Simone Carella

Indice

11   Il meraviglioso paesaggio erano le parole
Prefazione
di *Dacia Maraini*

15   Introduzione

GLI SPETTACOLI (1969-1976)

29   Gli inizi: Missione-psicopolitica (1969)
L'occupazione (1970)
37   Amleto (1971)
55   Le 120 giornate di Sodoma (1972)
77   L'uomo di Babilonia (1974)
85   Proust (1976)

I COLLABORATORI

113   Lucia Vasilicò: dalle urla in cantina al teatro del silenzio
130   *Intervista a Lucia Vasilicò*
141   Agostino Raff tra musica e scena
150   *Intervista ad Agostino Raff*
157   Goffredo Bonanni e la scenografia come spazio dell'interiorità
168   *Intervista a Goffredo Bonanni*

TESTIMONIANZE

177   Il "Sistema" Vasilicò
di *Simone Carella*
185   "Per capire la corrente elettrica devo ricorrere al mito di Prometeo"
di *Enrico Frattaroli*

APPARATI

Antologia critica

194 Alberto Abruzzese; 195 Giuseppe Bartolucci; 204 Alberto Beretta Anguissola; 205 Maricla Boggio; 206 Daniele Del Giudice; 207 Roberto De Monticelli; 211 Guy Dumur; Edoardo Fadini; André Fermigier; 212 Jacques Ferrier; Cesare Garboli; 213 Colette Godard; 214 Gerardo Guerrieri; 216 Dacia Maraini; 217 Frank Marcus; Pierre Mazars; Giuliana Morandini; 221 Paolo Emilio Poesio; 225 Jerzy Pomianowski; 226 Angelo Maria Ripellino; 228 Elio Pagliarani; 229 Edoardo Sanguineti; 231 Rodolfo Wilcock; 232 Alberto Moravia (su Lucia Vasilicò)

235 **Biografia**
238 **Teatrografia (1969-1976)**
240 **Bibliografia**
253 **Crediti fotografici**

UN RACCONTO INEDITO

257 Amleto finalmente
di *Lucia Vasilicò*

Il meraviglioso paesaggio erano le parole
Prefazione
di Dacia Maraini

«Era venuto il momento in cui si poteva vivere a ciel sereno», scrive Lucia Vasilicò, sebbene stesse lavorando col fratello Giuliano nelle profondità di un anonimo palazzo di un anonimo quartiere romano. Liberi a ciel sereno sotto il soffitto nero della cantina che si trasformava rapidamente in un cielo azzurro: «per noi si allargavano campi di grano e profumo di tigli in fiore. Il meraviglioso paesaggio erano le parole. Senza dubbio, e forse senza saperlo, eravamo i protagonisti dei primi movimenti di un teatro nuovo».

Così Lucia ricorda gli anni che la videro compagna fedele, musa ispiratrice di Giuliano: «guardava la mia bocca, leggeva dalle mie labbra: "perché le tue frasi rimangono come scolpite nell'aria?"».

Interprete di tanti suoi personaggi femminili, capace di tradurre in azione i silenzi tormentati del fratello, Lucia riesce a comunicarci, forse più delle altre testimonianze di questo bel libro, le emozioni, la disperata tensione creativa e lo straordinario coinvolgimento che Giuliano riusciva a creare in quelle cantine romane.

A Fabrizio Crisafulli si deve il merito di parlare del regista Vasilicò senza retorica e di volerlo ricordare non al passato, ma al presente. Gli stralci da articoli o critiche del tempo ai suoi spettacoli commentano quello che si è visto la sera prima e lo fanno sentire

un teatro apocalittico

ancora presente, con le sue provocazioni sublimi, vero protagonista di quell'avanguardia che aveva fatto del teatro la propria ragione, la propria scelta di vita. Anche se, tra i primi attori-registi della cosiddetta scuola romana, Vasilicò rifiutò sempre qualsiasi etichetta o appartenenza a gruppi. E le testimonianze di chi ha lavorato fianco a fianco con lui sono la dimostrazione di quanto la sua caparbia meticolosità, la sua ossessione visionaria, in quei giorni, mesi, anni passati con lui restino ancora vivi nella memoria di tutti.

«Una cosa importante e peculiare del suo lavoro erano le prove, che erano un'esperienza umana molto forte e molto coinvolgente. Non erano prove nelle quali si provano testi già esistenti. Erano delle lunghe "sedute" di gruppo nelle quali conducevamo una ricerca su aspetti profondi riguardanti l'autore sul quale si stava lavorando, e non solo. Quasi sedute psicanalitiche, in un certo senso. E poi il teatro inteso come mistero. Non solo nel senso di qualcosa che non si conosce, ma come rito», scrive Goffredo Bonanni.

Il suo fare teatro sanciva di per sé una nuova drammaturgia, ma non dava messaggi, non abbandonava la parola per privilegiare il gesto, come hanno fatto molti, nell'idea che le forme di teatro tradizionale andassero distrutte, perché per lui la ricerca teatrale era una dimensione esistenziale e spirituale.

«Nella finzione scenica si possono compiere atti, sperimentare situazioni che nella vita non si osa compiere: veri e propri salti (interiori) nel buio». Il teatro, dunque, per Giuliano Vasilicò è lo strumento più alto di conoscenza e di scavo di quella parte di noi che altrimenti resterebbe oscura e segreta. «Il *Proust* di Vasilicò nasce nella caverna della memoria e dell'inconscio; e di lì non si muove», scrive De Monticelli sulle pagine del Corriere della Sera. Per i suoi spettacoli, per le sue messe in scena ha bisogno di conoscere l'autore del testo che affronta, di entrare nella sua vita, di scavare fino in fondo le ragioni che lo hanno portato a scrivere quella storia, quei personaggi. «La prima cosa che faccio – afferma Vasilicò – è quella di tuffarmi nell'universo dell'autore. Non leggo solo i suoi lavori, ma anche tutto quello che è stato scritto su di lui. E indago sulla leggenda che si è lasciata dietro. Il risultato, in questo modo, non è più soggettivo. È quello che invece si potrebbe definire un'interpretazione collettiva».

Le rappresentazioni di Vasilicò vivevano nel buio e nella luce come a significare il continuo passaggio tra realtà e sogno, tra verità e allucinazione. «La tensione tra bianco e nero percorre tutto lo spettacolo. La luce, usata magistralmente, svolge un ruolo importantissimo. Non solo nel creare atmosfere. Modella il luogo, produce spazi, spesso "ampi" spazi, che non ci sono», scrive Crisafulli a proposito di *Proust*.

Un regista, insomma, che ha inteso la sua ricerca teatrale sperimentando tutte le possibilità espressive, non inseguendo dei nuovi canoni puramente estetici, patinati, ma sempre nel segno di uno scavo espressivo pieno di significati.

Scrive ancora Crisafulli di un teatro «come mezzo che tende a svelare (in questo senso, come ho detto, apocalittico) innanzitutto al suo stesso autore, cose che un libro o la vita stessa necessariamente non riescono a svelare. Perché il teatro permette di avere a che fare con queste cose in termini fisici, energetici, di tensioni; e sul piano dei fatti, delle forme concrete, della circolazione di immagini e movimenti reali tra opera e pubblico. Il teatro è il mezzo che Vasilicò ha scelto per cercare di comprendere e far comprendere l'esistenza».

La sorella Lucia, con un breve racconto, ci restituisce Giuliano in tutta la sua tensione creativa. E lo fa attraverso le emozioni che le ha suscitato, mentre osservava con sguardo attento e affettuoso l'uomo col quale aveva condiviso infanzia, adolescenza e maturità, ma, soprattutto, tenendo conto della loro straordinaria intesa artistica.

E ancora una volta siamo a teatro, alle prove dell'*Amleto*, uno dei suoi spettacoli migliori, dove lei interpreta Ofelia. Ancora una volta, forse l'ultima, lo osserva nel pieno di quell'energia vitale che lo porta a esplorare le profondità dell'intelligenza creatrice, pronto a mettersi in gioco per la sola cosa che lo appassiona disperatamente: il teatro.

Introduzione

Una importante spinta a realizzare questo libro mi viene dal fatto di aver conosciuto molto bene Giuliano Vasilicò e i suoi collaboratori; tra questi ultimi, in particolare, Goffredo Bonanni, mio amico fraterno già dalla fine degli anni '60, e Lucia, sorella di Giuliano; e soprattutto di aver seguito molto da vicino la preparazione e la messinscena dei loro lavori nel periodo che va dal 1972 ai primi anni '80. Spero che la conoscenza diretta della loro ricerca in quegli anni, ai quali il libro si riferisce, faciliti il mio tentativo di ricostruzione di quella parte del loro percorso artistico.

A questa motivazione si aggiunge il fatto di non aver finora riscontrato negli studi teatrali un'attenzione al lavoro di Vasilicò all'altezza della rilevanza che ritengo esso abbia avuto[1]. Il regista viene citato nelle storie del teatro quasi sempre in quanto uno dei protagonisti, con Mario Ricci, Giancarlo Nanni, Memè Perlini, del cosiddetto "teatro-immagine" romano. Un'etichetta

---

1. Tra i contributi recenti fanno eccezione: E. Massarese, *Teatri/libro. Ronconi, Vasilicò, Bene. Esperienze di percezione tra corpi in pagina e corpi in scena*, Aracne, Roma, 2009; S. Margiotta, *Il nuovo teatro in Italia 1968-1975*, Titivillus, Corazzano (PI), 2013; M. Valentino, *Il nuovo teatro in Italia 1976-1985*, Titivillus, Corazzano (PI), 2015.

un teatro apocalittico

che Vasilicò non ha mai accettato[2] e che, al di là della capacità che a suo tempo ha certamente avuto di individuare un fenomeno e di farlo conoscere, mi pare abbia poi funzionato da paravento rispetto a una visione più articolata delle singole ricerche, e da deterrente rispetto alla conoscenza più approfondita delle figure d'artista che ne sono state parte. Questo vale anche per Vasilicò, sul cui lavoro peraltro non è stata pubblicata finora alcuna monografia[3].

Ho inoltre avvertito col tempo una certa influenza della ricerca del regista emiliano, e di quella di Goffredo Bonanni e di Lucia Vasilicò, sul mio stesso lavoro di regista. Su questo non mi soffermerò. Ma si tratta certamente di un fatto che forse mi permette di individuare meglio alcuni degli elementi del loro lavoro potenzialmente capaci di ispirare o tramandare modalità di ricerca. Pochi giorni prima di morire, Giuliano è venuto a casa mia, a Roma, e nel soggiorno mi ha mostrato, scena per scena, come funzionava il suo *Amleto* del 1971, spettacolo al quale è sempre rimasto molto legato come ad una specie di sua opera paradigmatica, e che non avevo visto dal vivo, ma solo in video; un video, per di più, di una versione tarda del 1987, forse non all'altezza del lavoro originario, come lo stesso Giuliano lasciava spesso intendere. L'energia che, nonostante le pessime condizioni di salute, metteva in quella specie di dimostrazione privata, il suo coinvolgermi fisicamente nella ricostruzione delle azioni, guidandomi a forza di braccia, oltre ad avermi toccato profondamente, mi ha ricordato l'importanza che per me ha avuto il sentire nel suo approccio al teatro quel senso fortissimo di ne-

---

2. «Che Vasilicò respinga sdegnato l'etichetta del "teatro-immagine", si capisce. Qui non immagini, propriamente, si producono, ma ambigui enigmi», ha scritto Edoardo Sanguineti in una recensione di *Proust* (*I segni di Proust*, in E. Sanguineti, *Scribilli*, Feltrinelli, Milano, 1985, p. 32).
3. Sul lavoro di Memè Perlini sono stati pubblicati i volumi: G. Bartolucci, D. Rimoldi, *Immagine-immaginario. Il lavoro del teatro La Maschera di Memè Perlini e Antonello Aglioti*, Studio Forma, Torino, 1978; R. Mele, *Il teatro di Memè Perlini*, 10/17 cooperativa editrice, Salerno, 1982. Su Mario Ricci: L. Franco, E. Zaccagnini, *La luce solida. Sul teatro di Mario Ricci*, Unmondoaparte, Roma, 2009. Non vi sono invece monografie su Giancarlo Nanni e su Giuliano Vasilicò.

cessità, e tensioni così pure ed impellenti; avvertire il senso di una ricerca che non gli permetteva, durante il giorno, di pensare ad altro. Sul piano emotivo, quell'episodio ha costituito un'ulteriore spinta a realizzare questa pubblicazione.

Il libro riguarda un periodo del percorso di Vasilicò, che, oltre a essere quello che ho seguito da vicino, è, secondo un'opinione comune a molti osservatori e agli stessi protagonisti, anche il più felice e proficuo: il periodo che va dall'*Amleto* del 1971, che è stato il suo terzo lavoro dopo *Missione psicopolitica* (1969) e *L'occupazione* (1970), fino al lungo e tormentato processo di elaborazione del progetto Musil, negli anni a cavallo tra i Settanta e gli Ottanta, con il quale è iniziata per il regista una crisi profonda, sia sul piano personale che su quello artistico.

Nel corso del periodo preso in considerazione, dopo *Amleto* Vasilicò ha realizzato *Le 120 giornate di Sodoma* (1972), spettacolo-rivelazione non solo del suo lavoro, ma dell'intero fenomeno delle "cantine romane", *L'uomo di Babilonia* (1974) e *Proust* (1976): caso quasi unico, quest'ultimo, di efficace trasposizione sulla scena del mondo poetico dello scrittore francese. E non ha realizzato, o non ha realizzato come avrebbe voluto, il progetto Musil, nonostante anni di intensissima ricerca[4].

Risalire al lavoro del "vero" Vasilicò potrebbe anche servire a contrastare quel calo di interesse (se non quasi un discredito, in qualche caso) che in alcuni ambienti si è creato nei confronti del lavoro del regista, legato al suo lungo periodo di crisi, dal quale di fatto non si è mai ripreso completamente, che ha comportato anni di scarsa produttività, di prolungate, sostanziali assenze dalle scene, di eclatanti rinvii, di inviti declinati, di spettacoli irrisolti[5]. E soprattutto potrebbe contribuire a rimettere nella

---

4. Dopo sette anni di lavoro, la prima parte dello spettacolo *L'uomo senza qualità* da Musil ha debuttato, ancora incompleta, al Teatro Valle di Roma, il 9 marzo 1984.
5. Non so quanto su questo possano aver influito anche certi aspetti del carattere di Vasilicò. Totalmente assorbito dalla sua ricerca, preso da una febbre costante, poco incline alla convivialità («non ha mai offerto un caffè a nessuno», mi ha ricordato recentemente Agostino Raff), non interessato ai vantaggi legati alle appartenenze a gruppi e tendenze, se non in maniera occasionale e disordinata, convinto

un teatro apocalittico

giusta luce l'importanza del contributo che Vasilicò ha dato alla ricerca teatrale. Contributo che a suo tempo è stato spesso valutato entusiasticamente, non senza eccessi a volte, sull'onda dell'impatto eclatante di spettacoli come *Le 120 giornate di Sodoma* o *Proust*[6]. Condivido la posizione espressa da Mario Prosperi, che leggo negli atti del convegno di studi sulle "cantine romane" del 2008[7], in sintonia con l'orientamento generale dello stesso convegno: «Non necessariamente è più significativo ciò che più si è imposto nel tempo ed ha avuto una maggiore durata: se l'operazione di Tiezzi su Genet (*Genet a Tangeri*) ha funzionato e quella di Vasilicò su Musil no, questo vuol dire che gli spettacoli di Vasilicò da Sade e da Proust sono meno significativi?»[8]. Sono d'accordo non solo perché penso che Vasilicò abbia realizzato alcuni degli spettacoli più interessanti degli anni Settanta in Italia (e a quelli dedicati a Sade e Proust, aggiungerei l'*Amleto*), ma perché con essi, e col suo modo di lavorare, ha posto questioni al teatro ed elaborato indirizzi di ricerca che sarebbe bene tenere presenti. Mi sembra che, in linea generale, Vasilicò abbia considerato il teatro un mezzo di conoscenza. Un campo di esplorazione dei meccanismi che soprintendono alle relazioni umane; un ambito

---

per di più del fatto che tra artisti e critici non dovrebbe esservi amicizia, per non compromettere il giudizio dei secondi sui primi (lo ha scritto in G. Vasilicò, *Ricerca e tradizione per costruire il teatro*, «Il Giornale dello Spettacolo», anno LVII, n. 32, 26 ottobre 2001), potrebbe forse aver risentito delle conseguenze di questo suo, per lui involontario e inevitabile, modo di essere: quella che si potrebbe definire la sua "antipatia".
6. Un momento di riflessione su questi temi è stato anche l'incontro *Ricordando Giuliano Vasilicò*, a cura di Andrea Schiavi, organizzato dal Centro Sperimentale di Cinematografia - Cineteca Nazionale presso il Cinema Trevi, a Roma, il 2 febbraio 2015, con interventi di Fabrizio Crisafulli e Lucia Vasilicò (documentazione video sul canale youtube della Cineteca Nazionale: https://www.youtube.com/watch?v=TnnoKITJagQ).
7. *Memorie dalle cantine. Teatro di ricerca a Roma negli anni '60 e '70*, giornate di studi a cura di S. Carandini, R. Ciancarelli, L. Mariti, L. Tinti, Università di Roma La Sapienza, Teatro Ateneo, Roma, 19-20 maggio 2008 (atti del convegno nel volume *Memorie dalle cantine. Teatro di ricerca a Roma negli anni '60 e '70*, numero monografico di «Biblioteca Teatrale», a cura di S. Carandini, nuova serie, gennaio-settembre 2012, Bulzoni, Roma, 2013).
8. M. Prosperi, *Linee di sintesi?*, in *Memorie dalla cantine...*, cit., p. 283.

introduzione

di attività che permette di comprendere le cose meglio di quanto non facciano le altre arti, la letteratura in particolare, e di quanto non faccia addirittura la vita stessa[9].

Il teatro è stato quindi per Vasilicò un potenziale mezzo di *rivelazione*, innanzitutto a se stesso, di aspetti nascosti dell'esistenza. Da qui il titolo del libro, *Un teatro apocalittico*, dato che la radice dell'aggettivo, *apo-kalýptein*, indica proprio *togliere il velo*, scoprire. E dato che il termine, in accezioni differenti, è facilmente associabile ad uno dei suoi spettacoli più importanti, *Le 120 giornate di Sodoma*, con la sua ineffabile presentazione del Male in forma di visioni; ed è riferibile, volendo, alla stessa personalità dell'artista, alle sue difficoltà personali, compresa la difficoltà di parola: «La balbuzie di Vasilicò è apocalittica»[10], ha scritto Daniele Del Giudice.

Il titolo, come ogni titolo, è solo una suggestione. Se, in seguito alle riflessioni condotte negli anni e alle considerazioni cui sono giunto nello scrivere questo libro, dovessi invece succintamente indicare qual è il principale contributo del lavoro di Vasilicò alla ricerca teatrale, direi che questo riguarda soprattutto la drammaturgia. In particolare, il modo di costruire una drammaturgia non narrativa.

«Il tema di un romanzo, di un racconto o di un dramma, rappresenta nel mio teatro – scrive il regista – l'esperienza artistica, culturale, umana con cui confrontarsi per trarre lo spettacolo. [...] Questo atteggiamento presuppone un viaggio all'interno dell'universo del testo stesso, universo i cui elementi non sono da considerarsi solo la "storia" e le situazioni che propone, ma anche il contesto sociale, culturale, politico in cui esse sono inquadrate, la vita dell'autore e la vita del testo stesso attraverso le varie epoche: reazioni dei lettori, censure, equivoci, volgarizzazioni,

---

9. «Nella finzione scenica si possono compiere atti, sperimentare situazioni che nella vita non si osa compiere: veri e propri salti (interiori) nel buio» (G. Vasilicò, *Il teatro di Giuliano Vasilicò*, in *Memorie dalle cantine...*, cit., p. 220). Sul tema torna spesso nei suoi scritti. Più recentemente, anche ne *Il regista in scena* (2013), spettacolo che costituisce una sorta di sua dichiarazione di poetica.
10. D. Del Giudice, *Il nostro viaggio finisce a Musil?*, «Paese Sera», 7 giugno 1978.

strumentalizzazioni, ecc. Da questo viaggio, che avremo fatto in piena ricettività, usciremo con delle opinioni personali, immagini, situazioni teatrali che verificheremo sul palcoscenico»[11].

Vasilicò adotta, nel costruire la drammaturgia di uno spettacolo, un terreno di riferimento complesso (l'opera, la vita dell'autore, tutto quello che è stato scritto su di lui, l'immaginario che quell'opera ha alimentato nella collettività), a partire dal quale costruisce strutture autonome, di tipo nuovo. Strutture drammaturgiche, appunto, non narrative: poetiche. Alla loro strutturazione concorrono i diversi elementi espressivi – il corpo, la parola, il gesto, l'immagine, lo spazio, la luce, il suono – alla pari. Posti in gioco e in relazione tra loro nel corso di un lavoro lungo e meticoloso, che è anche, nel suo caso, un lavoro convulso, ossessivo, pieno di ripensamenti, dove tutto viene continuamente rimesso in discussione (e col coraggio di ricominciare daccapo anche quando un risultato sembra raggiunto), ma insieme carico di un'energia pura e fortemente direzionata.

Che si tratti di Shakespeare, Sade o Proust, Vasilicò tende a calarsi totalmente nel mondo dell'autore. Anche quando non sente quel mondo vicino o condivisibile. Com'è il caso di Sade e, in fondo, di Proust. Pur non condividendo la violenza del mondo sadiano, e, anzi, avendone orrore, cerca di identificarsi in Sade. Pur non sentendo emotivamente vicini l'universo borghese e quello omosessuale di Proust, vi si cala completamente. Sono spesso le differenze a muoverlo.

Diverso è il discorso rispetto a Shakespeare. La dimensione del dubbio nel personaggio di Amleto gli appartiene totalmente, tanto da volerlo interpretare egli stesso in scena, mentre non è attore in Sade e non è attore in Proust. E vi è un altro elemento di rispecchiamento col dramma shakespeariano: la relazione con la sorella Lucia ha un prolungamento poetico in scena nel rapporto Amleto/Ofelia, che nel racconto originario erano fratelli.

---

11. G. Vasilicò, *L'operazione sperimentale*, in F. Quadri, *Avanguardia teatrale in Italia*, vol. II, Einaudi, Torino, 1977, p. 453.

Un altro aspetto centrale del teatro di Vasilicò è l'idea di *corpo scenico*, sottintesa in quanto ho detto prima. La concezione dello spettacolo come organismo compatto, nel quale tutti gli elementi espressivi hanno la stessa importanza ed incisività nel determinare il senso del lavoro, è un aspetto molto importante, che spiega anche il suo rigetto per l'etichetta "teatro-immagine". Perché è un'etichetta che isola una componente della sua ricerca che, per quanto importante, non è certo separabile rispetto al resto[12]. L'immagine, per Vasilicò, è parte del teatro esattamente come è parte della vita. Come in quest'ultima, è elemento connaturato alle cose, loro aspetto costitutivo. Non è un fine, né qualcosa cui dare particolare enfasi o da usare in maniera "speciale" o staccata. È significativo in tal senso che non faccia mai uso di proiezioni, elemento che a volte stenta più degli altri a farsi parte organica del lavoro teatrale e della sua dimensione fisica, che è una dimensione imprescindibile per il regista.

La stessa questione può essere posta rispetto alla parola. La consuetudine critica di far uso dell'opposizione teatro-immagine/teatro di parola, ha costretto Vasilicò, nelle classificazioni correnti, nella prima categoria. Ma a guardar bene – il libro torna in diversi punti sull'argomento – penso si possa dire che l'elemento che più degli altri muove il suo lavoro sia invece proprio la parola; cosa che ha peraltro relazioni con la sua storia personale, con il suo impedimento.

Ma il suo procedimento non è un'usuale traduzione scenica di un'opera già scritta, di un testo già esistente. È, in un certo senso, la creazione di un mondo nuovo, nel quale la parola – in quanto l'elemento linguistico più connotativo e articolato – non può che arrivare solo in una certa fase. La fase in cui riesce a

---

12. Significativamente, Renato Nicolini, che, come mi disse lui stesso, non aveva visto a suo tempo *Le 120 giornate di Sodoma*, nel riferire di una replica-laboratorio dello spettacolo presentata nel 2002, abbastanza fedele all'originale, ha osservato che in essa «è la drammaturgia a prevalere sull'immagine», descrivendo questo fatto come «un singolare rovesciamento delle condizioni che allora dettero vita al *teatro immagine*» (R. Nicolini, *Per mantenere viva la conoscenza*, «tuttoteatro.com», rivista online, anno III, n. 46, 23 dicembre 2002).

un teatro apocalittico

trovare, in quel mondo, la propria collocazione, il proprio senso, e ragioni legate ai dati e alle necessità della scrittura scenica complessiva, alle relazioni con gli elementi fisici, visivi, sonori; con i tempi, i ritmi, i corpi, gli spazi, le distanze, le relazioni. Fatti che incidono non solo sui modi di dire, ma anche e soprattutto su quello che si dice. La parola, in Vasilicò, segue quanto lui chiama l'"ordine di inserimento". Affiora ad uno stadio avanzato del processo. Prima viene il "mondo", poi la parola. Come succede nel processo di crescita di un bambino, che impara a parlare attraverso la conoscenza di quello che ha attorno. È come se la costruzione di uno spettacolo insegni ogni volta daccapo, al regista e agli attori, a parlare. A parlare per quello spettacolo; a trovare, per esso, le parole giuste.

Un'altra caratteristica del procedimento di Vasilicò è legata a certi aspetti della sua personalità. In particolare, alla sua fisicità e al suo forte istinto. Se è vero che ogni volta il regista inizia il lavoro con un lungo periodo di studio e con il tentativo di arrivare ad una consapevolezza profonda dell'universo cui si sta dedicando, è poi anche vero che nell'operare concreto, nelle prove, mette in campo in maniera immediata la sua istintività e il suo inconscio, la sua carica fisica ed energetica, il corpo in tensione, la gestualità nello spazio e nelle relazioni. È soprattutto attraverso questo che trova e "conosce"; e che modella il lavoro degli attori e lo spettacolo.

Il livello energetico è sempre alto. Lo è durante le prove e lo è nello spettacolo. Penso a Giuliano che, nelle repliche de *L'uomo di Babilonia*, dove non è attore, si precipita dalla platea in scena ad incitare con tensione inusitata i partecipanti al "corteo politico". Per chi assiste, un'irruzione allarmante, una scossa improvvisa. Ricordo, nello spettacolo su Sade, Goffredo Bonanni che, come racconta lui stesso qui in un'intervista, urla dalla sua postazione alla *console*-luci, ponendosi dentro lo spettacolo e contribuendo a infondere ritmo alle azioni. O, nello stesso lavoro, lo "scherano" Giovanni Saba, che, anche dopo essere uscito di scena, invasato, continua a sferrare colpi in aria con il bastone nella semioscurità, per poi rientrare e continuare davanti al pubblico la sua potente azione mai interrotta.

introduzione

Quello di Vasilicò è senza dubbio un teatro energetico[13]. Ma è anche - e questo è molto significativo - un teatro che, per quanto fortemente e caoticamente alimentato da spinte dirette e istintive, produce impianti molto chiari, di notevole coerenza. Un lavoro tormentato, lungo, complesso, faticoso, che alla fine crea distillati, esiti cristallini. Perché c'è alla sua base una grande selettività nelle scelte, una intransigente ricerca di essenza e di sintesi, il tentativo costante di arrivare al nucleo delle questioni. Questo può anche spiegare la crisi nella quale il regista precipita mentre affronta un'opera monumentale come *L'uomo senza qualità* di Robert Musil. Il lavoro sul grande romanzo dello scrittore austriaco – romanzo peraltro rimasto incompiuto – significa anni di confronto con una impossibilità. «Il non concluso farsi dei suoi progetti è figlio di una voglia inesausta di conoscere», ha osservato Ettore Massarese[14]. Il suo spingere sempre più in là il limite della ricerca di fronte a una sfida così ardua, porta a una impasse prolungata, a una tensione irrisolta, che si rivela piena di conseguenze sulla sua vita personale e lavorativa[15].

---

13. Anche nel senso della definizione che Jean-François Lyotard dà di "teatro energetico": un teatro fatto non di narrazione, ma di "forze, intensità, affettività in atto" (J.-F. Lyotard, *The Tooth, the Palm*, in *Mimesis, Masochism and Mime*, a cura di T. Murray, The University of Michigan Press, Anna Arbor, MI, 1997). Il modo di lavorare di Vasilicò fa anche pensare naturalmente alla nozione di *teatro postdrammatico* introdotta da Lehmann quasi venti anni fa: un teatro caratterizzato sempre meno dalla dimensione drammatica e dall'intreccio e le cui determinanti si definiscono sempre più nelle relazioni concrete tra i suoi elementi espressivi durante le prove e poi nelle repliche (Cfr. H.-T. Lehmann, *Postdramatisches Theater*, Verlag der Autoren, Francoforte, 1999; Id., *Cosa significa teatro postdrammatico*, «Prove di Drammaturgia», n.1, 2010); e ovviamente a quella di *scrittura scenica*, fortemente sostenuta da Beppe Bartolucci (cfr. G. Bartolucci, *La scrittura scenica*, Lerici, Roma, 1968), che ha seguito molto da vicino Vasilicò nella prima fase della sua ricerca (vedi i suoi testi inclusi nell'*Antologia critica*, infra, pp. 195-204).
14. E. Massarese, *Teatri/libro...*, cit., p. 65, n. 92; libro al quale si rimanda per le vicende del progetto Musil (cfr. p. 79 e segg.)
15. «Si è tentata – dichiara nel 1997 Vasilicò, da molto tempo ormai "convertito" alla fede cattolica – la messa in scena de *L'uomo senza qualità*, se ne è fatta una prima versione, poi si è abbandonata per anni l'impresa, ma questo rimane un po' il sogno, quello di mettere in scena un'opera che è certamente una delle più importanti del nostro secolo. [...] Muovendosi sul confine scabroso tra spiritualità laica e fede religiosa, questo romanzo rispecchia la situazione dell'uomo di oggi,

un teatro apocalittico

Un'ultima notazione vorrei fare a margine. Le motivazioni di Vasilicò si attivano, oltre che attorno alla creazione degli spettacoli, anche rispetto a questioni generali che riguardano il teatro, il suo senso e la sua funzione. Mi sembra molto significativa, ad esempio, tanto da farmela sentire come una sorta di lascito, la sua presa di posizione rispetto alle relazioni che in teatro dovrebbero intercorrere tra avanguardia e tradizione: «Penso che tra i due modi di fare teatro non vi sia o meglio non dovrebbe esservi contrasto, nel senso che l'avanguardia, secondo la mia visione, non è altro che la punta più avanzata di quella tradizione che rimane fedele alle motivazioni della sua origine, non quindi una sua nemica ma, al contrario, la sua più stretta sostenitrice, che insorge quando la creatività teatrale, dimentica della sua vocazione e degli obiettivi per i quali è nata, perde di forza e diviene convenzionale. Le componenti essenziali dell'arte teatrale, quelle che ne hanno motivato la nascita, devono quindi sussistere, anzi svilupparsi, anche all'interno degli esperimenti più innovativi»[16].

Per avermi aiutato a recuperare i materiali per questo libro, ringrazio gli amici Fabrizio Boffelli, Goffredo Bonanni, Enrico Frattaroli, Agostino Raff, Isabella Tirelli, Lucia Vasilicò; quest'ultima, in particolare, per avermi messo a disposizione il suo archivio personale e quello del fratello, e per aver voluto scrivere, apposta per questo libro, un racconto che riguarda i suoi rapporti con Giuliano durante la lavorazione dell'*Amleto* del 1971. Ringrazio

che da un lato non può certo abbandonare le scoperte della scienza, dall'altro tuttavia non si sente soddisfatto e cerca altro» (G. Vasilicò, *L'avanguardia nelle cantine romane degli anni '70*, trascrizione inedita dell'intervento all'Acquario Romano, Roma, 26 ottobre 1997, in AGV). L'impresa non verrà mai compiutamente realizzata. «Non ebbe lo slancio e la forza - ha scritto Lucia Vasilicò - ma l'intuizione aperta che ne ebbe in quel suo tentativo rimane indimenticabile». (L.Vasilicò, *Messaggi dal fronte interiore*, in *Cento storie sul filo della memoria. Il 'Nuovo Teatro' in Italia negli anni '70*, a cura di E. G. Bargiacchi e R. Sacchettini, Titivillus, Corazzano, 2017, p. 163).
16. G. Vasilicò, *Il teatro di Giuliano Vasilicò*, ... cit.

Dacia Maraini, che è stata spettatrice di Vasilicò fin dagli inizi (è lei l'"ammiratrice illustre" cui si riferisce Lucia nel suo racconto, le cui risatine di compiacimento durante la rappresenazione dell'*Amleto* incoraggiano la compagnia ad andare avanti), per la sua affettuosa ed emozionata prefazione. Ringrazio Goffredo Bonanni, Enrico Frattaroli, Agostino Raff anche per gli specifici contributi qui pubblicati. Mi piacerebbe tanto poter ancora ringraziare Giuliano Vasilicò, con il quale ho avuto spesso modo di discutere del suo lavoro, e che mi ha dato in passato diversi documenti, anche video, che lo riguardano. Un ringraziamento particolare, che è purtroppo un saluto a un artista e carissimo amico anche lui recentemente scomparso, va a Simone Carella, artista straordinario e grande promotore della ricerca teatrale, del quale, con Nika Tomasevic, abbiamo raccolto nell'aprile del 2016 la testimonianza qui pubblicata, e al quale questo libro è dedicato.

Gli spettacoli (1969–1976)

Giuliano Vasilicò (inginocchiato, a destra) con un gruppo di amici di teatro nei primi anni '70. In piedi, da sinistra, si riconoscono Pippo Di Marca, Roberto Benigni, Leo De Berardinis.

Gli inizi: Missione psicopolitica (1969), L'occupazione (1970)

Giuliano Vasilicò si avvicina al teatro negli anni Sessanta in Svezia, dove, da ragazzo, risiede per otto anni. Vi frequenta l'Università, e si mantiene facendo piccoli lavori negli alberghi. È in questo periodo che vede uno spettacolo dell'Open Theatre di Joseph Chaikin ed altri lavori di esponenti dell'avanguardia teatrale statunitense, tra i quali un happening all'università di Lund, che lo colpisce particolarmente per quella «ambigua commistione di finzione e realtà», che sente riguardare profondamente «il mistero dell'arte scenica»[1]. Fino a questo momento si è interessato principalmente di letteratura. Ha iniziato a scrivere. Ama in particolare James Joyce[2]. Quando, nel 1968, torna a Roma, conosce casualmente Giancarlo Nanni[3], che lo convince a lavorare come attore nel suo *Escurial prova la scuola dei buffoni* da Michel De Ghelderode. È il primo spettacolo che viene presentato al Teatro La Fede, ex-magazzino di Porta Portese, sede della giovane compagnia teatrale di Nanni[4]. Vasilicò entra così in contatto con quella che si rivelerà una importante situazione generativa, una sorta di incubatore, del fenomeno delle "cantine romane"[5].

---

1. G. Vasilicò, *Il teatro di Giuliano Vasilicò*, cit., p. 221.
2. Una ricostruzione degli interessi coltivati da Vasilicò nei suoi anni giovanili in Svezia è delineata in G. Morandini, *Il delitto e il teatro*, «Carte Segrete», n. 32, aprile-giugno 1976, in particolare alle pp. 61-63.
3. L'incontro è spiritosamente raccontato da Vasilicò nel convegno *Sul palco dei '70*, curato da Enzo Bargiacchi, tenutosi a Palazzo Fabroni di Pistoia il 15 marzo 2014, trascritto in G. Vasilicò, *Come sono arrivato al teatro*, in *Cento storie...*, cit.
4. Nella formazione aggregatasi attorno all'*Escurial*, la compagnia, che in questa fase si chiama Gruppo Space Re(v)action, è costituita da Giancarlo Nanni, Manuela Kustermann, Valentino Orfeo, Giuliano Vasilicò, Fabio Ciriachi, Bernard Schumacher, Adriano Dorato, Michel Pergolani, Petta Vingelli, Ingrid Enbom Vasilicò.
5. Altri due futuri registi-protagonisti della "scuola romana", Memè Perlini e Pippo

Nell'*Escurial*, la prova d'attore di Vasilicò è straordinaria e sorprendente, considerate anche la sua totale inesperienza e la sua balbuzie[6]. Una balbuzie che, come l'occasione rivela, in scena scompare totalmente, liberando una presenza scenica di grande energia e forza espressiva. Allo spettacolo prende parte anche Ingrid Enbom, la sua compagna scandinava, che lo ha seguito dalla Svezia e parteciperà come attrice ai suoi successivi lavori, fino a *Le 120 giornate di Sodoma*. Nel corso di questa esperienza «si rende conto di possedere, nel suo corpo, nel suo essere, la capacità di esprimersi teatralmente attraverso una gestualità tutta personale che contagia e stimola i compagni di lavoro ed il pubblico. Comincia a maturare in lui la certezza che presto metterà in scena un suo spettacolo»[7]. Guarda a questo come ad una opportunità di dire cose che la scrittura, da sola, non arriva a dire. Si mette a lavorare ad un suo testo autobiografico, *Missione psicopolitica*, che aveva cominciato a scrivere in Svezia, sullo spunto di due storie che aveva sentito raccontare. La prima, da un'amica, che da bambina si eccitava ad andare nei boschi da sola. Non provava paura, ma grande eccitazione di fronte alla possibilità di incontrare sconosciuti. La seconda, da un giovane africano momentaneamente in Svezia, che diceva di volersi recare in Cina per compiere quella che definiva una "missione psicopolitica": chiedere consiglio a Mao e al suo governo su come condurre nel suo paese, l'Angola, una rivolta anticolonialista. «Rifacendomi a questi due racconti che mi erano stati fatti in due giorni diversi, e riunendoli – ha raccontato Vasilicò – a Roma ho messo in scena lo spettacolo, dove io ero il protagonista e in un bosco incontravo una bambina»[8].

Lo spettacolo viene provato al Beat 72, la cantina del quartiere Prati nella quale ha già lavorato a lungo Carmelo Bene[9], e de-

---

Di Marca, prima di intraprendere il loro percorso personale, lavorano come attori in spettacoli di Nanni: *L'imperatore della Cina* (1969) e *A come Alice* (1970).
6. Cfr. l'intervista a Lucia Vasilicò, infra, pp. 130-139.
7. G. Morandini, *Il delitto e il teatro*, cit., p. 63.
8. G. Vasilicò, *Come sono arrivato...*, cit., p. 159.
9. Vasilicò si radica al Beat 72 per alcuni anni, trovandovi un ambiente a lui propizio. «Il Beat 72 di Roma, teatro in disuso dopo il trasloco di Carmelo Bene, con

gli inizi

Ingrid Enbom e Lucia Vasilicò in *Missione psicopolitica*, 1969

butta nel marzo 1969. Insieme ad Ingrid Enbom, allo studente Alberto Faenzi e ai pittori Gino del Cinque e Carlo Torrisi, vi

solo due lampade ad illuminare le ragnatele, si dimostra il luogo ideale, appunto perché dimenticato, agli esperimenti 'da zero' di Vasilicò attore e regista di se stesso. Occorre una grande libertà per imparare a conoscere fino in fondo se stessi, o chiudersi in una prigione. Nella libera prigione del Beat 72...» (G. Bartolucci, *Fuori dalla tana: nascita di un uomo di teatro*, in *Teatroltre Scuola Romana*, a cura di G. Bartolucci, Bulzoni, Roma, 1974, inventario n. 1, p. 6).

un teatro apocalittico

prende parte la sorella del regista Lucia[10], che svolgerà un ruolo di grande rilievo in molte creazioni della compagnia.

Missione psicopolitica diviene alla fine, da quei semplici spunti iniziali, uno spettacolo dal complesso intreccio, che si svolge «in un vortice, un indistinto magma, tra erotismo, violenza e afasia»[11] e nel quale le vicende si intersecano tra loro «componendosi e ricomponendosi come figure di un caleidoscopio»[12]. Il suo spirito risente del clima e delle tensioni del periodo. L'autore, scrive Franco Cordelli, «allude continuamente a quelli che sono i contenuti reali della vita di oggi e vi allude su una molteplicità di livelli»[13]. Già in questo lavoro emerge un tratto caratteristico delle regie di Vasilicò: la tendenza a conferire ordine allo spettacolo attraverso una struttura formale molto definita. Azioni, parole, gesti, tensioni trovano la loro sistemazione in una scrittura scenica dalla notevole identità visiva. L'immagine ha quasi una cifra «grafica»[14]. Le forme e la disposizione delle azioni tendono alla simmetria[15].

L'anno successivo, Vasilicò mette in scena un altro suo testo di matrice sostanzialmente autobiografica, *L'occupazione*, riguardante le vicende interpersonali e politiche di due giovani coppie, i cui interpreti, oltre lo stesso regista, sono Lucia Vasilicò, Ingrid Enbom ed Agostino Raff, e che va in scena nell'aprile 1970, anch'esso al Beat 72. Vi è in questo lavoro «tutta la potenzialità drammatica delle difficoltà privato/pubblico scavata dall'ondata di contestazione del '68. Vasilicò è attore totale, pienamente immedesimato, manifestando, in impressionante continuità tra vita e scena, l'irritazione che lo sconvolge e lo accomuna alla crisi di

---

10. Riannoda così con la sorella quello che definisce il «gioco tragico» dell'infanzia, fatto di adesioni, rivalità e rispecchiamenti (cfr. G. Morandini, *Il delitto...*, cit., p. 62).
11. F. Cordelli, *Missione psicopolitica*, «Paese Sera», 3 marzo 1969.
12. G. Bartolucci, *Fuori dalla tana...*, cit., p. 6.
13. F. Cordelli, *Missione...*, cit.
14. Ibidem.
15. Come scrive Giuseppe Bartolucci, «la simmetria, caratteristica fondamentale del lavoro di Vasilicò, compare già qui a dare ordine alla sua prima opera» (*Fuori dalla tana...*, cit. p. 6).

gli inizi

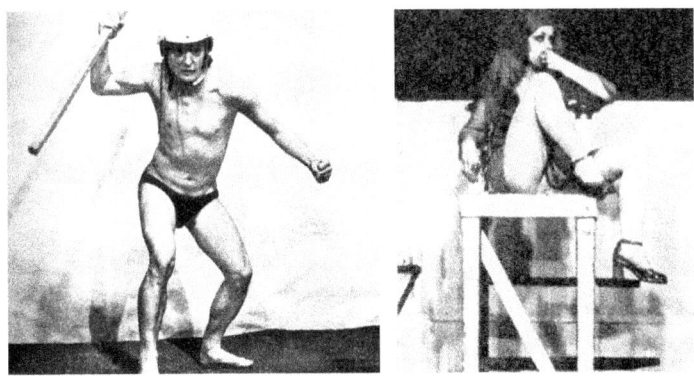

Giuliano Vasilicò (sin.) e Ingrid Enbom durante le prove de *L'occupazione*, 1970

una generazione»[16]. Vi è, anche in questo caso, un interessante confronto tra una struttura narrativa labirintica, aggrovigliata, senza sviluppo e senza soluzione[17] e un impianto formale molto preciso, che tende a organizzarsi per scene staccate, secondo una tecnica quasi cinematografica che Vasilicò svilupperà ulteriormente nei lavori successivi. Rodolfo Wilcock scrive di «uno spettacolo coerente e scarsamente convenzionale, sia nella tecnica che nella realizzazione, ma soprattutto nel testo, la cui semplicità è in parte risultato del talento naturale e in parte del lavoro di eliminazione del luogo comune»[18]. Notevole, scrive Elio Pagliarani, il Vasilicò attore, che in scena «ha una bile, una grinta, un disprezzo, un nervosismo, una leggerezza anche, e indifferenza, che corrispondono all'esacerbata gioventù del nostro tempo»[19]. Emerge un aspetto – quello dell'unione tra persona e

---

[16]. G. Morandini, *Il delitto...*, cit., p. 64.
[17]. La vicenda riguarda «una situazione tipica dei nostri anni: un Ateneo occupato dagli studenti, a cui si contrappone un colpo di Stato di colonnelli. Il tema è la condizione umana di quattro giovani - due coppie - vanamente impegnate contro un ordine che sa servirsi anche della loro ribellione» (M. Prosperi, *Per Giuliano Vasilicò*, «Atti dello psicodramma», anno IV, n. 1-2, 1978).
[18]. R. Wilcock, *L'Occupazione*, «Il Mondo», 20 maggio 1970.
[19]. E. Pagliarani, *"L'occupazione" dei colonnelli*, «Paese Sera», 26 aprile 1970

un teatro apocalittico

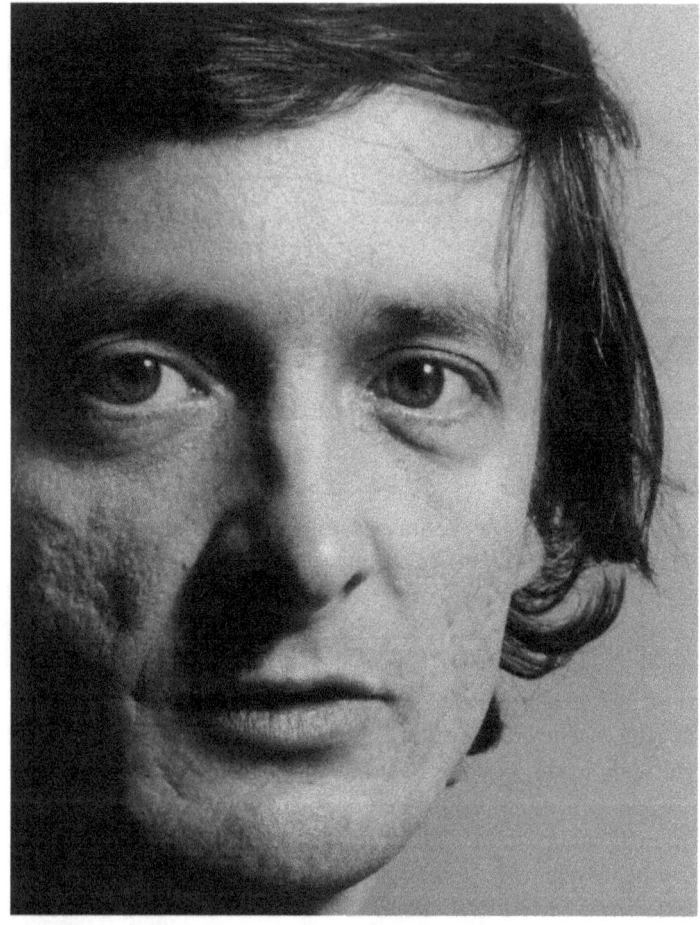

Giuliano Vasilicò nei primi anni '70

personaggio, e tra vita e teatro – che è un altro tratto distintivo del lavoro del regista.
Questi primi spettacoli permettono a Vasilicò di verificare come l'estensione dei contenuti letterari a persone, corpi, relazioni reali, riveli, durante il processo, aspetti nuovi e inaspettati di quegli stessi contenuti, come immancabilmente emergono nelle

modalità comportamentali e nei conflitti all'interno del gruppo; e come il teatro, più di altre forme d'arte, possa giungere a sondare nel profondo la natura umana, perché (nelle prove, prima ancora che nello spettacolo) permette di «immedesimarsi in un altro, di dare corpo alle istanze della vita interiore, di incarnare l'invisibile, l'esperienza del collettivo, del simbolo»[20]. In sostanza, si viene formando in questa fase la visione che Vasilicò ha della scrittura scenica come processo nel quale i contenuti del testo vengono messi a confronto con le identità e le dinamiche reali tra i partecipanti, in un laboratorio sperimentale, che è per i componenti della compagnia, e, potenzialmente, per lo spettatore, un momento di nuova esistenza.

---

20. G. Vasilicò, *Il teatro di Giuliano Vasilicò*, cit., p. 222.

Amleto (1971)

Dopo i primi due spettacoli, Vasilicò dichiara di voler uscire da un tipo di ricerca che sente ancora legata ad una dimensione autobiografica, per cercare di avere a che fare, afferma, «con qualcosa di oggettivo, qualcosa di universalmente riconoscibile»[1]. Per il lavoro successivo decide di non utilizzare un proprio testo e di affrontare un classico, anzi, dovendo fare questo, di dedicarsi all'«opera migliore che sia mai stata scritta»[2]: l'*Amleto* di Shakespeare[3]. Fin dall'inizio, con moto d'identificazione suo tipico, è interessato, oltre che al dramma in sé e alle vicende che narra, all'autore stesso: alle ragioni che l'hanno portato a scrivere l'opera e alla maniera in cui l'ha costruita. Lo colpisce in particolare il modo nel quale Shakespeare, operando rispetto alla leggenda medioevale sulla quale il dramma si basa, un piccolo cambiamento (Amleto non è più risoluto ad uccidere lo zio assassino del padre, ma, turbato dal dubbio, sospende la vendetta), liberi un mondo di movimenti interiori e temi estremamente fruttuosi dal punto di vista drammaturgico. Si orienta quindi su delle procedure che gli permettano di entrare in contatto con

---

1. In M. Prosperi, *Giuliano Vasilico's Proust with Some Antecedents*, «The Drama Review», vol. 22, n. 1, marzo 1978, p. 50.
2. Ibidem. «Se sono costretto a mettere in scena un testo non mio – dice a Giuseppe Bartolucci – voglio almeno il più bello scritto dagli altri!» (G. Bartolucci, *Fuori dalla tana...* cit., p. 8).
3. Conferisce a questa scelta un senso che, a suo modo di vedere, è anche "politico": «la politica nel mio teatro sta nel tipo di tensione che lo pervade, più che negli espliciti messaggi. Sono convinto che nei miei spettacoli vi sia una tensione rivoluzionaria: proprio ciò che, nel cosiddetto teatro politico, manca. Amleto, secondo me, non è solo il più bel lavoro teatrale in assoluto, ma anche il testo più politico che esista» (intervistato da T. Camuto in *Vasilicò: le donne tradite dalle rivoluzioni*, «Sipario», n. 308, gennaio 1972).

Ingrid Enbom e Fabio Gamma in *Amleto*, 1971

un teatro apocalittico

questi elementi (dubbio e sospensione dell'azione) che ritiene essere tra i nodi centrali dell'opera e che individua come il potenziale nucleo energetico del lavoro[4]. Attua per questo delle scelte radicali. Conduce innanzitutto un'operazione di estrema sintesi sul testo. Non un adattamento o una riduzione, ma una vera e propria riscrittura, in termini poetici, incentrata solamente su quattro personaggi: Il Re, la Regina, Amleto e Ofelia[5]. Compone egli stesso, «in maniera ingegnosa e pulita»[6], i testi dello spettacolo, che verranno ulteriormente elaborati, durante le prove, con la collaborazione degli attori. La sua non è una generica scelta di sfrondamento o di "attualizzazione" del dramma. È basata sul fatto di considerare i personaggi secondari dell'*Amleto* dei prolungamenti di quelli principali; quindi, inessenziali rispetto al nocciolo del dramma. Polonio, Rosencrantz e Guilderstern, fedeli al Re, non sono altro che sue sfaccettature, personaggi del suo stesso segno; Laerte e Fortebraccio non si discostano da Amleto, che «ne comprende le possibilità»[7], e vengono quindi considerati anch'essi inessenziali. Esclude la stessa compagnia dei comici. Permea però tutto lo spettacolo del tema del "teatro nel teatro". Il ruolo dei recitanti viene assunto, in diversi momenti, da tutti e quattro i personaggi, in un continuo, ambiguo gioco di scambi tra realtà e finzione, secondo lo spirito originario del dramma. L'eliminazione

---

4. Cfr. M. Prosperi, *Giuliano Vasilico's...*, cit.; G. Vasilicò, *Il teatro di Giuliano Vasilicò*, cit.
5. Sergio Saviane ironizza così sulla particolarità di questa scelta: «In italia, per fare una tragedia di Shakespeare, gli impresari reclutano dai trenta ai cinquanta attori, spendono cifre notevoli per le scenografie, le regie, le luci, le vice regie, le musiche, i buttafuori, i buttadentro, i suggeritori, il noleggio dei grandi teatri e la réclame. Al teatro Beat 72 l'Amleto lo fanno in quattro, due giovani e due ragazze. In quattro persone, con pochi costumi (non per questo meno attraenti), poche luci, poche scenografie hanno messo su una tragedia 'scantonata', che ha ottenuto fino ad oggi molto successo» (*L'Amleto scantonato*, «L'Espresso», 21 novembre 1971).
6. R. Wilcock, *Shakespeare per quattro*, «Il Mondo», 1 agosto 1971.
7. G. Vasilicò, note di regia, ciclostilato di presentazione dello spettacolo al Beat 72, Roma, 1971, AGV.

Fabio Gamma e Ingrid Enbom, il Re e la Regina, in *Amleto*, 1971

che potrebbe apparire più eclatante è quella di Fortebraccio, dal momento che si tratta dell'erede al trono di Danimarca, quindi di colui che, ponendo fine alla catena di delitti e di vendette, ristabilisce l'ordine costituito, e che per questo potrebbe essere considerato un personaggio insostituibile. Ma il regista segue ragioni diverse da quelle narrative; ragioni che vanno oltre i personaggi. Come si legge nelle note di regia, Fortebraccio, una volta che sono morti i due grandi rivali, Amleto e il Re, «entra in scena coperto di armi e dice: "Portate

un teatro apocalittico

Ingrid Enbom e Fabio Gamma in *Amleto*, 1971

via i cadaveri, ora il Re sono io!". Una frase che anche Amleto avrebbe potuto pronunciare, se fosse sopravvissuto»[8]. È possibile quindi attribuire ai personaggi rimasti caratteri e azioni di quelli esclusi, senza per questo intaccare il senso profondo del dramma.

Per realizzare il lavoro raccoglie attorno a sé quello che, con lui, costituisce ormai il nucleo della compagnia, la sorella Lucia, Ingrid Enbom e Agostino Raff, ai quali si aggiunge l'attore argentino di famiglia russa Dimitri Tamarov, che verrà sostituito presto da Fabio Gamma[9]. Vasilicò assume il ruolo di Amleto, Dimitri Tamarov – e poi Fabio Gamma – quello del Re, Ingrid Enbom è la Regina e Lucia Vasilicò Ofelia. Mentre Raff questa

---

8. Ibidem.
9. All'origine della sostituzione vi è un litigio tra Tamarov e Vasilicò, che viene raccontato in maniera divertita dallo stesso Tamarov nel suo *Un grande avvenire*

Ingrid Enbom, Fabio Gamma, Lucia Vasilicò in *Amleto*, 1971

volta non viene coinvolto come attore, ma per le sue competenze di scenografo/costumista e musicista.

Nel corso di un lungo periodo di prove, lo spettacolo gradualmente si struttura come una successione di scene piuttosto concise, alcune brevi o addirittura brevissime – quasi dei flash – organizzate ritmicamente, regolate da una sorta di «intermittenza rituale»[10]. Le vicende e i personaggi sono come immersi in un flusso, scandito dalla luce e dal buio, nel quale le azioni sono collegate tra loro attraverso un sistema di associazioni, rimandi, anticipi, ritorni. Ed hanno, con una tecnica collaudata negli spettacoli precedenti e qui ulteriormente affinata, un andamento

---

dietro la (bassa) schiena, Robin, Roma, 2013, pp.126 e segg.; pagine utili anche per capire il clima del Beat 72 in quegli anni.
10. G. Bartolucci, *L'immagine astratta/penetrante*, in Id., *Mutations. L'esperienza del teatro-immagine*, Edizioni o.o.l.p., Roma-New York, 1975, p. 26.

un teatro apocalittico

Fabio Gamma e Giuliano Vasilicò in *Amleto*, 1971

quasi cinematografico, che «procede coerentemente, senza rallentamenti o inutili impennate»[11].

Il tempo non è una linea lungo la quale vengono disposte le vicende. È piuttosto un materiale. Un materiale malleabile, una specie di continuo presente cui vengono conferite struttura drammatica e cadenze secondo un ordine di tipo poetico, più che narrativo.

Le principali dimensioni drammatiche su cui il lavoro si basa sono, con scelta dichiarata, quella del delitto e, come accennato, quella del teatro nel teatro[12]. Ambedue costituiscono dei motivi permanenti. Quanto al delitto (o alla sospensione del delitto) c'è nelle azioni, ad esempio, un ricorrente riferimento, in diversi

---

11. M. Giammusso, *Al Beat 72 Amleto o del potere*, «Il Dramma», n. 11-12, novembre-dicembre 1971.
12. Cfr. i diversi programmi da sala dello spettacolo.

Lucia e Giuliano Vasilicò in *Amleto*, 1971

modi, all'idea dell'avvelenamento. Idea che viene espressa col gesto del versare la pozione mortale nell'orecchio: un beffardo movimento intrecciato di dita, accompagnato da un sibilo assordante. Il gesto – allo stesso tempo memoria dell'uccisione del vecchio re e possibilità di un nuovo delitto – ha ogni volta protagonisti diversi: all'inizio è il Re a simulare il versamento del veleno nell'orecchio di Amleto; poi è la Regina a farlo nei confronti del Re; in un altro momento è Amleto a imbastire un simbolico gioco solitario con le dita e l'immaginaria ampolla.

«Shakespeare – scrive Vasilicò – non mostra in scena l'assassinio del vecchio Re. Il delitto è narrato dal fantasma della vittima e poi recitato dai comici, ma la sua violenza e spettacolarità rimane nell'aria, influenza tutta l'opera: il veleno che filtra nell'orecchio, la perdita dell'equilibrio, la morte. Il carattere viscido, osceno di questo delitto è certo una delle molle che fa scattare il particolare tipo di comportamento di Amleto: nel timpano del principe,

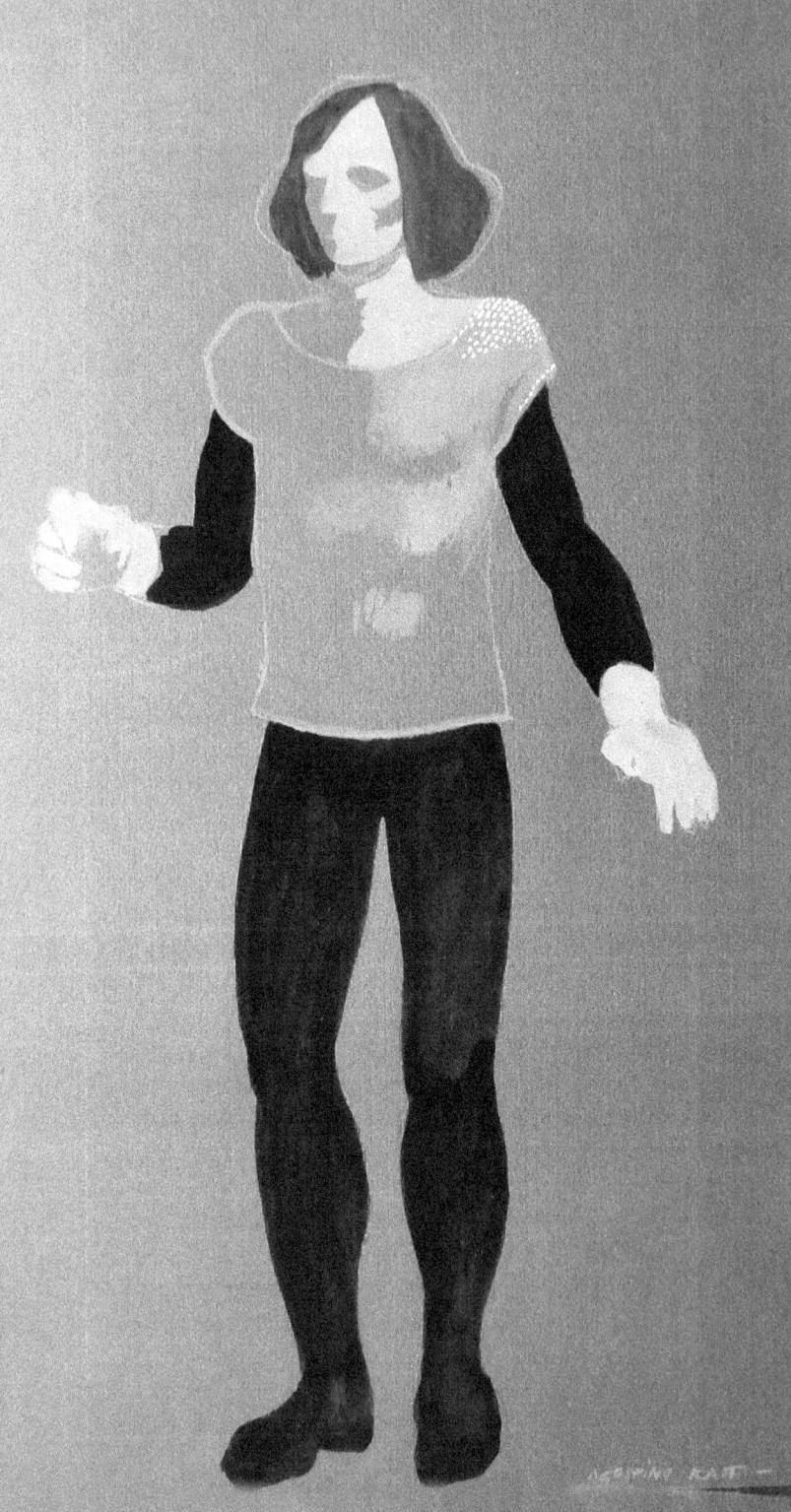

lungo tutto l'arco della vicenda, scivola, punge, gorgoglia quel liquido "esiziale, nemico del sangue dell'uomo". Gli sbandamenti, l'"umor fantastico", gli squilibri di Amleto (e del dramma stesso) sono di certo anche dovuti a questo infido gorgoglìo»[13].

Il tema del teatro nel teatro, che nel dramma di Shakespeare costituisce il mezzo che smaschera il delitto, nello spettacolo di Vasilicò percorre tutto il lavoro. Già nella prima scena il Re e la Regina mimano l'avvelenamento del vecchio Re quasi fossero attori. C'è un momento emblematico nel quale tutti e quattro i personaggi si esercitano, come dei recitanti, con vocalizzi ed esercizi fisici per lo scioglimento della voce e dei muscoli. E c'è la scena capitale nella quale Amleto chiede al Re e alla Regina, approfittando del loro narcisismo di attori, un "saggio" di recitazione, inducendoli a rivelare involontariamente il loro misfatto.

Una delle caratteristiche di questo *Amleto* è che i personaggi, più che essere portatori di una dettagliata psicologia individuale, sembrano l'incarnazione dei differenti risvolti di un unico universo profondo. Vi si attuano travasi e interscambi per i quali ogni personaggio tende a contenere gli altri, anche quelli che gli sono opposti, come accade nei sogni. Tende a scomparire la simulazione di realistiche dinamiche interpersonali. Al loro posto subentrano gli elementi energetici, le tensioni reali tra gli attori, la loro vita scenica e affettiva, fatta di gesti, frammenti testuali, visioni, simboli.

Tipica di tutto questo è la scena dell'apparizione dello spettro del padre, dove lo stesso Amleto/Vasilicò, manovrando dei fili, fa muovere come una marionetta il Re seduto sul trono, sul quale in quel momento si trasferisce la figura del padre ucciso. È Giuliano a urlare con veemenza le parole del padre mentre manovra il Re-fantoccio, per poi portarlo via come un corpo senza vita[14].

---

13. G. Vasilicò, *Le ragioni dell'Amleto*, in G. Bartolucci (a cura di), *Teatroltre Scuola Romana*, cit.
14. La scena torna una seconda volta, con delle variazioni: Amleto, manovrando i fili da fuori scena, muove il Re/marionetta, facendolo "apparire" alla madre.

Agostino Raff, costume per Amleto/Giuliano Vasilicò, 1971

un teatro apocalittico

La scena è mirabilmente descritta da Lucia Vasilicò, nel racconto in appendice a questo libro[15]:

«Le corde che tirava gridando a squarciagola sembravano partire dal trono o dal soffitto, da dove partivano quelle corde che lui muoveva urlando? Lui stesso faceva parlare lo spettro, lui diceva le parole del padre, urlando, le parole che raccontavano come era stato ucciso e da chi. Era il burattinaio. Il burattinaio del Re di Danimarca, assassinato. Lo faceva parlare con la sua voce. Il Re dorme seduto sul trono. Finge di dormire. Amleto lega delle corde alle sue caviglie e ai suoi polsi. Prende queste corde e le tira come con le marionette e fa muovere il Re. Fatto di stracci, ormai rimane inerte. [...] Tirava freneticamente i fili, luminosi nella nera cripta, sembrava un compasso, doveva disegnare l'arco che racchiudeva l'apparizione spostandosi continuamente per conoscere la verità. Dal trono tutto d'oro muoveva l'amato spettro nell'aspetto del suo odiato rivale e gli dava voce. Urlava le parole del padre, a squarciagola, ho già detto, diceva tutto quello che poteva, era l'unica possibilità, aveva in suo potere l'usurpatore, l'assassino del padre, il profanatore della madre. Le ginocchia piegate, le spalle protese, abbassate come per un grande sforzo, come un cavallo che continua a scalciare nel piccolo spazio nero prima di decidersi alla gara. Legato dalle stesse corde che usava per il Re».

Scena immancabilmente commentata, in maniera giustamente entusiastica, dai recensori[16].

---

15. Infra, pp. 270-274.
16. «L'effetto massimo lo si è avuto nella presentazione del fantasma del padre di Amleto, dove gli spunti di tre secoli di tradizione di fantasmi di re morti si slanciano in direzione imprevedibile, in una singolare scena sufficiente a consacrare un regista» (R. Wilcock, *Shakespeare per quattro*, cit.); «Straordinaria e allucinante l'apparizione dello spettro, un burattino animato da Amleto che ne muove i fili delle articolazioni» (R. Alemanno, *Un Amleto "sintetico"*, «L'Unità», 23 luglio 1971); «L'allucinante apparizione dello spettro comandato con dei fili, come un burattino, dallo stesso Amleto, quasi fosse la proiezione freudiana del suo sospetto, l'addomesticata conferma metafisica della sua certezza» (R. Giammusso, *Al Beat 72 Amleto o del potere*, «Il Dramma», n. 11-12, novembre-dicembre 1971); «Mi basterebbe lo spettro tramutato in una sorta di marionetta comandata da Amleto stesso, per dire della qualità intuitiva del Vasilicò» (P. E. Poesio, *Amleto e gli altri tre*, «La Nazione», 12 aprile 1972).

La sostanziale assenza di una realistica psicologia e di concrete opposizioni interpersonali, e il movimento di "generalizzazione" dei personaggi sembrano legati a un sentire erotico, energetico, sostanzialmente anti-tragico[17]. Lo stesso finale è in questa linea. Non più una scena di violenza e uccisioni, ma nella quale si vedono il Re, la Regina e Amleto, in silhouette contro il fondo illuminato, fare dei movimenti plastici tenendosi per mano – Amleto conteso dagli altri due – come invischiati in una catena dalla quale sembra non potranno liberarsi. Invece dell'eccidio, una lotta muta, «un braccio di ferro senza fine, fra la madre, il figlio e il padre/zio, un drago a tre teste, una fagocitazione reciproca, dolorosa-amorosa, l'immagine di una condizione umana che spesso si ripropone e che "sospende" anche la morte. Un persistere del dubbio»[18]. Conclusione aperta, che, con il suo non voler essere il "finale" di una storia, riconduce la vicenda di Amleto ad una riflessione sulla condizione umana[19].

Amleto segna sicuramente un salto di qualità nel percorso di Vasilicò. È stato osservato da molti. Sembrerebbe rappresentare anche una svolta rispetto agli spettacoli precedenti sul piano del metodo di lavoro e dell'affinamento del risultato. Questo non vuol dire che non vi siano, rispetto ai lavori precedenti, importanti elementi di continuità. Forma e tensione sono ancora gli elementi guida. Forma poetica e tensione reale in scena. C'è, come in precedenza, la tendenza a sentire lo spettacolo come l'espressione di un'unica interiorità, anziché come lo scontro tra interiorità diverse. E ci sono soluzioni specifiche, come l'adozione di una struttura attoriale a "doppia-coppia" (due uomini e due donne), che c'erano anche in *Missione psicopolitica* e *L'occupa-*

---

17. «L'ecatombe cui è stato sottoposto il testo presuppone soltanto questo: l'impossibilità di una tragedia in scena. Il tragico qui è dato come un presupposto necessario, ma preistorico: un elemento del testo, ma non del presente, non della scena» (Vice, *La tradizione impossibile di Amleto di Danimarca*, «Paese Sera», 23 luglio 1971).
18. G. Vasilicò, *Il teatro di Giuliano Vasilicò*, cit. p. 225.
19. Come scrive Poesio, non è un finale «innaffiato di sangue, ma proiettato in una continuità senza tempo di una condizione umana» (*Amleto e gli altri tre*, cit.).

zione. Come negli spettacoli precedenti, Vasilicò è in scena, dove svolge un ruolo importante dal punto di vista energetico e una funzione di raccordo ed interpolazione tra personaggi, temi e situazioni. Attua quasi una "regia" in scena, e un ruolo trainante, con la sua intensa fisicità e la sua forza d'urto[20]. Questa presenza del regista all'interno dello spettacolo può far pensare a Kantor, ma allo stesso tempo da Kantor si differenzia, perché incentrata su un ruolo propriamente attoriale, direttamente intrecciato con le altre azioni, e fisicamente irruente. È anche molto significativo il fatto che il ruolo di Amleto sia svolto da Giuliano Vasilicò e quello di Ofelia da Lucia Vasilicò, se si considera che, nell'antica leggenda di Amleto, prima che Shakespeare ne ricavasse la sua tragedia, Amleto e Ofelia erano fratello e sorella. Non si sono persi totalmente in questo lavoro la componente autobiografica e il legame persona-personaggio che c'erano negli spettacoli precedenti. Il travaso realtà-recitazione – tipico in generale del lavoro di Vasilicò con gli attori – ha un parte sostanziale anche nell'*Amleto*.

All'essenzialità del testo e della struttura drammatica, corrisponde nello spettacolo l'essenzialità nei movimenti e nell'uso della parola. Le azioni e i gesti, di tipo simbolico ed evocativo, e non descrittivo, sono frutto del grande istinto teatrale di Vasilicò e della sua acutissima sensibilità[21]. Non derivano da "scuole" e non hanno alcuno stilema. Nel loro insieme costituiscono quasi un balletto o una pantomima. Una «danza fantomatica e comica»[22] nella quale la parola, usata con parsimonia e senso di necessità, più che essere "recitata", affiora sensibilmente dai corpi e dalle azioni.

20. È stato anche osservato che «il personaggio di Amleto non è altro che il regista dello spettacolo dentro lo spettacolo, e il suo livello di voce assomiglia, a volte, a un programmato schema di direttive e di indicazioni» (Vice, *Amleto ed Ofelia giocano con le mani*, «Il Lavoro», 7 gennaio 1972).
21. Giuseppe Bartolucci scrive di «rendimento sensibile dell'azione» (G. Bartolucci, *La visione-spettacolo dell'Amleto di Vasilicò*, in Id., *La politica del nuovo*, Ellegi, Roma, 1973, p. 121).
22. Vice, *La tragedia impossibile...*, cit.

Come è stato notato, c'è un notevole lavoro sullo spazio, «che gli attori utilizzano e gremiscono assai ingegnosamente di gesti e di fonemi»[23], ed una «realizzata unità degli elementi (scena, costumi, luci e musica), perfettamente fusi e funzionalizzati nella struttura drammaturgica»[24]. È come se «parole, urla, fonemi, gesti, movimenti, musiche si ritrovassero – a livello di recezione – su un identico livello linguistico»[25].
La scena e le luci di Agostino Raff sono coerentemente improntate a criteri di estrema semplicità e sintesi. C'è un solo oggetto, un doppio trono dorato, in posizione centrale in fondo alla scena, che, con l'aiuto di luci sapientemente usate nel variare i

Agostino Raff, il trono d'oro di *Amleto*, 1971

punti d'attenzione, le situazioni e le atmosfere, assume valenze diverse nei vari momenti dello spettacolo.
L'importanza di questo *Amleto*, al di là del suo essere una traduzione scenica nuova e imprevedibile del dramma shakespea-

---

23. A. Blandi, *Un "Amleto" in quattro*, «La Stampa», 5 luglio 1972.
24. R. Alemanno, *Un Amleto "sintetico"*, cit.
25. Vice, *Il mito di "Amleto"*, «Corriere Mercantile», 7 gennaio 1972.

riano, e al di là anche delle sue soluzioni geniali, mi pare stia soprattutto nel contributo che esso apporta sul piano della drammaturgia. Costituisce una riscrittura totale, che, pur scaturendo da un indirizzo poetico molto forte come quello di Vasilicò, intende essere ed è fedele allo spirito del dramma, al quale aggiunge nuovi livelli di senso e di immaginario. Ed è un importante *statement* nel campo della drammaturgia non narrativa e del teatro di poesia.

Lo spettacolo, ha scritto Giuseppe Bartolucci, è «un riscontro persuasivo di violentissimo taglio e di castissimo intarsio»[26]; frutto di «un nitido disegno e di un chiaro intendimento che sono quelli di un uso materialistico della letterarietà, con un oltraggioso rispetto della 'poesia'»[27]. In esso, continua, «non c'è stacco tra visione e sostanza, tra incanto e verità»[28].

«Credo che l'*Amleto* di Vasilicò - ha affermato Franco Cordelli in occasione di un convegno su Shakespeare del 1994[29] - rappresenti il culmine dello Shakespeare lirico. Penso che quell'*Amleto* sia il momento di maggior verticalizzazione della lettura shakespeariana di questo venticinquennio. Vasilicò ha condensato in immagini il senso del racconto, una collezione di immagini che ne trasmettevano il senso in forma di visioni. Non so se sia il più bell'*Amleto* che sia stato detto in poesia, quello che voglio dire è che era il più puro degli *Amleto* detti in poesia».

---

26. G. Bartolucci, *La visione-spettacolo...*, cit. p. 122.
27. Ivi, p. 121.
28. Ivi, p. 122.
29. Convegno *Di-Da Shakespeare*, Teatro Vascello, Roma, 3 dicembre1994, AGV.

Fabio Gamma in *Amleto*, 1971

Amleto
Sintesi delle scene

PRIMO ATTO
Scena I: sala del trono
Claudio, la Regina, Amleto e Ofelia, in piedi in silenzio davanti al trono come dopo i funerali, hanno lo sguardo fisso sulla corona, lasciata sul trono dove il Re è stato trovato morto.
Scena II: pantomima del delitto
Amleto ha la visione-rivelazione dell'assassinio del padre. Mima il proprio genitore. Lo zio Claudio e la Regina tramano. Amleto si siede sul trono, con la corona sul capo. La Regina gli fa il solletico, con il piede nudo, su tutto il corpo. Il possibile assassinio di Amleto è sospeso.
Scena III: canzone di Ofelia
Ofelia, sola, si aggira nella sala del trono. Sente che qualcosa di terribile è avvenuto. L'aria è carica di tensione. Canta per farsi coraggio. Sente che per difendersi dal male ci sono l'amore e la sua canzone. La sua voce esprime anche fragilità di fronte ad eventi per lei troppo grandi.
Scena IV: primo discorso del nuovo Re
Claudio, il nuovo Re, annuncia il lutto per la morte del fratello e l'avvenuto matrimonio con la sua vedova, madre di Amleto. Dialogo tra Amleto, la madre e il nuovo Re.
Scena V: lamento di Ofelia
Ofelia entra nella sala del trono dove si trovano il Re e la Regina, descrivendo il comportamento di Amleto e leggendo la sua lettera, che lascia cadere a terra.
Scena VI: il Re e la Regina
Il Re e la Regina dialogano preoccupati, interrogandosi sulla natura della "follia" di Amleto.
Scena VII: sopralluogo
Amleto torna sul luogo del delitto. Cerca di ricostruirne la dinamica con modi da poliziotto della "scientifica". Si

accorge che il Re e la Regina lo stanno osservando. Per mascherare i suoi intenti si finge pazzo.

Scena VIII: danza barbara
Festeggiamenti per il matrimonio. I quattro attori danzano insieme. Amleto corteggia la madre. Il Re e Ofelia osservano con inquietudine il suo strano comportamento.

Scena IX: monologo con candele
La Regina torna nelle sue stanze con le candele. Monologo di Amleto.

Scena X: recita
I quattro attori entrano facendo vocalizzi. Il Re e la Regina salgono su un palco a recitare. Alla fine siedono sul trono e si addormentano.

Scena XI: lo spettro
Amleto, manovrando delle corde, muove come un burattinaio il Re addormentato sul trono, urlando le parole del padre. Poi trasporta il Re fuori scena.

Scena XII: Amleto e Ofelia
Dialogo. Amleto, mentre parla, fa girare Ofelia in tondo. Parla agli spiriti ad alta voce. Ofelia fa gesti con le mani, disperata. Amleto mima i gesti dell'assassinio del padre.

SECONDO ATTO
Scena I: il teatro nel teatro
All'inizio Amleto è solo. Poi entrano gli "attori" per la recita rivelatrice dell'assassinio.

Scena II: Amleto e la madre
Dialogo tra la Regina e Amleto.

Scena III: incubo di Ofelia
Ofelia tenta di abbattere il "palazzo" formato dal Re, dalla Regina e da Amleto, per vincere il suo senso di impotenza. Al terzo tentativo, il "castello" crolla e i tre applaudono.

Scena IV: pazzia di Ofelia
Scena V: morte di Ofelia
Scena VI: preghiera del Re
Scena VII: rito delle mani
Il Re, solo in scena, si prepara come un lottatore o un attore (fa anche vocalizzi) per lo scontro finale con Amleto.

Scena VIII: finale
La lotta si risolve in una ambigua danza nella quale il Re, la Regina e Amleto si tengono per mano.

Fonti: rielaborazione da AGV e dal video dello spettacolo (1987).

Le 120 giornate di Sodoma (1972)

Vasilicò legge *Le 120 giornate di Sodoma* di Sade su suggerimento di Agostino Raff, che ne possiede una copia, nonostante il libro sia ancora proibito[1]. Raff gli riferisce di un'opera misteriosa, una sorta di monumento in negativo della civiltà occidentale. Giuliano lo legge come testimonianza-chiave di un momento cruciale della nostra cultura e soprattutto di un risvolto inafferrabile dell'animo umano. Leggendo il libro – scrive Giuseppe Bartolucci – Vasilicò si ammala: «per tre giorni, dopo aver letto *Le 120 giornate di Sodoma*, non riesce a capire di cosa si tratti, se del testo più reazionario o più rivoluzionario della letteratura occidentale. L'ambiguità di Sade è sconcertante»[2].

Com'è noto, la vicenda narrata nel libro, che ha luogo sul finire del regno di Luigi XIV, vede quattro libertini senza scrupoli, tre nobili e un vescovo, sperimentare in forme estreme pratiche sessuali di sopraffazione su un gruppo di giovani vittime, all'interno del castello di Silling, isolato nella Foresta Nera. Le orge durano quattro mesi e vengono effettuate sulla base di un preciso regolamento e di un programma nel quale quattro "novellatrici", una per mese, introducono le diverse tipologie di perversioni, e narrano in relazione ad esse vicende delle quali sono state protagoniste o spettatrici.

Il testo è un enigma già nelle vicende della sua creazione e della sua pubblicazione. Scritto da Sade nel 1785, mentre è rinchiuso

---

1. Per la ricostruzione di questa vicenda e di quanto segue immediatamente mi avvalgo, oltre che della conoscenza diretta, di una autointervista inedita di Vasilicò scritta dopo la ripresa de *Le 120 giornate* al Teatro Politecnico di Roma nel 2002 (documento intitolato Intervista, s.d., AGV).
2. G. Bartolucci, *Fuori dalla tana*, cit., p. 7.

Lucia Vasilicò ne *Le 120 giornate di Sodoma*, 1972

un teatro apocalittico

nel carcere della Bastiglia[3], va disperso durante la presa della fortezza. Dopo tre generazioni, viene ritrovato casualmente e solo successivamente pubblicato, nel 1904, in ambito medico, come trattato di psicopatologia sessuale. Questa sorta di catalogo, di enciclopedia "illuminista" delle perversioni, si presenta come un romanzo del male, dell'assoluto negativo, del rimosso, nel quale l'imperturbabile descrizione di una grande quantità e varietà di nefandezze ha la freddezza di un documento contabile. Illustra un deserto. Un'«apatia assoluta», come la definisce Pierre Klossowski. L'apatia che sta alla base del gesto di sopraffazione del libertino sulla vittima. Che è gesto elementare: «gesto unico»[4].

Vasilicò viene colpito dal fatto che nelle vicende descritte da Sade, lo sfruttamento e la violenza vengano applicati alla lettera, senza mediazioni e fuori da ogni metafora. «Il libertino – scrive – sfrutta il corpo della vittima centimetro per centimetro, lo utilizza in tutte le parti, in tutti gli orifizi, negli angoli più reconditi, allo stesso modo in cui ci si serve di una materia prima per produrre un oggetto. Questa materia umana viene usata unicamente per la propria soddisfazione, fino all'ultima goccia di sangue, fino agli escrementi, che diventano materiale prezioso per i padroni». È un «crescendo di violenza, che per 120 giorni si applica sulle vittime, passando dalle torture leggere fino alle mutilazioni e alle uccisioni»[5].

Vasilicò è colpito anche dalla forma e dalla struttura dell'opera; che sono una forma e una struttura di tipo numerico, basate sul quattro e i suoi multipli. Quattro sono i libertini-padroni e quattro le loro mogli. Quattro le narratrici. Le vittime selezionate per far parte del "serraglio" nel castello di Silling sono otto fanciulli e otto fanciulle. Quattro sono i *fouteurs* e quattro le fantesche che soprintendono alle faccende quotidiane. L'intera vicenda

---

3. Essendo, in carcere, vietato scrivere, stende tutto il testo di nascosto, in un unico, piccolo rotolo di carta, facile da occultare. A questo si deve probabilmente il fatto che la seconda parte dell'opera è un semplice elenco di perversioni.
4. Cfr. P. Klossowski, *Sade prossimo mio*, Sugar, Milano, 1970.
5. G. Vasilicò, *Autointervista*, s.d., AGV.

Ingrid Enbom, Inga Alexandrova, Lidia Montanari, Bruno Sais, Giovanni Saba
ne *Le 120 giornate di Sodoma*, 1972

dura quattro mesi (120 giornate, appunto). Lo svolgimento e la disposizione dei fatti, infine, sono retti da regole di geometria e di simmetria.

Questa organizzazione è la forma "oggettiva" di una liturgia infallibile, che si svolge in un universo coercitivo nel quale i sottoposti sono semplici oggetti. Tormentandoli, il potere verifica il loro essere nulla, e da questo ricava, per confronto, il proprio piacere.

Un altro aspetto che lo colpisce è un certo carattere parodistico dell'opera, legato alla descrizione di elementi paradossali «come il gigantismo degli organi sessuali dei protagonisti. Le orge si trasformano quindi in una specie di carnevale di Viareggio, con la descrizione di membri talmente enormi da sembrare di cartapesta», scrive Vasilicò, che a Viareggio ha passato parte della sua gioventù. Da questi elementi – oggettività del male, apatia, gesto unico, spirito numerico – nasce il modo nel quale il regista decide di iniziare la ricerca.

un teatro apocalittico

Fabio Gamma con Giovanni Saba e Bruno Sais
ne *Le 120 giornate di Sodoma*, 1972

La prima iniziativa che prende è quella di coinvolgere una decina di persone, inducendole in una situazione in cui rieccheggino le azioni e i rapporti descritti nel libro. Le fa «mettere in riga

Sergio Slavko Petelin e Fabio Gamma ne *Le 120 giornate di Sodoma*, 1972

come ad una fucilazione, facendo urlare a tutte contemporaneamente il proprio nome, l'età e il motivo per cui sono lì. [...] Queste persone che urlavano disperatamente il proprio nome – scrive – mi hanno fatto pensare alle vittime nell'opera di Sade, ma anche alla "vittima universale", presente in tutte le epoche e in tutti i contesti. Questo urlo, che sembrava venire dagli abissi del tempo e che invece si incarnava proprio in quel momento attraverso quel gruppo di persone amiche, mi colpì molto e da lì decisi di fare lo spettacolo»[6].

Vasilicò riflette anche sull'uomo Sade, sulla sua condizione di recluso che non ha commesso le infamie di cui ha scritto, ma

---

[6]. Ibidem. Nell'opera di Sade, le vittime, quando vengono portate al castello, sono costrette a urlare il proprio nome. La "verifica" di Vasilicò non funziona solo da momento propulsivo del lavoro; ha conseguenze dirette sullo spettacolo, in una scena nella quale le vittime, in piedi su un carrello che viene fatto ruotare da servi-portatori, urlano concitatamente, appunto, il proprio nome al pubblico, come per l'ultima volta prima di sprofondare nell'abisso.

un teatro apocalittico

Ingrid Enbom, Lidia Montanari, Bruno Sais, Giovanni Saba e, a destra, Bruno Sais, Inga Alexandrova, Massimiliano Mitia, Giovanni Saba ne *Le 120 giornate di Sodoma*, 1972

che dalla cella assiste alle esecuzioni con la ghigliottina, percependo ripetutamente il "gesto unico" del boia: un'esperienza che lo segna profondamente e che lo porta, nello scrivere l'opera, a servirsi di quel suo particolare punto di vista e della sua stessa oppressione «per misurare tutte le altre»[7].

Il movimento-chiave dell'opera, sul quale strutturare lo spettacolo, viene individuato proprio nel gesto del carnefice che colpisce la vittima. E la principale regola drammaturgica nella ripetizione. La ripetizione di quel gesto indifferente, che è , per Klossowski, la condizione «perché il mostro rimanga al livello della mostruosità»[8].

Le prove diventano, passo dopo passo, sotto la guida del regista, un campo di tensioni nel quale le persone coinvolte entrano in un gioco di rapporti, conflitti, rispecchiamenti, attraverso cui Vasilicò verifica in qualche misura le ragioni e le forme del dominare e dell'essere dominati[9]. Più o meno gradualmente si delineano, attraverso i raffronti e le risonanze con i "personaggi" dell'opera, delle appartenenze; dei ruoli vicini a quelli dei libertini o delle

---

7. G. Vasilicò, *Le 120 giornate di Sodoma*, «Sipario», n. 324, maggio 1973.
8. P. Klossowski, *Sade prossimo mio*, cit., p. 10.
9. Cfr. ibidem.

vittime; quindi, da un lato, alla categoria di chi può «permettersi tutto, dall'uccidere al filosofare», e, dall'altro, di chi invece non può che «mostrare i pochi segni che la caratterizzano: l'urlo, il lamento, il gesto di obbedienza»[10]. C'è poi una terza categoria cui una parte degli attori (o una parte di ogni attore) tendenzialmente aderisce: quella dei mediatori, della genia di servi, ruffiani, sicari, boia, valletti, che costituisce «il materiale lubrificante che agevola il funzionamento della Micidiale Macchina»[11]. Alla fine, nello spettacolo, gli attori incarnano qualcosa di diverso e di più generale di un personaggio: più che figure realisticamente e psicologicamente definite nei rapporti tra loro, sono dei "tipi" umani più o meno corrispondenti alle tre categorie dette, senza per questo escludere ambivalenze; senza escludere, ad esempio, che il carnefice possa essere in una certa misura anche vittima. Nel corso delle prove, i convenuti trovano gradualmente la qualità della loro presenza dentro il "mondo" che si viene costruendo, alla cui definizione concorrono non con la capacità o meno di dire un testo esistente o di eseguire un'azione predefinita, ma con proprie iniziative concrete, sotto lo stimolo del regista (che lascia a tutti dei margini di libertà nella creazione), nello spazio, attraverso il corpo, i gesti, la parola, la fisicità, i rapporti che ognuno stabilisce con gli altri, e con gli oggetti, i costumi, le acconciature, i trucchi in fase di identificazione. È un'umanità realmente messa in gioco, con le sue differenze, forze e debolezze; un'umanità, scrive Agostino Raff, «discreta ed euforica nella saga sadiana, i petting, la loro realtà trasfigurata dalla coltre del trucco, i loro occhi che parlano un involontario codice sabbatico, il sole lontano da Ingrid, Inga una straordinaria danzatrice russa scolpita nell'avorio da Lisippo, Lucia, Fabio Gamma cadenzato e ossesso, Slavko un Giano slavo bifronte, Bruno, Giovanni...»[12].

---

10. G. Vasilicò, *L'operazione sperimentale*, cit., p. 456.
11. Ibidem.
12. A. Raff, *Un ritratto di Giuliano Vasilicò*, in «Machina», anno I, n. 1, aprile 1977, pp. 27-28.

un teatro apocalittico

Le qualità delle persone sono determinanti. Tanto che quando qualcuno lascia (sono molte le defezioni nel corso di prove lunghissime e snervanti) e arriva una persona nuova, questo può far rimettere tutto in discussione. Vasilicò mette in campo ogni giorno, nell'indirizzare le tensioni e plasmare le azioni, una forza "pura", una fisicità irruente e plastica. Indica con precisione agli attori i gesti da compiere, i movimenti. Induce parole ed urla[13]. Diversamente che negli spettacoli precedenti, però, non si mette in gioco come attore. Compie questa scelta in modo da poter «osservare meglio il mostro, dal di fuori»[14].

Lo spazio sotterraneo e angusto del Beat 72, dove le prove si svolgono, echeggia le segrete di Silling, il luogo sadiano ermeticamente isolato dal mondo; che è luogo «unico»[15], caverna, «buco» nel quale si fonda una sorta di «autarchia sociale»; luogo allo stesso tempo normativo e generativo, la cui chiusura, scrive Barthes, è ciò che «permette il sistema, vale a dire l'immaginazione»[16]. Non è da escludere che Vasilicò pensi a Sade, o comprenda la possibilità di mettere in scena Sade, anche perché da tempo lavora nello spazio interrato e chiuso del Beat 72.

Tutto va, anche in questo caso, verso una direzione di sintesi. Per quanto riguarda, ad esempio, i ruoli, nello spettacolo le figure dei quattro libertini si concentrano in quella del duca de Blangis (Fabio Gamma), «personaggio chiave, splendido despota, fallocrate, che spiritualizzandosi realizza il sogno di infinito di Sade»[17], mentre tutte le narratrici sono incarnate da madame Du-

---

13. «Ho creato io stesso tutti i movimenti dello spettacolo – dice Vasilicò – I movimenti vengono dal mio corpo. Li facevo vedere agli attori e loro li rifacevano» (in M. Prosperi, *Giuliano Vasilico's Proust...*, cit., p. 50).
14. G. Bartolucci, *Fuori dalla tana...*, cit., p. 7.
15. R. Barthes, *Sade, Fourier, Loyola. La scrittura come eccesso*, Einaudi, Torino, 1977 (ed. or. 1971), p. 5. In Sade, scrive Barthes, «le città non sono che procacciatrici, le campagne ritiri, i giardini scenari e i climi operatori di lussuria [...]; ciò che conta percorrere non sono contingenze più o meno esotiche, è la ripetizione di un'essenza, quella del crimine. [...] Il luogo sadiano è unico: si viaggia solo per rinchiudersi» (p. 5).
16. Ibidem, pp. 6-7.
17. Ibidem.

le 120 giornate di sodoma

Inga Alexandrova ne *Le 120 giornate di Sodoma*, 1972

clos (Lucia Vasilicò)[18]. Gli altri attori impersonano, con diverse declinazioni e sfumature, le altre figure: vittime, servi, intermediari, sicari. In scena vi sono in tutto nove performer: non personaggi, appunto, ma tramiti che, nel loro insieme, costituiscono il corpo scenico che fa "parlare" Sade.

Il lavoro procede organizzandosi per temi e scene staccate, inizialmente divise in due sezioni[19]: i preparativi e le orge; che vengono definite rispettivamente in relazione al tipo di azioni e di energia in esse prevalenti, la "parte dinamica" e la "parte pietrificata". Della prima fanno parte le descrizioni dei personaggi, i viaggi, i rapimenti; della seconda, le cronache delle orge, il protocollo, gli orari, gli appuntamenti con i destini prescritti. Le due parti, nel corso del lavoro, gradualmente si fondono. Il tutto tende passo dopo passo a definirsi come un flusso intermittente

---

[18]. Sulla performance di Lucia Vasilicò/M.me Duclos, vedi infra, pp. 115-118.
[19]. Cfr. A. Raff, appunti inediti, 1975, AAR.

di apparizioni e figurazioni. La struttura numerica, le ricorrenze, le ripetizioni, le stesse tematiche concorrono a creare nelle prove una situazione nella quale «tutto quello che accade finisce per accadere nella forma del Rito»[20].

Dopo otto mesi di lavoro intensissimo, lo spettacolo debutta al Beat, il 16 novembre 1972. L'esito è un susseguirsi di quadri viventi che si avvicendano in un movimento circolare, senza dialoghi e senza un vero e proprio crescendo narrativo. Le azioni si alternano in maniera parossistica e atemporale. Accenni di violenza espressionistica, urla, movimenti esasperati, convivono con momenti di sospensione estatica, gesti raggelati, pose e piccoli atti senza respiro, spesso prolungati in una specie di apnea. In maniera ricorrente, i personaggi (madame Duclos, il duca de Blangis, le vittime) vengono condotti nello spazio su piedistalli mobili – cubi neri con ruote spinti da altri attori – sui quali compiono le loro azioni, dicono le loro parole, gridano[21]. È un "cinema" apocalittico, una giostra infernale.

Lo spettacolo inizia con l'ingresso nello spazio scuro della narratrice Lucia Vasilicò/madame Duclos, portata di fronte al pubblico come un idolo su un piedistallo da due inquietanti scherani dagli occhi cerchiati di nero (Bruno Sais e Giovanni Saba). Indossa una sorta di divisa, erotica e militare, che le lascia i fianchi e le gambe scoperti. Sbattendo violentemente i piedi sul cubo nero, espone al ritmo del suo stesso scalciare, come un esaltato automa, le sue terrificanti attitudini.

Nella scena che segue, al suono incalzante di percussioni, un gruppo di uomini e di donne, che indossano solamente slip argentati sotto redingote nere aperte sul davanti, emerge dal buio, per poi di nuovo scomparire. A braccia aperte, il terrore negli

---

20. Ibidem.
21. «Tutto fluisce in una continuità che non ha tregua, attraverso la felice soluzione dei carrelli mobili che slittano con sorprendente silenziosità e velocità nel piccolo spazio del Beat 72» (M. Boggio, *Le 120 giornate di Sodoma al Beat 72*, «Avanti!», 17 novembre 1972).

occhi, avanzano e indietreggiano tremando, con veloci, piccoli passi. Sembrano attratti e respinti da un magnete, o mossi da una forza meccanica, come giocattoli cui è stata data la corda. È la scena che introduce la condizione delle vittime. «L'occhio sbarrato, fermo, implacabile degli attori è rivolto verso se stessi, più che verso gli spettatori; e di conseguenza questi ultimi ne colgono il riflesso, ne ricevono la proiezione soltanto. Di qui la nascita di un immaginario straordinariamente trasparente e crudele»[22].

Segue l'apparizione, anch'essa su piedistallo, del despota Fabio Gamma/duca de Blangis, che espone il suo progetto di sopraffazione. Lo avvinghia da dietro una ambigua figura di servo/amante (Sergio Slavko Petelin), che viscidamente ne anticipa o segue movimenti e desideri.

Lo spettacolo procede così per scene divise: "i rapimenti", "le vittime urlanti", "le rane", "la presentazione dei maschi", "il discorso inaugurale", "la strage frontale"; sono questi, ed altri, i nomi con i quali la compagnia le definisce[23]. Ogni scena non è l'episodio di un racconto, ma una "esposizione" di azioni, che nel loro insieme definiscono una inafferrabile cosmogonia. Come al castello di Silling, vi sono anche momenti di leggerezza e di diletto destinati ai padroni. C'è un "minuetto" nel quale il despota, duca de Blangis, avanza e indietreggia, saltellando al suono di un clavicembalo. Ha le braccia tese lateralmente, sorrette da due servi, che gli evitano così ogni sforzo eccessivo (la scena è raddoppiata, in successivi momenti, da altri "minuetti" con la stessa musica, ma con le vittime per protagoniste, nel segno del terrore e dell'oppressione). C'è la "scena del matrimonio" (com'è noto, uno degli "effetti" delle 120 giornate sadiane sono i matrimoni dei quattro libertini con fanciulle, figlie di loro pari): due figure maschili con un braccio teso, in piedi sui carrelli, vengono avvicinate tra loro dai portatori per il passaggio di un

---

22. G. Bartolucci, *La ripetizione e la politicità del gesto di de Sade*, in Id., *La politica del nuovo*, cit. p. 124.
23. Cfr. la sintesi delle scene dello spettacolo, infra, pp. 71-75.

Agostino Raff, studi per gli oggetti dei masochisti,
Le 120 giornate di Sodoma, 1972

grande "anello nuziale" dal braccio dell'uno a quello dell'altro. E c'è il "teatro mitologico": una sfilata di figure maschili e femminili, in posizione plastica sui piedistalli, che vengono fatte circolare nello spazio, come carri allegorici. Tra esse, una giovane donna seminuda, a metà tra un'amazzone e Diana cacciatrice (Inga Alexandrova), che tende il suo arco argentato.

Tutti i testi, rielaborati a partire da Sade, sono di estrema crudezza[24]. Alcune azioni sono commentate da voci registrate, mandate ad alto volume, che sembrano rimarcare il senso dell'oggettività del crimine nell'opera sadiana, e, per altro verso, la propensione dello spettacolo a far "parlare" Sade, prima che i suoi personaggi.

Il "minuetto delle bambole di cera" è accompagnato dalla voce dello stesso Vasilicò, che espone il terrificante regolamento delle "giornate". Durante la "presentazione dei maschi" (i soggetti in posa vengono "esposti" su carri sospinti da donne), è ancora la voce

---

[24]. I testi dello spettacolo sono stati pubblicati in «Sipario», n. 324, 1973, pp. 59-60. Alcuni brani sono riportati nella sintesi delle scene, cit., infra, pp. 71-75.

del regista a declamare le descrizioni delle identità psicologiche ed anatomiche dei libertini, con precise informazioni sulla forma e le smisurate proporzioni dei loro membri. Durante il "carrello dei morti", è invece la voce di Fabio Gamma ad annunciare nei dettagli l'attuazione di un "decreto speciale" per il trattamento delle vittime. La critica mostra grande interesse per l'operazione. Il lavoro – scrive Angelo Maria Ripellino – «con lussureggiante inventiva e con ritmi serrati trasfonde in una pantomima compatta e di inusitata coerenza stilistica tutta l'atroce lubricità del libertinaggio, l'anatomia della copula, la fecalità, la culabria, l'accademia dell'orgia, le paratesie, il crescendo di orrori, i supplizi che allietano quei nobili degenerati [...]. Nelle spoglie di spose, di efebi, di fanciulle rapite, di *fouteurs*, di ruffiane, di streghe, un'affiatatissima schiera di giovani attori scatena un carosello vertiginoso ed ubriaco, un lugubre carnevale di guizzi e di contorcimenti e di diavoleschi colori»[25]. Paolo Emilio Poesio riferisce di un «sabba arcano e spaventoso [...] che avvolge lo spettatore in un alone di incubo»[26]. E tesse le lodi del lavoro svolto da Vasilicò con gli attori: «Per raggiungere un risultato consimile, non stupisce che siano occorsi mesi e mesi di prova, che hanno sottoposto gli attori, lo si comprende dal risultato, a un esercizio tale da renderli padroni delle più raffinate gestualità»[27]. Roberto De Monticelli scrive «di una variazione pantomimico-musicale, rigorosa, crudelissima nella sua astrazione», espressa nel segno sadiano di una «contabilità impassibile e atroce»[28]. Di fronte a questa fantasmagoria, scrive Bartolucci, «si resta senza fiato e senza giudizio 'illuministicamente' per la prima volta, o quasi»[29].

L'impatto sul pubblico è forte e specifico. Alla fine della serata, lo spettatore, scrive ancora Bartolucci, «esce come da una fatica, o da un impegno, e non ne trova la ragione, non ne scova la

---

25. A. M. Ripellino, *Un libertino nella foresta*, «L'Espresso», 10 dicembre 1972.
26. P. E. Poesio, *Nell'inferno con de Sade*, «La Nazione», 6 maggio 1973.
27. Ibidem.
28. R. De Monticelli, *Il minuetto di Sodoma*, «Corriere della Sera», 6 aprile 1975.
29. G. Bartolucci, *La ripetizione...*, cit., p. 124.

sensibilità complementarmente. E siccome gli si è giocata alle spalle sue, per una specie di tradimento, una azione a forma di "apatia", ecco che per "apatia" egli si allontana dal luogo del delitto e in un certo senso non vuole lasciare tracce di sé, senza parole e un po' in fretta avviandosi verso l'uscita (ma c'è chi non dorme per tutta la notte e chi ritorna per necessità a rivedere, per una specie di smania e di vertigine mentali)»[30]. Viene in mente ancora Roland Barthes, quando scrive che dal luogo sadiano «si risale soli, senza una parola»[31].
È un successo clamoroso. Lo spettacolo rimane in scena a Roma per quattro mesi, per poi girare in altri luoghi in Italia e all'estero: Londra, Parigi, Nancy, Amsterdam, Buenos Aires. È l'evento che fa conoscere e lancia il fenomeno delle cantine, l'insieme di esperienze che verrà chiamato "scuola romana" o "teatro-immagine". Il suo richiamo fa scendere per la prima volta nei sotterranei romani i giornalisti dei grandi quotidiani, la critica letteraria più qualificata, i registi cinematografici più importanti. Persino la stampa scandalistica e i rotocalchi erotici si occupano, a loro modo, dello spettacolo, amplificandone la risonanza.
Non mancano, insieme agli entusiasmi, i dubbi e le critiche. Alcune rilevano la mancanza di una presa di posizione nei confronti di Sade[32].

---

30. Ivi, p. 126. Significativa la testimonianza di Fabio Gamma: «Sono venuti qui ministri, preti, ambasciatori, procuratori e poi pubblico di ogni specie e ceto sociale. Beh, la cosa divertente è che non fai in tempo a entrare in camerino che si volatilizzano, in un attimo non c'è più nessuno. Come se avessero fatto un peccato, una cosa clandestina. Ma qualcuno è venuto a trovarci e ha anche pianto. Molti poi tremano, si meravigliano di trovare dei ragazzi come gli altri, perché ci identificano con i mostri dello spettacolo» (in M. Elsberger, *De Sade a Tor di Nona*, «Paese Sera», 7 marzo 1973).
31. R. Barthes, *Sade, Fourier...*, cit., p. 6.
32. Elio Pagliarani: «Insomma, con qualche severità, dopo gli elogi, potremmo anche dire che lo spettacolo non ha svolgimento: la situazione è chiusa, metafisicamente. Del che si avvantaggia il rigore dello spettacolo, non la ricchezza dei significati. Bisognava cioè indicare dove è che Sade si morde la coda» (*Dov'è che Sade si morde la coda?*, «Paese sera», 17 novembre 1972). Franco Quadri: «È difficile non rimanere condizionati dalla forte suggestione dell'impatto, dai giochi degli intrichi dei corpi, dai trucchi sfatti di questi idoli d'argento, dalla stilizzazio-

Inga Alexandrova, Bruno Sais, Lidia Montanari e, a destra, Ingrid Enbom, Lidia Montanari, Giovanni Saba, ne *Le 120 giornate di Sodoma*, 1972

Altre, non imprevedibilmente, fanno leva su considerazioni di tipo moralistico[33].

Ma sono in molti a cogliere il senso dell'operazione. Cesare Garboli sostiene che dall'enigma sadiano si può «uscire solo a prezzo di un rito, di una cerimonia religiosa, barbarica e primitiva, cioè con una rappresentazione teatrale» ed è questo, dichiara, il senso da «assegnare allo spettacolo messo in scena da Vasilicò»[34]. Daniele Del Giudice – nel notare che in Sade «la scelta del Male, anziché del Bene, come occasione di energia per attingere all'assoluto è un fatto solo funzionale» a dire altro, e che per far operare questo tramite l'autore si avvale di convenzioni

---

ne dei feticci sessuali [...]. Ma l'asciuttezza dello spettacolo e il compiacimento indiscriminato del pubblico, lasciano il sospetto di un margine di ambiguità. Ci si chiede quanto possa essere attuale un recupero del sesso come elemento da mitizzare, escludendo qualsiasi presa di posizione» (*Le 120 giornate di Sodoma*, «Panorama», 14 dicembre 1972).

[33]. Un velato residuo moralistico c'è persino nel bell'articolo di Paolo Emilio Poesio prima citato: «Vasilicò non ha dimenticato di dare a questa danza delle streghe, a questa cerimonia nera, anche la dimensione di una società guasta e corrotta, additata con feroce puntualità dallo stesso Sade. Così il girotondo dei mostri assume un valore indicativo, assolve da ogni possibile gratuità lo scopo dello spettacolo» (P. E. Poesio, *Nell'inferno...*, cit.).

[34]. C. Garboli, *Storia di orge*, in Id., *Un po' prima del piombo*, prefaz. di F. Taviani, Sansoni, Milano, 1998, pp. 35-36 (originariamente in «Il Giorno», 15 febbraio 1973).

quali la struttura matematica dell'opera – scrive che Vasilicò ha affrontato il romanzo «correttamente, cioè sadicamente, nella sua convenzionalità»[35]. E Dacia Maraini: «Non è un Sade storico quello di Vasilicò, né un Sade filosofico, né un Sade politico. Si potrebbe dire che è un Sade rappresentato fenomenologicamente [...]. Alle volte questo è un sistema per arrivare al cuore delle cose meglio di quando si usano le armi dell'analisi critica»[36]. È un'operazione di «oggettivazione poetica»[37].
Ogni giudizio mi sembra vada poi ricondotto alla concezione che Vasilicò ha del teatro come mezzo di conoscenza. Come mezzo che tende a svelare (in questo senso "apocalittico") innanzitutto al suo stesso autore, cose che un libro o la vita stessa necessariamente non riescono a svelare. Perché il teatro permette di avere a che fare con esse in termini fisici, energetici, di tensioni; e sul piano dei fatti, delle forme concrete, della circolazione di immagini e movimenti reali tra opera e pubblico. Il teatro è il mezzo che Vasilicò ha scelto per cercare di comprendere e far comprendere l'esistenza. In questo caso, per cercare di comprendere e far comprendere quanto della vita possono dirci Sade e *Le 120 giornate di Sodoma*.
Lo spettacolo non si pone come opera giudicante, ma, appunto, come tramite. Come tramite che ogni spettatore può usare, o meno, per la propria personale comprensione.
Si potrebbe ricorrere alla nota presa di posizione di Susan Sontag contro l'interpretazione, da lei vista come impoverimento, svuotamento, instaurazione di «un mondo spettrale di 'significati'»[38], e alla quale si può sfuggire solamente «producendo opere d'arte dall'apparenza così linda e unitaria, dall'azione così rapida, dal discorso così diretto, da fare dell'opera... ciò che essa è»[39].

---

35. D. Del Giudice, *Sade voleva bruciare il mondo con il sole*, «Paese Sera», 3 settembre 1973.
36. D. Maraini, *Un Sade secondo il senso comune*, in Id., *Fare Teatro*, Bompiani, Milano, 1974, p. 149.
37. Ivi, p. 150.
38. S. Sontag, *Contro l'interpretazione*, Mondadori, Milano, 1967 (ed. or. 1961), p. 27.
39. Ivi, p. 32.

Le 120 giornate di Sodoma
Sintesi delle scene

Scena I: la Narratrice
M.me Duclos, noleggiata dal despota col compito di eccitarlo con racconti di orge e delitti, entra trasportata su un piedistallo mobile da servi di scena. Sbattendo violentemente i piedi sul carro, pronuncia esaltate parole di introduzione alle "giornate": «Dallo stadio in cui si cessa di arrossire, a quell'altro in cui si adora tutto ciò che per gli altri è causa di vergogna, non c'è che un semplice passo. Tutto quello che prima colpiva spiacevolmente si trasforma in piacere...».

Scena II: vittime in fuga
Le vittime, prigioniere del despota, terrorizzate, avanzano verso il pubblico e poi indietreggiano, ripetutamente e a piccoli passi, come statuine meccaniche.

Scena III: il progetto
Seminudo, su un carrello, gli occhi strizzati, i pugni chiusi, seguito o agevolato nei movimenti da uno schiavo-amante, il despota, duca de Blangis, presenta il suo programma di sopraffazione: «La mia idea è questa: radunare un gran numero di creature del tutto indifese, adatte a soddisfare la mia voglia di opprimere; isolarmi in un castello remoto, lontano da sguardi indiscreti, e lì, fornito di una quantità enorme di oggetti lascivi e di spaventosi strumenti di tortura, gustare tutti i piaceri della tirannide...».

Scena IV: i rapimenti
La fase della cattura delle vittime è sintetizzata in una visione di inseguimenti e terrore. Sotto una luce accecante, i forti inseguono i deboli.

Scena V: la Madonna
M.me Duclos, abbigliata con un paramento, appare come una statua della Vergine in processione. Con voce allucinata, elenca le imprese del

libertino: «Brucia una ragazza dopo averle praticato coito anale. Prepara accuratamente la cerimonia della decapitazione: eiacula vedendo piombare l'ascia. Lega una ragazza ad un cadavere, ginocchia contro ginocchia, bocca contro bocca, e la frusta fino al sangue...».

Scena VI: minuetto del tiranno
Il despota danza, sorretto da due sicari-schiavi, saltellando. Le sue energie vengono custodite. Se per un attimo si sgancia dall'appoggio, è solo per sfruttare la forza d'inerzia. La sua danza continua leggera, senza fatica.

Scena VII: vittime urlanti
Nel vortice dei rapimenti, prima di perdere definitivamente la propria identità, le vittime gridano a squarciagola, per l'ultima volta, il proprio nome: «Mi chiamo Augustine, ho 15 anni, sono figlia di un barone della Linguadoca, sono stata rapita in un convento a Montpellier / Mi chiamo Fanny, sono figlia di un consigliere del parlamento di Bretagna, mi hanno portata via dalla casa di mio padre / Mi chiamo Giton, ho dodici anni...».

Man mano che la giostra gira, le urla si confondono, mentre la voce fuori campo del Duca legge il regolamento delle "giornate": «I soggetti dovranno alzarsi ogni giorno alle dieci del mattino e servire il signore completamente nudi. In qualsiasi momento venga loro richiesto di commettere impudicizie, dovranno prestarsi con la rassegnazione prescritta...».

Scena VIII: le rane
La routine della tortura e dell'orgia. Il bacio del despota al favorito si trasforma in una smorfia. Al segnale di inizio delle violenze, le vittime sono infilzate come rane con lunghe lance. Il bacio si ripete, la violenza si ripete.

Scena IX: minuetto delle bambole
Trasformate in bambole di cera, le vittime sono costrette a danzare, trasportate su carrelli, lugubremente, al suono di un minuetto. Ridotte ad oggetti, irradiano dagli occhi una misteriosa luce di orgoglio.

Scena X: il generale
M.me Duclos ha il piglio di un generale. Declama boriosamente la sua filosofia del

male: «E' veramente incredibile che l'uomo, già oppresso in ogni sua manifestazione, cerchi di limitare ancora di più lo scopo della sua esistenza attraverso pregiudizi ignobili. Non ci si rende generalmente conto di quali limiti al piacere si sia posto colui che ha considerato un crimine l'assassinio. Se il delitto manca di quel tipo di delicatezza che si riscontra invece nella virtù, il primo non è forse infinitamente più sublime, non ha immancabilmente quelle caratteristiche di grandezza e di eccellenza che lo rendono preferibile? Conquistatori, eroi, tiranni, forse costoro si sono sentiti frenati da assurde limitazioni? Infamia! Sono solo parole. Niente è infame, se causa un'erezione».

Scena XI: presentazione dei maschi

Su piedistalli mobili, i rappresentanti della nobiltà, della magistratura, dell'economia e del clero sfilano seminudi. Una voce fuori campo ne descrive caratteri, gesta e attributi: «Il Duca de Blangis, fisicamente simile a un satiro, deve la sua fortuna a speculazioni ed assassinii; ha un membro mostruoso e forza prodigiosa. Lo si può considerare come il depositarlo di ogni vizio ed ogni scelleratezza. Ha ucciso sua madre, sua sorella e tre mogli / Il Vescovo d'Orleans, suo fratello, più esile e più delicato del Duca: falso, abile, fedele seguace della sodomia attiva e passiva ...».

Scena XII: discorso inaugurale

Acrobata, illusionista, ipnotizzatore, il tiranno, tenuto per le gambe da due sicari, contorcendosi sul piedistallo, si rivolge alle vittime: «Deboli creature incatenate, destinate solo al mio piacere...».

Scena XIII: strage frontale

Il braccio destro del despota chiama le vittime per nome, spingendole al macello.

Scena XIV: il ragno

Con una finta, grottesca vulva attaccata tra le gambe, M.me Duclos, incarnazione delle eroine sadiane che hanno conquistato potere e libertà di opprimere, dipana la sua estasi: «Esilarante situazione, essere sicuri che due piedi di terra basteranno a coprire tutte le infamie...».

Scena XV: il fallocrate

Tra le vittime in preda al terrore, passa il rappresentante dell'aristocrazia fallica, in posa statuaria, indossando un grande pene artificiale in erezione.

Scena XVI: tabella dei lavori
Un emissario del despota legge alle vittime il programma delle orge e delle violenze, assordante calendario di stupri e violazioni, snocciolato come un rosario: «Il 10 dicembre il Duca sodomizzerà Giton! / Il 15 novembre Giton deflorerà Fanny! / Il 25 novembre Fanny sposerà il Duca! / Il 5 dicembre il Duca deflorerà Narcisse! ...».

Scena XVII: presentazione delle femmine
Le vittime, portate sui carrelli, vengono presentate come oggetti in vendita ed esposte con le loro parti sessuali in evidenza. La morte traspare dai loro occhi vitrei. Dietro i carrelli le orribili smorfie degli scherani.

Scena XVIII: teatro mitologico
Scena allegorica organizzata dal despota. Tra le apparizioni, una splendida amazzone che tende un arco argentato. Grottesca parodia dell'amore del despota e dei suoi pari per il "gran teatro".

Scena XIX: matrimonio
Metafisica e sospesa cerimonia nella quale l'oppressore sposa il suo servo-amante.

Scena XX: la passeggiata di M.me Duclos
Seguita ai lati da due fidi imitatori, Duclos avanza con un passo stilizzato. È ormai sicura delle sue parole e convinzioni: «Il mio carattere solido è estraneo alle contraddizioni. Faccio le mie scelte senza esitazioni ed il rimpianto non sorge mai a rattristarne il fascino...».

Scena XXI: i masochisti
Azioni autolesionistiche delle vittime con strumenti di tortura.

Scena XXII: strage incrociata
Variazione della prima strage. Le vittime vengono spinte a correre verso la morte.

Scena XXIII: minuetto delle vittime
Le vittime sono costrette a danzare nude, tutte insieme, prima del massacro.

Scena XXIV: la fuga
Il favorito del despota tenta la fuga con una prigioniera. Il tentativo viene represso.

Scena XXV: strage controluce
I carnefici spingono le vittime gementi verso una fornace.

Scena XXVI: passaggio del despota
Con due sicari avvinghiati alle caviglie, che gli spostano i piedi nella direzione da lui scelta, il despota si appresta a compiere le sue nefandezze.
Scena XXVII: carrello dei morti
Le vittime si presentano al loro assassino con una smorfia di morte. Una voce fuori campo declama un decreto speciale: «I soggetti saranno soppressi ad uno ad uno con un sacrificio quotidiano. Il Signore si compiacerà grandemente nel torturarli...».
Scena XXVIII: Madonna finale
Il massacro continua. Con uno strano ghigno, esposta dai suoi complici come un osceno gioiello, M.me Duclos riprende a declamare l'elenco delle perversioni: «Brucia una ragazza dopo averle praticato coito anale. Prepara accuratamente la cerimonia della decapitazione ...».

Fonti: rielaborazione da AGV; dal video dello spettacolo; da «Sipario», n. 324, 1973.
Il testo completo dello spettacolo è in «Sipario», n. 324, 1973, pp. 59-60.

Vittorio Vitolo, Giuliano Giacomelli, Bettina Best, Agnès Nobécourt
ne *L'uomo di Babilonia*, 1974

L'uomo di Babilonia (1974)

Dopo Shakespeare e Sade, Vasilicò torna a lavorare su un suo testo: un testo, all'inizio della lavorazione dello spettacolo, semplicemente imbastito, che anche in questo caso viene rielaborato nel corso delle prove col contributo degli attori. Si tratta de *L'Uomo di Babilonia*, metafora fantapolitica ambientata in una immaginaria metropoli occidentale, a metà tra presente e futuro; una città neocapitalistica, tecnologica, seduttiva, edonistica, subdolamente coercitiva. Il tema è quello del potere, e dei meccanismi di controllo, consenso, sottomissione, repressione.

Le azioni si svolgono in un tempo relativamente indefinito, senza sviluppo narrativo, senza inizio né fine, e sono organizzate, con tecnica ormai consueta in Vasilicò, in quadri più o meno prolungati: ventisei «stazioni-apparizioni»[1].

Il gruppo di lavoro è costituito da dodici attori, tra i quali, oltre ai collaboratori storici Lucia Vasilicò, Fabio Gamma, Bruno Sais, vi sono la belga Bettina Best, nello stesso periodo attiva anche nella compagnia di Memè Perlini[2], e Vittorio Vitolo, che ha già lavorato con Vasilicò sostituendo un attore ne *Le 120 giornate di Sodoma*, e che diventerà, col nome d'arte Victor Cavallo, autore e attore di memorabili performance al Beat 72[3]. Scenografie,

---

1. R. Mele, *I corpi di New York*, «Proposta», n.12-13, marzo-giugno 1974.
2. Ha già lavorato con Perlini in *Locus solus* (1976), o prenderà parte a quasi tutti i suoi lavori successivi – incluso il film *Grand Hotel des Palmes* – fino al 1980.
3. Cavallo, nato a Roma nel 1947 e morto nel 2000, personaggio notissimo nell'ambiente "alternativo" romano è anche scrittore, poeta, autore di testi teatrali. Dal 1980 lavora soprattutto nel cinema, quasi sempre con un ruolo da caratterista. Tra le sue pièce teatrali: *Ècchime* (Stampa Alternativa, Roma, 2003), *Cartoline romane, Anni facili, Stalker* (le ultime tre in *Victor Cavallo*, a cura di M. De Feo, Ribot, Roma, 2010).

un teatro apocalittico

L'uomo di Babilonia, 1974

luci, costumi e musica sono ancora una volta di Agostino Raff.
Il lavoro è frutto di quattro tormentati mesi di prove al teatro Spazio Uno di Trastevere, altro luogo deputato della ricerca teatrale romana[4], dove debutta nel maggio 1974. Come nei suoi spettacoli iniziali, il regista vi affronta questioni esplicitamente politiche, che tenta però di ricondurre ad una loro dimensione "universale". Non sono poche le incertezze dovute alla complessità dei temi da affrontare[5].
Lo spettacolo è una sorta di «antologia apocalittica»[6] riferita a una neanche troppo immaginaria metropoli nella quale il potere dosa abilmente violenza e permissività, e i cui protagonisti sembrano «i pezzi di una scacchiera, proiezioni di una realtà politica

---

4. Il teatro, in vicolo dei Panieri, creato nel 1969 in una ex rimessa di "botticelle", è gestito dall'attrice Manuela Morosini.
5. Ricordo le sue lunghe telefonate notturne (a me studente "contestatore") nelle quali un po' ossessivamente mi interrogava sugli obiettivi politici delle lotte studentesche, sulla nostra idea del "sistema", e così via.
6. C. Augias, *L'uomo di Babilonia*, «l'Espresso», 2 giugno 1974.

che sentiamo come incubo vicino ma ancora da scontare»[7]. Tra questi personaggi volutamente un po' da cartoon e dai nomi inventati, vi sono Fauro, uomo di potere a metà tra un magnate capitalista, un santone e un personaggio televisivo (Fabio Gamma); Malva, una invasata, modaiola, crudele "teorica", protagonista di inafferrabili comizi (Lucia Vasilicò); e poi un profeta, un prete, due killer, un viandante. E vi sono conflitti, processioni, dimostrazioni, geometrici scontri tra quelle che si presuppongono essere fazioni politiche rivali, invasioni di fotografi-cavallette che mandano nello spazio compulsivi flash. E immagini folgoranti, come uno strano corteo di scioperanti, a metà tra manifestazione politica e falloforia pagana, «che attraversano la scena a ritmo di agitato samba, con i fazzoletti rossi sghimbesci sulle bocche, che ritmano misteriosi slogan snaturati»[8], scena durante la quale lo stesso Vasilicò, con sorpendente irruzione, si precipita dalla sala in scena ad aizzare i "manifestanti". E c'è, a tratti, un testo fuori campo, ambiguamente didascalico, che fa da commento alle azioni.

Le scenografie di Raff (strutture in lamiera ondulata sui lati; una scalinata lungo la linea di fondo; bacheche su carri circolari in una scena nella quale vengono "esposti" i corpi delle vittime di incidenti sul lavoro) sono di tipo avveniristico/fantascientifico. I costumi un po' fumettistici e "pop".

L'esito è, come sempre, di notevole impatto per quanto riguarda la visione, il ritmo, l'uso del corpo, la gestualità. Molte critiche si esprimono in questo senso. Vengono apprezzate la compiutezza formale[9] e la forza rivelatrice del lavoro[10]. Constatate ascendenze

---

7. R. Mele, *I corpi...*, cit.
8. M. Boggio, *Una seria ricerca*, «Avanti!», 28 maggio 1974.
9. «Sul piano della compiutezza formale L'uomo di Babilonia è uno spettacolo avvincente e godibilissimo, degno seguito del rigore stilistico di Sodoma » (G. Lombardo Radice, *L'uomo di Babilonia*, «Sipario», n. 338, luglio 1974).
10. «Stilizzazione figurativa, plastica, vocale e musicale con cui Vasilicò e gli interpreti modellano la materia, cavandone scorci illuminanti, lampi rivelatori [..] immagini sempre di qualità e in più momenti d'una densità e tensione non comuni» (A. Savioli, *Immagini di una Babilonia futura*, «l'Unità», 25 maggio 1974).

un teatro apocalittico

La scena degli "scontri", *L'uomo di Babilonia*, 1974

artaudiane[11]; l'alto grado di tensione delle azioni e della scena[12]; la presa sul pubblico[13]. Vengono anche rilevati l'ampiezza del discorso politico[14] e il fatto che lo spettacolo faccia parte di un coerente percorso di ricerca[15]. Ma rimane un lavoro irrisolto nella sostanza. Vasilicò ne è consapevole.

Lo spettacolo soffre del confronto con un tema incontrollabile. La stessa propensione del regista alla sintesi e alla costruzione con gli attori di "tipi" scenici anziché di personaggi, che in precedenza ha trovato i propri luoghi generativi nelle opere di Shakespeare e Sade, si trova qui davanti a un universo esteso e complesso, che rende difficile il raggiungimento di un risultato

---

11. «"Babilonia" è lo spettacolo più autenticamente artaudiano, nella concezione, di quanti se ne siano visti, almeno in Italia, negli ultimi anni» (C. Augias, *L'uomo di Babilonia*, cit.).
12. «Regia ad alto voltaggio. Si ha l'impressione che gli oggetti scenici scottino, attori inclusi» (G. Prosperi, *Babilonia siamo noi*, «Il Tempo», 25 maggio 1974).
13. «Atmosfera incalzante e ossessiva che cattura interamente l'attenzione dello spettatore» (Vice, *L'uomo di babilonia*, «Il Messaggero», 22 giugno 1974).
14. «Un discorso teatrale quanto mai vivo e stimolante, che dimostra tra l'altro interessi "politici" tanto più vasti e tanto più sentiti di quelli della maggior parte dei suoi colleghi "sperimentali"» (G. Lombardo Radice, *L'uomo di Babilonia*, cit.).
15. «Un altro gradino della sua seria e appassionata ricerca […] momenti di grande bellezza ed evidenza espressiva» (M. Boggio, *Una seria ricerca...*, cit.).

Agostino Raff, costume per Daga/Bettina Best, *L'uomo di Babilonia*, 1974

essenziale. Il passaggio dall'analisi del mondo letterario di grandi autori a quella della realtà sociale e politica contemporanea segna una difficoltà. Non riesce a dar luogo a una sintesi credibile. Nello spettacolo non mancano le incoerenze, le semplificazioni, le soluzioni didascaliche o sopra le righe. Il piano poetico non è risolto. Per la prima volta si affaccia nei confronti di Vasilicò qualche sospetto – assolutamente ingiustificato se riferito al complesso della sua ricerca, ma comprensibile quando viene da chi non ha visto i suoi spettacoli precedenti – di velleitarismo[16]. Persino un'accusa di "qualunquismo di sinistra", forse un po' ingenerosa e comunque anche legata a contingenze culturali e politiche del momento, da parte di Edoardo Sanguineti: «Il Vasilicò di Babilonia ha la sua buona parabola da raccontare (con tanto di testo-azione, in sequenze-choc). Un po' Alphaville («Jean-Luc Godard, qui est un peu nietzschéen...», Deleuze, 1972) riscritto da Toller giovane, risulta massivamente affetto da qualunquismo di sinistra: dove si contempla che l'unidimensionalità e il terrorismo dell'integrazione, la mitologia del Potere e la psicanalisi del Dominio, fungono, come è giusto, da apologetica indiretta [...]. Dove vada a parare ormai, con tanta metafisica della trasgressione, tanto Artaud sbandierato contro Brecht, sul ponte di tanto sadomaoismo pariginesco-sessantottesco, da immaginazione al potere e dintorni (sadomaoismo è un geniale neologismo di Calvino, per quel che ne so), con la mediazione cortese di Deleuze (dopo Bataille e C.), si dovrebbe vedere a sufficienza»[17].

16. Forse non a caso è, insieme a lavori di Perlini e di altri, tra gli spettacoli delle cantine romane parodiati da Nanni Moretti in *Io sono un autarchico* (suo primo film del 1976), dove viene imitata la scena degli "scontri" e citato l'abbigliamento "fantascientifico" degli attori. Al riguardo, Alberto Abruzzese, nel riflettere sulla pungente satira del film di Moretti del supposto "volontarismo teatrale" romano, scrive, facendo riferimento al *Proust* del 1976, come sia invece proprio un lavoro come quello di Vasilicò, con la sua tecnica teatrale «rarefatta, capace di spingersi fino ai più sofisticati meccanismi», a dimostrare «quali siano i margini di consapevolezza tecnica necessari a produrre uno spettacolo di qualità in campo teatrale, quali siano le energie da controllare e esaltare, e quanto queste non possano confondersi con la bruta, naturale, volontà di rappresentazione» (A. Abruzzese, L'*aura del nome Proust e la tecnica*, «Rinascita», 24 dicembre 1976).
17. E. Sanguineti, «Paese Sera», 13 giugno 1974.

Fatto sta che questa esperienza rimane nell'autopercezione del regista – che è solito considerare riuscito un suo spettacolo solo se ha fatto progredire la ricerca – come un passo falso. Tanto che difficilmente vi tornerà con il pensiero, e altrettanto difficilmente vi farà riferimento come esperienza significativa del proprio iter artistico. Dello spettacolo non farà cenno neppure nella meticolosa ricostruzione del proprio percorso presentata in occasione del convegno dell'Università La Sapienza sui protagonisti delle cantine romane nel 2008[18].

È tuttavia un lavoro che rimane fortemente impresso, scrive Giuliana Morandini, come «una voce, una incancellabile voce, un urlo, una profezia di "catastrofe", che trascina dietro altre voci, altre grida»[19]. Un lavoro, nella sua energia, estremo. E nei suoi contenuti, alla luce degli sviluppi del mondo contemporaneo, in una certa misura, profetico, appunto.

---

18. Cfr. G. Vasilicò, *Il teatro di Giuliano Vasilicò*, cit.
19. G. Morandini, *Il delitto...*, cit., pp.67-68.

Alexandra Kurczab, Fabrizio Boffelli, Enrico Frattaroli in *Proust*, 1976

Proust (1976)

Dopo *L'uomo di Babilonia*, Vasilicò torna a lavorare su un grande testo letterario. Sceglie di affrontare uno dei romanzi capitali del Novecento, *Alla ricerca del tempo perduto* di Marcel Proust, nella convinzione che, come altre grandi opere della modernità (in seguito si dedicherà a *L'uomo senza qualità* di Robert Musil), esso abbia «tutte le caratteristiche per costituire oggi quello specchio della società e dell'inconscio collettivo che ai tempi dell'antica Grecia era rappresentato dalle opere di Eschilo o di Sofocle [...]. La nostra massima ambizione sarebbe di istituire lo stesso tipo di rapporto, lo stesso pathos tra il pubblico e lo spettatore»[1].

La galassia di situazioni così finemente analizzate da Proust nella *Recherche* costituisce certamente un terreno di partenza non facile per una trasposizione scenica, come dimostra il fatto che nessuno è riuscito a portare l'opera in teatro fino a questo momento[2]. Tra i tentativi più noti, quello di Romolo Valli e Giorgio de Lullo, che, alla fine degli anni '50, con la collaborazione di Attilio Bertolucci, hanno lavorato a lungo ad una sua riduzione scenica, senza arrivare a un risultato. Anche nel cinema vi sono

---

1. In A. Ginammi Crisafulli, *Le scelte difficili da Amleto a Musil*, «La Sicilia», 11 luglio 1980.
2. È solo del 2012 la messinscena di *Un amore di Swann* da Proust della compagnia Lombardi-Tiezzi. Come è stato osservato, se «il Proust di Vasilicò è uno spettacolo soprattutto visivo, caratterizzato da una tensione figurativa forte, con costumi curatissimi e uno straordinario uso delle luci, ma da un tessuto verbale piuttosto scarno, *Un amore di Swann* di Lombardi e Tiezzi è invece un tipico esemplare di "teatro di parola"» (G. Tellini, *Proust a teatro. Un'originale proposta drammaturgica e registica*, in *Non dimenticarsi di Proust. Declinazioni di un mito nella cultura moderna*, a cura di A. Dolfi, Firenze University Press, Firenze, 2014, pp. 524-525).

un teatro apocalittico

Goffredo Bonanni e Bruno Sais e, a destra, Rita Mari e Simone Mattioli in *Proust*, 1976

stati tentativi illustri non andati in porto, come quelli di Luchino Visconti (con due prove di sceneggiatura, prima di Ennio Flaiano e Giampiero Bona; poi di Suso Cecchi D'Amico, Enrico Medioli e dello stesso Visconti)[3] e di Josef Losey, su sceneggiatura di Harold Pinter[4]. La scelta di Vasilicò potrebbe sembrare eccessivamente ambiziosa. Ad alcuni sembra addirittura presuntuosa. Ma è in realtà una scelta interna all'evolversi della sua ricerca; legata al desiderio del regista di progredire nel proprio percorso attraverso l'approccio a problemi diversi da quelli affrontati negli spettacoli precedenti. «Non più – scrive – gli scontri tra le classi, la lotta tra il vizio e la virtù, ma i problemi interiori, l'esperienza esistenziale. A questo punto ci siamo messi a cercare un testo adatto a soddisfare questa esigenza e lo abbiamo trovato in Proust»[5]. Dopo essersi

---

3. Cfr. G. Aristarco, *Proust, il cinema e Visconti*, intervento al convegno "Proust & lo spettacolo", Teatro Ateneo, Università degli studi di Roma "La Sapienza", 16-17 febbraio 1984, convegno al quale ha partecipato lo stesso Vasilicò (nel catalogo *Proust & lo spettacolo*, a cura di F. Carvelli, F. Giovannini, P. Lupi, S. Micozzi, G. Staffieri, Teatro Ateneo, Roma, 1984, pp. 11-14).
4. Cfr. R. Shattuck, *The Filming of Proust*, «Partisan Review», 4, 1979. Il controverso film di Volker Schlondorff, *Un amore di Swann*, del 1984, sull'omonimo episodio del primo volume dell'opera, costituisce la prima trasposizione cinematografica dalla *Recherche*.
5. In F. Cordelli, *Vasilicò alla ricerca del tempo di Proust*, «Paese Sera», 10 dicembre 1976.

occupato dell'"uomo collettivo", intende rivolgere l'attenzione all'individuo «nella sua dimensione psicologico-affettiva, nei suoi conflitti, nei suoi rapporti con gli altri»[6]. È consapevole delle difficoltà del progetto, ma non mira assolutamente a ottenere un risultato in termini di traduzione teatrale dell'opera e non sente la propria scelta come una sfida. «Il mio – afferma – non vuole essere un tentativo di trasposizione scenica della *Recherche*, ma solo uno studio su Proust. Non ho la pretesa di abbattere il mito della irrappresentabilità di Proust al teatro o al cinema»[7].

Fin dall'inizio del lavoro, insieme a Goffredo Bonanni, che lavora con lui, oltre che come attore, scenografo e autore delle luci, anche all'elaborazione del testo e alle scelte di fondo dello spettacolo, decide di non dedicarsi a una parte dell'opera o a un suo particolare "momento". Cerca invece di trovare delle chiavi che permettano di coglierne aspetti essenziali. Di individuare innanzitutto le ragioni e l'energia che hanno indotto Proust a scriverla. E tenta di farlo non solo attraverso l'analisi dell'opera, ma anche studiando la vita dello scrittore. Cerca inoltre di comprendere quanto la *Recherche* abbia trasmesso alla cultura e all'immaginario del nostro tempo.

«La prima cosa che faccio – afferma – è quella di tuffarmi nell'universo dell'autore. Non leggo solo i suoi lavori, ma anche tutto quello che è stato scritto su di lui. E indago sulla leggenda che si è lasciata dietro. Il risultato, in questo modo, non è più soggettivo. È quello che invece si potrebbe definire un'interpretazione collettiva»[8].

Non mancano, nella fase di individuazione del taglio da adottare, le difficoltà. Una di queste è legata al fatto che il romanzo di Proust, nell'analisi di Vasilicò, che peraltro proviene dalle esperienze iperenergetiche di Sade e di Babilonia, è, secondo la sua

---

6. G. Vasilicò, *Il teatro di Giuliano Vasilicò*, cit., p. 229.
7. In R. Cirio, *A Roma, in ottobre, prima assoluta*, in Id. *Una gardenia, un sospiro e Marcel entra in scena*, «L'Espresso», n. 23, 6 giugno 1976.
8. M. Prosperi, *Giuliano Vasilico's Proust...*, cit., p. 54.

un teatro apocalittico

Giorgio Losego, Annarosa Morri, Renzo Rinaldi, Enrico Frattaroli in *Proust*, 1976

definizione, «antienergia»[9]. Lo è per la natura stessa dell'opera, nella quale le vicende non sono in divenire, ma filtrate dal ricordo. La compagnia verifica già dalle prime prove che «le azioni descritte, se trasferite in scena alla lettera, non vivono»[10].
Un altro elemento, se non proprio di difficoltà, perlomeno di non agevolezza nell'intraprendere il lavoro, è costituito dall'eccentricità del tema affrontato rispetto agli orientamenti dominanti nella cultura del post '68, alla quale per molti versi Vasilicò appartiene. Se da una parte, a metà degli anni '70, i movimenti di contestazione e le culture "alternative" stanno rifluendo nella dimensione privata ("il privato è politico"), dall'altra una scelta come quella di lavorare su Proust è vista da non pochi come un prestare attenzione a tematiche "borghesi". Forse non a caso il regista, che ha sempre ritenuto il suo un lavoro "politico", anche

9. Cfr. R. Cirio, *A Roma...*, cit.
10. Ibidem.

Rita Mari, Patrizia Bettini, Bruno Sais, Renzo Rinaldi in *Proust*, 1976

se in forme mediate poeticamente, per far comprendere la sua scelta, pubblica un suo testo di presentazione dello spettacolo sul quotidiano Lotta Continua, nel quale spiega la peculiarità della sua operazione, che intende indagare i risvolti reconditi dell'opera di Proust, andare oltre la sua "gran luce", che certo è un aspetto importante, ma è anche l'elemento che ha sempre catalizzato su di sé tutta l'attenzione, occultando quella che è la dimensione nascosta dell'opera stessa, la sua "parte nera"[11].
Una distanza rispetto all'impresa viene tuttavia espressa anche da importanti collaboratori storici. Non partecipano Agostino Raff, che esprime esplicite riserve sulla scelta[12], e Fabio Gam-

---

11. G. Vasilicò, *La "parte nera" di Proust. L'ultimo spettacolo di Vasilicò*, «Lotta Continua», 23 febbraio 1978.
12. «L'approdo di Vasilicò a Proust – scrive Raff – è circostanziato, conseguente, implica un rilievo 'topografico' del terreno storico con lo stesso assillo vissuto per Sade. Una "malattia crescente" che non mi sento più di condividere, specie per l'autore della *Recherche*, opera mostrifica di verità imperdonabilmente rivelate [...]. Così cedo la staffetta a Goffredo Bonanni, che è fra i più tenaci del gruppo (insieme a Bruno Sais, acutissimo attore, mentre Fabio Gamma, come Lucia, appare

un teatro apocalittico

Proust, 1976

ma[13]. Mentre Lucia Vasilicò, dopo aver partecipato alle prove per alcuni mesi, non trovando un ruolo per lei soddisfacente nel lavoro, abbandona.

e scompare) e che farà di questo spettacolo un insieme visivo attraente e inciso, nella "nostra" collaudata impronta di linearità» (A. Raff, *Un ritratto...*, cit., p. 30). A spiegare il rifiuto di Raff sono utili anche le note sulla sua indole scritte anni prima da Giuseppe Bartolucci in una minuziosa ricostruzione delle prove de *Le 120 giornate di Sodoma*: «Nessuno odia la decadenza più di Agostino Raff, nessuno più di lui è così aristocraticamente "popolare"» (G. Bartolucci, *Fuori dalla tana...*, cit., p. 8).
13. Che però entrerà nello spettacolo in una fase successiva, sostituendo un altro attore.

C'è un momento, nella fase iniziale del processo, nel quale il regista, preso dai dubbi sull'opportunità di procedere, va a trovare a Parigi, all'Ecole Normale, Roland Barthes, che a suo tempo ha visto e apprezzato *Le 120 giornate di Sodoma*, per chiedergli consiglio. Barthes, che in un suo noto testo ha espresso chiaramente, anche con riferimento a Proust, la sua idea dell'indipendenza del valore di un testo letterario dal piano ideologico[14], lo incoraggia ad andare avanti. E gli dice, tra l'altro, di essere convinto che chi, come lui, è riuscito a mettere in scena *Le 120 giornate di Sodoma*, è certamente la persona più adatta ad affrontare in teatro la *Recherche*[15].

Col proseguire del lavoro l'impasse viene superata proprio in ragione del fatto che l'attenzione è rivolta anche alla sfera privata dello scrittore. È in essa infatti che Vasilicò e Bonanni individuano gli elementi energetici sui quali basarsi per andare avanti. Uno di essi appartiene al «momento che precede la sua morte – afferma il regista – la morte come conclusione dell'opera. Solo qui abbiamo trovato e isolato energia, borghese e funerea, ma utilizzabile finalmente. Il periodo della vita di Proust che coincide con la sua volontaria clausura, in cui egli decide di scrivere e morire, di morire di scrittura, di realizzare scrivendo la propria morte, è un momento all'interno del quale l'azione teatrale può prendere senso»[16]; anche perché vi si realizza una particolare interazione tra esistenza e scrittura, tra fine della vita e creazione: basti solamente pensare che Proust «sul letto di morte corregge i passi riguardanti la morte di Bergotte, usufruendo delle proprie stesse sensazioni»[17].

---

14. Cfr. R. Barthes, *Variazioni sulla scrittura/Il piacere del testo,* a cura di C. Ossola, Einaudi, Torino, 1975.
15. L'episodio viene raccontato da Vasilicò in diverse occasioni. Tra esse, l'incontro *L'avanguardia delle cantine romane degli anni '70,* Acquario Romano, Roma, 26 ottobre 1997 (il dattiloscritto inedito dell'intervento è in AGV). Così scrive Daniele Del Giudice: «A Parigi, a Roland Barthes, che si complimentava con lui per la messinscena del Sade, chiese se Proust era teatralizzabile. Può farlo solo chi ha già fatto Sade, epigrammò Barthes. Due anni dopo, il *Proust* di Vasilicò era grande successo» (D. Del Giudice, *Il nostro viaggio...,* cit.).
16. In R. Cirio, *A Roma...,* cit.
17. In F. Cordelli, *Vasilicò alla ricerca...,* cit.

Insieme all'avvicinarsi della morte, e all'eccitazione che in Proust l'accompagna («il pensiero della morte si è insediato definitivamente in me al modo di un amore»), un'ulteriore chiave di lettura viene individuata nei conflitti interiori dello scrittore. Quelli, in particolare, legati alla sua omosessualità, con il corollario di sentimenti contrastanti che li accompagna. Per Vasilicò, una delle motivazioni profonde alla base del romanzo è «il senso di colpa nei confronti della morte della madre, che lo scrittore imputa al dolore provocato in lei dalla propria omosessualità»[18].

Sulla base della scelta di strutturare lo spettacolo su questi temi, il lavoro procede intensamente al Beat 72 con una dozzina di attori (un «gruppo di speleologi degli abissi della coscienza», li definisce Aggeo Savioli)[19] che partecipano in modo attivo alla creazione.

I primi risultati vengono presentati al pubblico in forma di prove aperte, che contribuiscono a indirizzare lo spettacolo verso una strada definitiva. «In dieci mesi di riflessione e di tentativi in direzioni diverse – scrive Alberto Beretta Anguissola, dopo aver assistito ad una di queste prove aperte – le scelte di Vasilicò sono andate orientandosi verso una rappresentazione diretta del "segreto" proustiano. Il "lato orribile delle cose" (morte, malattia, solitudine, mondo inumano del piacere, menzogna), che soggiace sempre alle più suggestive, sognanti, tenere e comiche pagine della *Recherche*»[20].

L'esito è ancora una volta uno spettacolo di tipo poetico, senza veri e propri dialoghi e senza narrazione, nel quale gli attori non sono personaggi psicologicamente definiti in una ricostruzione di vicende, ma sembrano piuttosto i portatori di un'unica interiorità, quella dello scrittore, nelle sue diverse sfaccettature. Sembrano un solo corpo. E lo stesso spazio della scena appare come «un grembo umido e denso. Le pareti interne, muscoli e membrane, di un organo immaginario del nostro corpo, sede di

---

18. *Autointervista*, cit., s.d., AGV.
19. A. Savioli, *Con "Proust" una discesa agli inferi*, «l'Unità», 12 dicembre 1976.
20. A. Beretta Anguissola, *Proust*, «Il Dramma», anno 52, n. 3, agosto 1976.

Fabrizio Boffelli, Enrico Frattaroli, Renzo Rinaldi, Rita Mari in *Proust*, 1976

bili, paure e angosce, qualcosa fra cervello e basso ventre, più giù che su»[21].

Nel processo si definiscono gradualmente quelli che sono comunque dei "ruoli" degli attori, che qui non corrispondono in tutto e per tutto a dei "tipi" come ne *L'uomo di Babilonia* e ne *Le 120 giornate di Sodoma*, ma hanno riferimenti assai precisi a Proust uomo e ai personaggi della *Recherche*. Le scelte di base su questo aspetto partono dal fatto che nel romanzo Proust da un lato identifica se stesso con il personaggio del Narratore, ma dall'altro allontana da questo una parte di sé – in particolare, la sua "diversità" – attribuendola ai personaggi del romanzo, sui quali trasferisce «vicende personali che mai, senza questo esca-

---

21. R. De Monticelli, *Proust voyeur nel pianeta della memoria*, «Corriere della Sera», 4 febbraio 1978.

un teatro apocalittico

motage, avrebbe potuto rendere pubbliche»[22]. Questo è il senso dei travasi che vengono realizzati nella definizione dei ruoli, e che sono resi possibili anche dalla dimensione onirica del lavoro. Alle loro modalità concorrono gli attori, che compiono tutti un tipo di operazione conoscitiva/esplorativa per molti versi simile a quella effettuata dall'autore nello scrivere il romanzo[23]. Così i ruoli maschili si fanno proiezioni di Proust nelle varie fasi della sua vita e nei diversi aspetti della sua personalità («Proust è in ciascuno e ciascuno è Proust», scrive Ripellino recensendo lo spettacolo)[24]. Ma possono richiamare, per affinità, anche altri personaggi del romanzo. Il Narratore (impersonato in scena da Goffredo Bonanni), si fa carico della figura di Proust trentenne, ma fa balenare a volte il ricordo del padre giovane; Renzo Rinaldi, attore più grande d'età, è un barone di Charlus che anche evoca in alcuni momenti la figura di Proust più avanti nell'età o del suo vecchio padre. Questa pluralità vale anche per le attrici: la figura interpretata da Alexandra Kurczab, ad esempio, richiama, in momenti diversi, la duchessa di Guermantes, Madame Verdurin, la stessa madre di Marcel. In definitiva, gli attori, più che farsi incarnazioni dei singoli personaggi della *Recherche*, diventano delle escrescenze del mondo interiore di Proust, suoi "segni" mobili. Guardando lo spettacolo, si ha molto spesso l'impressione che non sia possibile e nemmeno necessario sforzarsi di capire quale sia il personaggio che quell'attore in quel momento interpreta, perché si avverte – e si avverte in maniera profonda – una totalità.

---

22. G. Vasilicò, *Il teatro di Giuliano Vasilicò*, cit., p. 230.
23. Cfr. G. Vasilicò, *Note di regia*, s.d., AGV. Gli attori e le stesse attrici contribuiscono al formarsi di queste proiezioni e stratificazioni anche attraverso il lavoro sulla gestualità. Contrariamente che nella costruzione de *Le 120 giornate di Sodoma*, non è lo stesso Vasilicò, forse anche per il suo scarso "sentire" i comportamenti dell'aristocrazia e della borghesia ottocentesche, a suggerire la gestualità. Lascia invece che questa affiori, durante le prove, dagli attori stessi. Gli unici gesti che si sente di suggerire sono quelli di "repulsione". «Era la mia repulsione per Proust», dichiarerà in seguito (in M. Prosperi, *Giuliano Vasilico's Proust...*, cit., p. 55).
24. A. M. Ripellino, *Le 120 giornate di Proust*, «L'Espresso», 9 gennaio 1977.

Rita Mari e Renzo Rinaldi e, a destra, Bruno Sais e Alexandra Kurczab in *Proust*, 1976

Dopo il lungo periodo di prove, il lavoro debutta al Beat 72 il 10 dicembre 1976. «Non è – scrive Dacia Maraini – la "drammatizzazione" della *Recherche*, né una teatralizzazione delle luminose intuizioni psicologico-sociali dello scrittore»[25]. È il frutto di una totale riscrittura (i testi, tra l'altro, sono presi interamente dalle lettere private di Proust), che fa entrare lo spettacolo in risonanza con l'esistenza dello scrittore, non solo con la sua opera. Dal punto di vista della costruzione, è una pièce totalmente autonoma, costituita, come i precedenti lavori di Vasilicò, da parti "staccate", concatenate tra loro in un montaggio che funziona per associazioni profonde, organizzate in «sequenze di abbagliante visualità»[26], in una «intermittente efflorescenza fosforica»[27]. Un lavoro fortemente strutturato, quasi un film in bianco e nero , eseguito ritmicamente, come un pezzo musicale. La sua tessitura, più tematica che drammatica[28], intreccia tra loro segni di diversa natura – verbali, visivi, sonori, luministici – in modo

---

[25]. D. Maraini, *Che ridere! È passata una donna*, «Tempo Illustrato», 19 dicembre 1976.
[26]. G. Davico Bonino, *Proust in scena con la "Ricerca"*, «La Stampa», 11 febbraio 1978.
[27]. R. De Monticelli, *Proust voyer...*, cit.
[28]. Cfr. M. Prosperi, *Giuliano Vasilicò's Proust...*, cit.

un teatro apocalittico

Annarosa Morri e Alexandra Kurczab in *Proust*, 1976

profondo e preciso. È uno spettacolo incentrato, scrive Alberto Abruzzese, «sul movimento delle figure, con un raffinatissimo impiego di luci e ombre, di sussurri e parole, di scatti guizzanti, nevroticamente attorti ma elegantissimi, dei corpi o di immobili e attonite sospensioni. Guizzi, pause, passerelle e "quadri" si alternano rapidamente a seconda di come fantasia, memoria, incubo e passioni, nostalgia e "curiosità" si avvicendano ciclicamente»[29]. Un «balletto della memoria» lo definisce Gastone Geron[30]. E Tommaso Chiaretti: la «*totentanz* di una aristocrazia

---

29. A. Abruzzese, *L'aura del nome Proust e la tecnica*, «Rinascita», 24 dicembre 1976.
30. G. Geron, *Un balletto senza danze "Proust" di Vasilicò*, «Il Giornale», 4 febbraio 1978. Impressioni simili riporta Renzo Tian: «lampi che si accendono su figure mute, movimenti di silhouette disegnate sullo sfondo, folle di personaggi in gruppi semoventi, qualcosa come i profili un po' flou e un po' rigidi di quei dagherrotipi che Gozzano chiamava "figure sognanti in perplessità" [...] il mondo di Proust sembra davvero materializzarsi in una fantasmagoria dove immagine e movimenti coincidono» (*Fogli d'album per il teatro dello sguardo*, «Il Messaggero», 12 dicembre 1976).

Goffredo Bonanni, in primo piano, e Massimo Napoli in *Proust*, 1976

assediata», con il sotterraneo del Beat 72 che diviene una sorta di «tana di topi carbonari che corrono impazziti da una stanza all'altra»[31]. Gli attori, le parole, i movimenti paiono appartenere a un unico flusso. Nell'evoluzione temporale del lavoro, più che a cambiamenti di scena, sembra di assistere, scrive Ripellino, a «modulazioni di movimenti dell'anima»[32].
Le situazioni che lo spettacolo dipana echeggiano nostalgie, interessi ed elementi d'affezione dello scrittore (come il medioevo cavalleresco, la passione araldica, le piccole e grandi mitologie del suo tempo) e vedono come protagonisti, oltre le diverse incarnazioni di Proust, i personaggi dei salotti borghesi della Parigi del tempo. Si assiste ad accenni di giochi di società, brani di discorsi filosofeggianti, risate, pettegolezzi, nervosismi, cattive-

---

31. T. Chiaretti, *Quando un incubo diventa "grazioso"*, «la Repubblica», 12 dicembre 1976.
32. A. M. Ripellino, *Le 120 giornate di Proust*, cit.

rie, parole sussurrate all'orecchio, piccoli contrasti e stizze, motti, sguardi, movimenti di rispecchiamento. Situazioni presentate quasi in forma di puri segni. Senza giudizio, come non c'era giudizio rispetto a Sade. Lo sguardo del regista sembra quello di un entomologo che osserva il comportamento di un gruppo di insetti.

Edoardo Sanguineti, che indica Deleuze – per la sua convinzione che «ogni atto dell'apprendere è un'interpretazione di segni e geroglifici» – quale «giusto viatico» per leggere Proust, nota: «Il *Proust* di Vasilicò è, come presso Vasilicò è norma, una galleria spettacolare di "segni" o "geroglifici", estratti notoriamente, per lo più, dalla *Recherche* o dalla vita del suo autore [...]. Questi stanno nei tanti tomi del capolavoro e, per quel tanto che lo spettacolo è riuscito, e che è tanto sul serio, in scena. L'itinerario è poi il medesimo: semiotizzazione di lacerti paradigmatici, estrazione delle essenze. Le quali, per quel tanto che si incarnano, fanno sì che i segni siano, per l'appunto, *réels sans être actuels, idéaux sans être abstraits*»[33]. Pur essendovi richiami (nei comportamenti, nelle parole, nei costumi) a precise situazioni della vita di Proust e alla sua epoca, non c'è esattamente rappresentazione. La visione è da lontano. O al microscopio. Come rivolta a una società guardata dall'alto o da molto vicino. Le presenze sono, certamente, «reali ma non attuali, ideali ma non astratte». I gesti sono oggettivati, come quando dei «signori in nero aggirantisi per la scena, camminano, parlano e intanto non fanno che abbottonarsi, sbottonarsi e aggiustarsi giacche e cappotti»[34]. Potrebbero essere degli animali.

Tra i momenti più alti del lavoro, c'è quella che viene ricordata come la "scena delle scale" – sorta di nucleo agente, quasi motore, dello spettacolo, di grande impatto emotivo – immancabilmente oggetto di applausi a scena aperta e lodi da parte della

---

33. E. Sanguineti, *I segni di Proust*, in Id., *Scribilli*, Feltrinelli, Milano, 1985, p. 31 (originariamente, in «L'Unità», 4 febbraio 1978).
34. G. Capitta, *Proust se ci sei batti un colpo*, «Il Manifesto», 4 gennaio 1977.

critica[35]. Vi si vedono discendere dall'alto, avvolte dall'oscurità, come dal nulla e nel vuoto, singoli personaggi o coppie dell'alta società parigina abbigliate in maniera impeccabile con frac e mises mondane in bianco e nero, estratte dal buio da esatte luci di taglio che non lasciano vedere la scala. È un flusso impalpabile, lento e maestoso, in grande tensione. Un flusso di ricordi o visioni, cui la musica – la *Grande Symphonie funèbre et triomphale* di Berlioz, con felice intuizione rallentata[36] – trasmette un misterioso effetto di trascinamento. Una volta giunti a terra gli attori tornano indietro nel buio, per riapparire poi di nuovo dall'alto, con diversi abiti, dietro gli altri che continuano a scendere. È una infinita, inarrestabile discesa di figure; eteree, ma anche

---

35. «Il più alto momento espressivo nella discesa solenne e ripetuta delle significative figurazioni giù da una scala immaginaria e metaforica, sospesa nel buio del nulla e che sul nulla sembra affacciarsi» (F. Quadri, *Proust*, «Panorama», 15 marzo 1977); «I personaggi scendono come da un aereo o astronave del tempo e si ha l'impressione di uno spazio immenso, del bianco e nero di un filmone, e siamo invece nell'esiguo spazio del Beat 72, in alcune scene usato da Vasilicò proprio magistralmente» (E. Pagliarani, *Dopo due anni la luce ha fatto clic su Proust*, «Paese Sera», 12 dicembre 1976); «Centro dello spettacolo e sua immagine agente è l'onirica invenzione della scala da cui discendono in una successione incessante le nebulose parvenze d'un *temp d'antan* ricondotte a noi dal flusso inarrestabile della memoria» (S. Sinisi, *Dalla parte dell'occhio*, Kappa, Roma, 1983, p. 110); «Ciò che più si imprime alla mente è questo viavai, questo apparire e svanire delle sembianze in una circolarità fantomatica [...]. E soprattutto la bellissima scena nella quale da scale invisibili scende un lento corteo inesauribile di raffinate parvenze, come una fiumana di larve che affluiscano dalle voragini della memoria» (A. M. Ripellino, *Le 120 giornate di Proust*, cit.); «Bellissima sequenza della discesa, lungo scale invisibili, nel buio, di tutti i personaggi-attori sul ritmo rallentato di una marcia di Berlioz. È una società che scende lungo il precipizio del tempo, una cascata ipnotica di immagini» (R. De Monticelli, *Proust voyeur...*, cit.); «Un corteo stupefacente, ininterrotto, ossessivo ed ebbro di cerimonialità, puro Malraux, memorabile» (G. Guerrieri, *I fantasmi di Proust in una seduta spiritica*, «Il Giorno», 29 dicembre 1976); «Scendono in lenta cascata, con movimenti da acquario, figure umane silenziose ed assorte, larve traboccanti dalla matrice umida e inesauribile della memoria» (R. Tian, *Fogli d'album...*, cit.); «Avanzano dei personaggi in abiti con lo strascico, cappelli alati e frac con sembianze di bare. Passano dal non essere a un secondo non essere. Discendono nell'abisso, spariscono nelle profondità anonime, in un movimento lento e ostinato, con una tale concentrazione che la scena sembra muta» (J. Pomianowski, *Proust à la scène en Italie*, «La Quinzaine littéraire», 1 agosto 1977).
36. La scelta delle musiche è curata da Françoise Testud, aiuto-regista. «Nella colonna sonora – nota De Monticelli – c'è anche Mahler; e c'è l'asma di Marcel, un

un teatro apocalittico

Goffredo Bonanni, schizzo per la scena del funerale, *Proust*, 1976

ironicamente attive con sguardi e piccoli gesti[37]. Quando i fantasmi si dissolvono, la situazione si ribalta con uno stupefacente cambiamento di dimensione e atmosfera. Gli stessi attori aprono il fondale nero, scoprendo repentinamente una parete bianca

---

suono-graffio, ossessivo e acuto, come una specie di Trionfo della Morte» (R. De Monticelli, *Proust voyeur...*, cit.).

[37]. La scena è sorprendentemente simile a quanto si vede in un filmato scoperto nel 2016 da Jean-Pierre Sirois-Trahan, docente dell'Università di Laval, Québec, negli archivi del Centre National du Cinéma di Parigi. Quindi, quarant'anni dopo lo spettacolo di Vasilicò. Nel breve filmato, che conterrebbe l'unica immagine in movimento finora esistente dello scrittore, si vede la discesa da una scalinata degli invitati al matrimonio di Elaine Greffulhe, figlia della duchessa Greffulhe (alla quale, nella *Recherche*, è ispirato il personaggio di Oriane de Guermantes) e di Armand de Guiche, amico di Proust. L'anno è il 1904. Vi appare per pochi secondi un uomo sulla trentina, nel quale studiosi autorevoli riconoscono Proust (che – com'è accertato – era presente alla cerimonia ed usava in quel periodo abbigliarsi "all'inglese" come nel film, con una redingote grigia e una bombetta scura), scendere le scale da solo, insieme ad eleganti coppie del gran mondo parigino. La

illuminata in maniera intensissima, e dall'oscurità avvolgente si passa in un istante ad una luce bianca accecante. Un forte rumore di cicale, ed è immediato il richiamo ad una campagna assolata a mezzogiorno (il pensiero è a Combray nel periodo di fioritura dei biancospini, luogo e tempo d'affezione dell'infanzia dello scrittore) nella quale si aggira la figura di Proust bambino, impersonata in scena da Massimo Napoli[38].

La tensione tra luce e buio, e tra bianco e nero, percorre tutto lo spettacolo. La luce, usata magistralmente, svolge un ruolo importantissimo. Non solo nel creare atmosfere. Modella il luogo, produce spazi, spesso "ampi" spazi, che non ci sono[39]. «Lo spazio esiguo del Beat prodigiosamente si allarga», scrive ancora Ripellino. Non c'è scenografia in senso stretto. Sono la luce, le azioni e l'impiego di pochi oggetti a generare ambienti immaginari.

Un'altra scena-chiave dello spettacolo, importante momento evocativo, «di straordinaria eleganza»[40], del contesto nel quale

---

somiglianza è anche nel comportamento di quelle coppie così comprese nel loro apparire pubblico e nella sensazione di solitudine e "diversità" in quell'universo trasmessa dal supposto Proust; aspetti che anche lo spettacolo di Vasilicò rendeva in tutti i suoi momenti. Sul filmato e il suo ritrovamento, cfr. «Revue d'études proustiennes», n. 4, 2016.

38. La figura di Proust bambino è essenziale, nello spettacolo, nel trasmettere «la nota d'un dolore segreto o, meglio, d'uno stupore inconfessabile e rovente, in quell'errare del "petit Marcel" in divisa da collegiale tra fantasmi nero-vestiti, e in quel suo moltiplicarsi, poi, adulto, in altri attori». (R. De Monticelli, *Proust voyeur*..., cit.).

39. La luce contribuisce in maniera determinante a definire «uno spazio d'incubo, tutto affondato nel nero, con un cerchio di luce, sopra, che allarga sul palcoscenico una bolla estatica. Di tratto in tratto, fra un'intermittenza di buio e l'altra, questa bolla scoppia, diventa un lampo accecante e fermo, un istante fisso, uno di quei fuochi della memoria che non possono mutare» (R. De Monticelli, *Proust voyeur*..., cit.). Per quanto riguarda la luce, viene per lo più utilizzata una normale strumentazione, ma con una grande accortezza e precisione anche rispetto alle possibilità di relazione degli apparecchi. Ad esempio, l'apparecchio che in una scena iniziale evoca un lucernaio, diventa in un'altra scena, scendendo, il lampadario di un immaginario salotto parigino. Durante la "scena del temporale", nella parte finale dello spettacolo, l'effetto dei lampi viene realizzato, anziché con uno strob, da un attore che scopre ritmicamente la luce di un proiettore, mantenendo in tal modo i lampeggi esattamente nei tempi dell'azione.

40. G. Capitta, *Proust se ci sei...*, cit. È un «bellissimo movimento – scrive Renzo Tian – di coppie-statue animate che sembra un ballo Excelsior della memoria» (*Fogli d'album...*, cit.).

un teatro apocalittico

Proust ha vissuto, è la cosiddetta "scena dell'Esposizione Universale" (nel gergo della compagnia, "scena dei pesci"). In un susseguirsi circolare di entrate e uscite in piena luce, arrivano e vanno via a suono di can can (la *Gaîté parisienne* di Offenbach) coppie di attori. L'uno porta in braccio l'altro. Gli attori "portati", in quella luce diffusa e senza ombre, sembrano quasi galleggiare in un acquario. Evocano, con l'aiuto di oggetti, copricapi, gesti, gli sport e le invenzioni del periodo: il telefono, l'automobile, l'aeroplano, l'elettricità; e la elle époque, l'Esposizione Universale parigina del 1900, l'esaltazione per il progresso tipica dei primi del secolo scorso. Anche qui non manca l'ironia nelle azioni accennate e nei piccoli incidenti (la telefonista rimane impigliata nel filo della cornetta, la grande lampada con la scritta LUX non si accende (...).

In tutto lo spettacolo opera un orchestrato sistema di rimandi interni. La folla di signori e signore che si è vista calare dall'alto nella scena delle scale ritorna, in una diversa dimensione del ricordo e dell'immaginario, in un altro momento-clou: la "scena dei ritratti". Gli attori, abbigliati elegantemente, si muovono davanti a grandi quadri di Marcel bambino e dei suoi familiari ed amici[41]. Il Narratore ne descrive abiti e comportamenti, vizi e virtù. Accenna ai risvolti nascosti delle loro esistenze. Parla al megafono, con la voce quasi rotta dall'emozione, mentre ne rivela i lati oscuri.

Un altro elemento ricorrente nello spettacolo sono le scale, che riappaiono in altra forma, orizzontali, nella "scena del funerale",

---

41. La scena è ispirata a un aneddoto raccontato da George Painter, importante ed attendibile biografo di Proust; aneddoto che, racconta Vasilicò, «ci presenta un Marcel Proust in veste da camera, coperto da sciarpe ed emergente da fumigazioni, che intrattiene giovani raccolti per le strade di Parigi, "angeli del marciapiede", chiedendo loro di "profanare", con sputi o gesti lascivi, le foto dei suoi genitori defunti». Gide racconta anche di «misteriose, sadiche operazioni che Proust, malato di asma, faceva eseguire con spille da balia su grossi topi catturati da un suo servitore-autista nelle fogne di Parigi. In questi topi scossi da scariche di terrore pare ravvisasse i suoi amati-odiati genitori, rivivesse ed esorcizzasse il suo rapporto straziante con essi» (G. Vasilicò, *La "parte nera" di Proust...*, cit.).

Proust, 1976

trasportate da un gruppo di attori. Sembrano due grandi bare. Hanno fregi dorati. Quando vengono appoggiate alla parete di fondo della scena, divengono una sorta di monumento sepolcrale. È un richiamo alle cerimonie funebri di fine Ottocento (l'immagine è ispirata ad una vecchia foto del funerale di Victor Hugo) e allo stesso tempo una prefigurazione del funerale di Proust. All'improvviso si scatena un violento temporale – «il temporale più temporale che ci siamo mai visti in palcoscenico», scrive Sanguineti[42] – che porta lo scompiglio tra i partecipan-

---

42. E. Sanguineti, *I segni di Proust*, cit…, p. 32. Sanguineti nota a proposito di questa scena: «questo trionfo della morte, con tanto nero su nero, ha probabilmente motivazioni più geroglifiche, proprio, siluettistiche, a flash e lampo, a lanterna magica e istantanea d'epoca, che cimiteriali davvero» (ivi).

ti alla cerimonia e causa un fuggi fuggi generale. L'ultimo a fuggire è Proust bambino, che viene messo al riparo all'ultimo momento, finché la scena non rimane vuota con i due sarcofagi sotto la pioggia.
Una ulteriore ricorrenza è costituita dal tema dei cavalieri medioevali. Com'è noto, da bambino Proust aveva un forte interesse per le storie dei cavalieri della Tavola Rotonda. Questo aspetto della sua vita è richiamato in differenti momenti dello spettacolo, dove viene anche a costituire uno dei tramiti che fanno affiorare il tema dell'omosessualità. Nella scena iniziale, sotto fioche luci dall'alto, come provenienti da un lucernaio, si muovono delle figure maschili che indossano corazze medioevali, sovrapposte, quasi come dei "gusci", agli abiti neri ottocenteschi. C'è un'atmosfera misteriosa. Sembra sia accaduto qualcosa di grave, come l'infrazione di una regola o la rottura di un patto, che potrebbero forse riguardare l'"amicizia" tra cavalieri. La situazione si sfalda. Le corazze vengono abbandonate. C'è una promessa, rivolta a Proust bambino, di un possibile incontro futuro. Verso la fine dello spettacolo, in un ambiente anch'esso poco illuminato, che evoca la stanza rivestita di sughero in cui lo scrittore, malato, si isola in un determinato periodo della sua vita per scrivere, si realizza l'incontro promesso nella scena iniziale. Come per un accordo prestabilito, i due uomini indossano nuovamente le corazze-gusci sugli abiti ottocenteschi e, così bardati, accennano una sodomizzazione, mentre la scena va al buio.
Anche in *Proust*, come negli spettacoli precedenti, c'è un finale "aperto". Indossando le corazze, con Bach in sottofondo, tutti i personaggi dello spettacolo sembrano "precipitare", uno alla volta, come su un palcoscenico in pendenza, verso una luce proveniente da fuori scena, come se fossero attratti, richiamati da una "possibilità".
Lo spettacolo viene salutato da molti come una reazione di poesia e professionalità, rispetto a una certa maniera diffusasi nell'ambiente del teatro "sperimentale" della capitale. «Ecco di nuovo il teatro, dopo anni di frastuono dei dilettanti», scrive

Jerzy Pomianowski su «La Quinzaine littéraire»[43]. Alberto Abruzzese parla di alta consapevolezza tecnica[44]. E Mario Prosperi: «Il *Proust* di Vasilicò sembra definitivamente reagire all'avanguardia istituzionista e 'spontanea', alla mistica del teatro povero e del teatro nudo [...] con ironia sottile e intelligente, e – perché no? – 'letteraria'»[45]. Fabio Doplicher, dopo aver notato la compattezza di una ricerca condotta «con tenacia e con notevole rigore», osserva un po' amaramente come da un po' di tempo essa sia, rispetto ad altre esperienze ad essa contemporanee, poco seguita dalla cosiddetta critica militante, mentre *Proust* significativamente dimostra «che il teatro d'avanguardia oggi non può essere il teatro dell'analisi, ma quello della creazione»[46].

Gerardo Guerrieri ne scrive come di «uno spettacolo fuori dell'ordinario per più ragioni. Ha avuto una preparazione lunghissima, rara in Italia (quasi due anni, ma non sono sprecati). Il regista ha ricavato da quel piccolissimo spazio effetti di sorprendente magnificenza: da Visconti in 24esimo; fra le varie invenzioni, il flusso circolare del movimento evoca in modo mirabile quello del tempo, moltiplicando i personaggi; c'è poi la straordinaria intensità con cui un gruppo di attori vive (non interpreta) la sua esperienza. Spettacolo ingegnoso e sontuoso, indice di un altro modo di fare teatro. Lo stupore di molti è come si sia potuto in un'ora e 10 minuti sintetizzare un romanzo di 3000 pagine. Di qui le voci che lo spettacolo sia illustrativo, fotografico, il che non è. Lo spettacolo è autonomo rispetto alla *Recherche* proustiana»[47]. Paolo Emilio Poesio loda, tra l'altro, le collaborazioni: «Per raggiungere l'esito che ha raggiunto, Vasilicò ha potuto contare sia sull'apporto validissimo della scenografia di Goffre-

---

43. J. Pomianowski, *Proust à la scène...*, cit.
44. A.Abruzzese, *L'aura del nome Proust...*, cit.
45. M. Prosperi, *Il Proust di Vasilicò contro la mistica del teatro povero*, «Ridotto», n. 4, aprile 1977.
46. F. Doplicher, *Proust*, «Sipario», n. 369, giugno-luglio 1977.
47. G. Guerrieri, *I fantasmi di Proust...*, cit.

do Bonanni cui si debbono anche i costumi, sia sulla qualità di un gruppo di attori non solo affiatati, ma padroni altresì di una tecnica che vuole da loro l'espressione plastica e mimica pari all'uso della parola»[48].

---

[48]. P. E. Poesio, *Negli abissi della memoria*, «La Nazione», 20 novembre 1977.

Proust
Sintesi delle scene

Scena I: i Cavalieri
Misteriosi cavalieri medievali in una immaginaria cappella prima di partire alla ricerca del Graal. Indossano corazze sugli abiti ottocenteschi. Rottura di un patto, violazione di un accordo. L'infrazione provoca la "caduta".

Scena II: l'Ammalato
Vorticoso movimento del gruppo nell'ideale anticamera dell'ammalato. La malattia (l'asma di Proust) accomuna tutti. I due atteggiamenti presenti, quello distaccato e intellettuale del Proust-narratore e quello passionale, hanno tempi diversi. Equilibrio instabile tra le due differenti condizioni, tra la vicinanza al "fuoco" e il tentativo di non bruciarsi.

Scena III: il Graal della vita mondana
Gli invitati commentano la condizione spirituale dell'ammalato e si presentano tra loro. La ricerca del nuovo equilibrio passa attraverso l'incontro con il personaggio che rappresenta il "fuoco", il coinvolgimento totale, che qui è il barone di Charlus (saper accettare il suo carattere, accentratore e dispotico, senza venirne coinvolti è la prova da superare).

Scena IV: la discesa dalle "scale"
Nella semioscurità, I personaggi del mondo proustiano sfilano dall'alto in basso in una lenta processione, tra memoria e visione. Potrebbe essere una discesa dalle scale dell'Opera di Parigi, o la mesta sfilata degli amici di fronte alla bara di Proust morto.

Scena V: l'idillio
Ondata di ricordi. La scena è luminosa, come la campagna assolata di Combray quando Proust era bambino. Il bambino assiste alle immagini più toccanti della sua infanzia. Le cose si presentano ambigue,

da decifrare. Qualcosa lo turba e corre a rifugiarsi tra le braccia del padre. Comincia la sua iniziazione. Vi sono opinioni diverse sui modi di condurla: c'è chi invita alla prudenza e chi spinge ad osare.

Scena VI: i pesci o L'Esposizione Universale
Il mondo nascente della scienza e della tecnica. Che è anche il mondo da cui Proust si sente escluso. In una sorta di giostra dimostrativa, le nuove invenzioni e gli stessi personaggi si presentano come i soggetti/oggetti del nuovo corso.

Scena VII: l'arringa
La dama in nero, patrona del Rito, parla agli invitati nel "salotto" in cui si sperimentano il nuovo mondo e la sua filosofia: tutto può essere conosciuto senza veli, ma bisogna saper camminare nel "fuoco" dei sentimenti, mantenendo l'autocontrollo. Antagonismo tra la parte razionale (incarnata da Proust-narratore) e quella sentimentale (incarnata da Saint-Loup) nella ricerca di un nuovo equilibrio.

Scena VIII: il barone
Proust presenta al barone un giovane desideroso di conoscerlo (Morel).

Scena IX: il gioco dell'anello (il clan)
Gli invitati sono riuniti a semicerchio per un gioco di società; un gioco crudele mirante allo smascheramento e all'esclusione di qualcuno.

Scena X: la famiglia (il bacio della buonanotte)
Il gruppo del Rito rievoca davanti al bambino e con la sua partecipazione, i momenti cruciali della vita familiare. Lanterna magica. Si preannunciano gli inquietanti eventi cui Proust bambino assisterà.

Scena XI: i ritratti
Il mondo di Proust e della *Recherche* rivive attraverso i ritratti della famiglia dell'autore e dei personaggi ad essi legati. Il Narratore dirige la descrizione al megafono, con grande partecipazione emotiva.

Scena XII: dopo ritratti
Il "sottobosco" in salotto. Un festino "particolare" nella galleria dei ritratti. Si sentono voci provenienti anche da altre stanze.

Scena XIII: secondo salotto
Gli invitati cercano di riacquistare compostezza. Si asciugano il sudore, nascondono gli abiti sgualciti, le camicie strappate, i cilindri caduti per

terra per i movimenti violenti e scomposti della scena precedente. Riprendono i giochi di società.

Scena XIV: il funerale (la colonna Vendôme) e la pioggia
Gli amici di Proust trasportano due grandi bare, che nella forma richiamano le scale della "discesa" iniziale. Le appoggiano alla parete di fondo, trasformandole in un monumento funebre. Le due damigelle (Albertine e Gilberte) tentano di salirvi, senza riuscirci. Preannunciato da lampi e tuoni, scoppia un violento temporale. Fuggi fuggi generale. Il bambino viene messo in salvo da Antoine. La scena rimane deserta con il monumento sotto la pioggia.

Scena XV: casa del narratore (la presentazione, la sodomizzazione)
Proust è solo nella sua stanza. Morel gli presenta il giovane Antoine. Come per un accordo prestabilito, i due indossano le corazze sugli abiti ottocenteschi, si avvicinano ed effettuano, così bardati, una sodomizzazione rituale.

Scena XVI: il ribrezzo
Materializzazione dei mali proustiani: l'affettività malata, la debolezza del carattere. Jupien, solo in scena, sembra assalito da viscidi animali invisibili.

Scena XVII: la caduta
Indossando corazze da cavalieri antichi, tutti i personaggi dello spettacolo "precipitano" uno alla volta, lentamente ma inesorabilmente, verso una luce proveniente da fuori scena.

Fonte: rielaborazione da AGV.

I collaboratori

Mario Schifano, foto-collage di ritratti di Lucia Vasilicò, 1974

Lucia Vasilicò: dalle urla in cantina al teatro del silenzio

Poco tempo dopo essere arrivata a Roma da Viareggio per studiare al Centro Sperimentale di Cinematografia, Lucia Vasilicò[1] debutta in teatro nel 1969 in *Missione psicopolitica*, il primo spettacolo del fratello, che la convince, vincendo le sue resistenze, a sostituire in scena un'attrice andata via dopo un litigio il giorno prima del debutto[2]. L'esperienza diviene rivelatrice del suo innato talento di attrice e delle sue istintive capacità sceniche. La buona reazione del poco pubblico del Beat 72, spazio che non è ancora divenuto l'importante punto di riferimento della ricerca teatrale romana che sarà a breve, è tra gli elementi che la inducono a continuare con il teatro. Da questo momento inizia una collaborazione nella quale si rivelerà geniale e vivacissimo alter ego del fratello, suo specchio per affinità e rilanci («se lui diceva una cosa, io magari l'avevo già pensata e se io ne dicevo un'altra lui la completava»[3]), con un ruolo trainante nella compagnia sul piano creativo ed energetico, e come brillante e sagace pungolo critico durante la preparazione degli spettacoli. Inizia per lei un lavoro d'attrice nel quale tende a combinare il suo mondo interiore e il suo temperamento artistico con le esigenze registiche di Giuliano e con il personaggio da interpretare, per il quale, in genere, è lei stessa ad elaborare i testi e i movimenti. «Lucia

---

1. Viareggio, 1943. Dopo aver studiato danza classica, studia recitazione a Roma, Centro Sperimentale di Cinematografia, dove ha tra i suoi insegnanti Orazio Costa Giovangigli, Andrea Camilleri, Giulio Cesare Castello.
2. Cfr. l'intevista a Lucia Vasilicò, infra, pp. 130-139.
3. Lucia Vasilicò intervistata da Angela Domina, tesi di laurea specialistica *Il teatro d'avanguardia fra storia e cultura: indagine su alcune protagoniste degli anni '70*, istituto e relatore non indicati, 2007 (ALV).

un teatro apocalittico

Vasilicò – scrive Giuseppe Bartolucci – è l'altra faccia del regista. Le sue esperienze parallele sono proprio quelle che Giuliano non ha avuto: è quindi l'altro rispetto al fratello. Ma la comune matrice psicofisica elargisce due straordinari vantaggi: la complementarietà e la simmetria. Insostituibile la sua collaborazione quando si tratta di indagare sulla psicologia dei personaggi, sui motivi che li muovono: l'intera gamma del loro comportamento è ricavata per deduzione da Lucia con la fulmineità di chi ne ha vissuto tutte le contraddizioni e i conflitti»[4].

L'occasione in cui Lucia si rivela appieno come attrice è il primo lavoro importante del gruppo, *Amleto*, in cui ha il ruolo di Ofelia, che interpreta con grande grazia, vitalità e forza poetica. «Riscuote un grosso successo personale, – afferma Bartolucci – la sua folle Ofelia rimane un pezzo a parte, indimenticabile»[5]. È un'interpretazione, scrive Paolo Emilio Poesio, «di un'intensità mimica e vocale raramente riscontrabile nell'interpretazione di questo famoso personaggio»[6]. E Maurizio Giammusso: «Una Ofelia ora esile e pudica, ora energetica e sfrenata, bravissima nella scena della sua pazzia»[7]. Lucia, scrive Alberto Blandi, «"recita" la sua parte (che è poi la pazzia di tutti: di Amleto, del "saggio" Polonio e dell'infoiata coppia regale) in un momento che è tra i più intensi dello spettacolo»[8]. Mette nella sua performance una componente di interiorità personale legata anche ad una certa

---

4. G. Bartolucci, *Fuori dalla tana...*, cit., p. 8.
5. Ivi, p. 7.
6. P. E. Poesio, *Amleto e gli altri tre*, «La Nazione», 12 aprile 1972.
7. Al Beat 72 *Amleto o del potere*, «Il Dramma», n. 11-12, novembre-dicembre 1971.
8. In «La Stampa», 5 luglio 1972. Unanimi le lodi della sua interpretazione: «un'Ofelia di belle dimensioni drammatiche» (C. Rietmann, *Un Amleto intelligente*, «Il Secolo XIX», 7 gennaio 1972); «una dolce, inquietante Ofelia, così meravigliosamente sciocca» (Vice, *Un discorso sul potere*, «Avanti!», 4 agosto 1971); «una intensa Ofelia molto interessante e nuova» (Vice, *Amleto e Ofelia giocano con le mani*, «Il Lavoro», 7 gennaio 1972); «un'attrice dal viso mobile e intenso» (Vice, *La tragedia impossibile di Amleto di Danimarca*, «Paese Sera», 23 luglio 1971); di grande «finezza e temperamento» (A. Rapisarda, *L'"Amleto" al Beat 72*, «Il Messaggero», 22 luglio 1971).

Lucia Vasilicò ne *Le 120 giornate di Sodoma*, 1972 e, a destra, in un autoritratto come Madame Duclos nello stesso spettacolo

identificazione con questa importante figura femminile. Lavora ad esempio, afferma, al «suo bisogno di riconoscimento come persona adulta in un mondo di adulti»[9].

Il ruolo successivo è quello della "narratrice" Madame Duclos ne *Le 120 giornate di Sodoma*, interpretazione dai registri carichi di ambiguità, con la quale continua un lavoro d'attrice-artista la cui efficacia si basa anche sulla sospensione o sulla pluralità del senso. Delinea un personaggio impressionante, che la rende una vera e propria icona del teatro di ricerca del periodo[10].

Questa figura di "prima novellatrice"[11], è resa nello spettacolo con una serie di apparizioni, che intercalano le altre visioni di

---

9. In A. Pizzuto, *Addio fratello crudele*, «La Sicilia», 5 dicembre 1978.
10. Con attrici come Lydia Mancinelli, Manuela Kustermann, Rosa Di Lucia, Perla Peragallo, Rossella Or, Lucia Poli, viene anche fatta oggetto di una piccola mitologia riguardante le "dive" dell'avanguardia teatrale romana. Oltre che in numerosi articoli giornalistici del tempo, di questo si trovano tracce nel documentario *l'altro teatro*, curato per la RAI da Nico Garrone e Giuseppe Bartolucci, con la regia di Maria Bosio, andato in onda in tre puntate nel 1981; e in I. Moscati, *Le ragazze dell'avanguardia*, in Id. *La miseria creativa. Cronache del teatro "non garantito"*, Cappelli, Bologna, 1978, dove Lucia viene descritta come persona «semplice, senza risvolti perversi, con un pizzico di civetteria» e con «le idee chiare» (p. 86).
11. Sade di fatto descrive la Duclos come una donna di «quarant'otto anni, grandi vestigia della bellezza di un tempo, ancora fresca, il più bel culo che sia possibile

un teatro apocalittico

carnefici e di vittime che il lavoro dipana nei suoi incessanti caroselli; apparizioni di un personaggio che appare dal buio, avanzando verso il pubblico su un carrello sospinto da servi di scena. In una di esse ha un abito un po' militaresco che la lascia sensualmente scoperta sui lati, col viso truccato interamente di verde, gli occhi cerchiati di nero, e i capelli tirati su in un ciuffo e sagomati maliziosamente davanti. È sempre scalza. Momento dopo momento, potrebbe sembrare un animalesco sonderkommando, una orgogliosa e ambigua mercenaria, una prostituta officiante che esalta imprese non sue. E che di queste imprese, si sospetta, potrebbe essere alla fine una delle vittime. È affiancata, nel suo passaggio, da «due oscene guardie del corpo che battono il tempo delle sue esaltate descrizioni»[12]. E lei stessa cadenza il suo discorso sbattendo violentemente i piedi sul piano di legno dell'alta pedana mobile sulla quale è portata. E mentre ancora declama frasi crudissime, viene portata via, per sprofondare nuovamente nel buio. Il compito svolto da Madame Duclos, scrive Guliano Vasilicò, è quello di eccitare il padrone «con terrificanti racconti di orge e di delitti simili a quelli che il despota compie ogni giorno: nel vedere moltiplicate all'infinito, come in specchi, le sue infamie, il tiranno sente confermati il suo piacere e la sua potenza»[13].

In un'altra apparizione Lucia è una sorta di "madonna", abbigliata con un paramento sacro, traballante come le vergini portate a spalla nelle processioni religiose, ma «l'espressione sfottente dei portatori tradisce la provocazione: [...] con voce eroicamente allucinata, grida l'elenco delle perversioni»[14]. Ed è poi un "generale" che continua boriosamente la narrazione dei misfatti, e, ancora, un "ragno", aggrappato ad una invisibile ragnatela, che, indossando una grande vulva finta, «dipana la sua mediata

---

avere. Bruna, figura piena, molto in carne» (D. A. F. de Sade, *Le centoventi giornate di Sodoma* (1785), trad. di G. De Col, Feltrinelli Milano, 2014, p. 62).
12. G. Vasilicò, *Le 120 giornate di Sodoma*, «Sipario», n. 324, maggio 1973.
13. Ibidem.
14. Ibidem.

estasi»[15] di compartecipe alle infamie del despota. È quindi figura che si fa tramite di riferimenti – espressi in forma mediata poeticamente e non direttamente "politica", come sempre in Vasilicò – ai soprusi dei potentati (politico, ecclesiastico, militare...) e alla sottomissione di genere. Questa specie di santa carnefice e vittima è, scrive Lucia Vasilicò, «una strega volgarmente in combutta con i potenti, donna che pretende di essere forte scalciando e parlando con voce stentorea: atteggiamenti che ne rivelano l'instabilità sociale e psicologica»[16]. La sua recitazione, scrive Dacia Maraini, è «irosa e proterva»[17]. Ed è presenza in grande tensione, sospesa com'è – anche per il suo essere trasportata – tra il volere e il subire, il determinare e l'essere determinata, il muoversi e l'essere mossa. È immagine sacra e cane ringhioso, idolo e scherano. «Arringavo le vittime – scrive ancora Lucia – e quasi digrignavo la cruda filosofia giustificativa sadiana del Male che non riconosce limiti... Era uno spettacolo ritmico e furiosamente cadenzato, che ti prendeva allo stomaco»[18].

Nel successivo spettacolo di Giuliano, *L'uomo di Babilonia*, Lucia è Malva, personaggio che ha qualcosa in comune con quello di Madame Duclos. Sembra anche qui un'eroina del Male (ma un male come avvenire, più che un male cristallizzato in un pensiero, come in Sade), e questo in ambedue i casi corrisponde a quella che sembrerebbe un'intima predilezione di Lucia per la malvagità e il furore (con sfumature che vanno dal sarcastico al malinconico) ed anche al suo ruolo di sprezzante outsider nello spettacolo[19] (oltre che alla sua autonomia artistica all'interno

---

15. Nella scena del "ragno", scrive Giuliano Vasilicò, la Duclos impersona «tutte le eroine emancipate di de Sade: Juliette e le altre seguaci del vizio. Conquistato, a forza di servirlo, un certo potere, esse si crogiolano nella libidine della straordinaria, perversa sensazione data dalla libertà di opprimere. In un mondo di uomini feroci, esse hanno imparato ad esserlo ancora di più: con l'astuzia e con "validi arnesi" si inseriscono con successo all'interno della straripante "superiorità sessuale" del maschio» (ibidem).
16. In A. Pizzuto, *Addio...*, cit.
17. D. Maraini, *Sade*, «Aut», 4 gennaio 1973.
18. In A. Raff, *Intervista a Lucia Vasilicò*, inedita, marzo 2015, ALV.
19. Le sue «stravaganti iniziative» – scrive Aggeo Savioli – sembrano costituire

della compagnia). Qui si muove però come un invasato narciso, all'interno degli scenari futuribili, un po' alla *Metropolis*, dello spettacolo. È «una Ninfomane vestita da marziana, una Messalina interplanetaria»[20]; una borghese eccentrica «interessata all'orgasmo e al rantolo»[21], che usa il coltello per fare l'amore: nei suoi esagitati comizi parla di Freud e Reich e gira tra i sudditi tastandone e controllandone gli organi sessuali. O è ancora, una «mannequin inguainata surreale e con occhiali da sole, che conciona con una luce diagonale dall'alto, ponendo domande-trabocchetto a carattere filosofico e politico che naturalmente non ottengono risposta»[22]. Questo suo urlare le battute ad un interlocutore impossibile la rende un personaggio di fatale solitudine, portatore di enigmi che non si possono sciogliere.

Dopo *L'uomo di Babilonia*, partecipa per un certo periodo alle prove di *Proust*. Da esse a un certo punto si allontana, non trovando nello spettacolo una collocazione che le corrisponda[23].

La temporanea separazione da Giuliano[24] segna il momento nel quale decide di lavorare autonomamente, di diventare pienamente autrice, e regista di se stessa. Inizia a farlo a partire dalla propria ricerca di scrittrice. Ha già pubblicato un romanzo, nel 1975, *Natale con i tuoi*, di spunto autobiografico. E da molto tempo lavora ad un'opera epistolare ispirata alle lettere che quando era ragazza uno zio con problemi psichici, che viveva a Reggio Emilia, inviava a sua sorella e alla madre, nell'attesa di andare a trascorrere l'estate nella pensione gestita dalla madre a Viareggio; una persona fragile ma di grande intelligenza, che era per lei, in quegli anni, un fondamentale punto di riferimento

---

«una sorta di ambiguo pungolo critico nel fianco del sistema» (*Immagini di una Babilonia futura*, «l'Unità», 25 maggio 1974).
20. G. Morandini, *Il delitto e il teatro*, cit., p. 67.
21. I testi detti da Malva sono stati creati dalla stessa Lucia Vasilicò.
22. Ibidem.
23. Cfr. A. Ginammi Crisafulli, *Le scelte difficili...*, cit.
24. Riprenderà a collaborare con lui negli spettacoli *L'uomo senza qualità* (1984) e *Il Mago di Oz* (1988).

Disegni di Lucia Vasilicò, tratti dai suoi sogni

di sensibilità e poesia[25].
La sua vocazione di autrice-attrice prende corpo col mettere in gioco in termini poetici la propria biografia e la propria interiorità. L'esperienza del collegio dalle suore da adolescente, la fascinazione esercitata su di lei dallo zio schizofrenico, gli infiniti conflitti con la madre, sono tra gli elementi che alimentano il suo lavoro. Che non si trasformano in narrazione e "recitazione", ma affiorano nelle sue performance per linee interiori, che si traducono in scena per frammenti, in azioni mosse da emozioni effettive. «Non ho mai raccontato – dice Lucia – una storia per intero».

---

25. Dopo lunga gestazione questo lavoro porta al romanzo *Il comandante straniero: epistolario dal fronte interiore*, Aracne, Roma, 2014. Gianandrea Piccioli, della Garzanti, cui Cesare Garboli segnala il manoscritto, fa delle osservazioni, a proposito del libro, che mi sembrano riferibili anche al teatro di Lucia Vasilicò: «c'è il continuo turbamento per il passato che non vuol farsi riconoscere e che interrompe qualunque flusso narrativo; c'è il senso lirico [...]; c'è l'eros, pieno e intatto, florido ma, al tempo stesso, completamente rifiutato; c'è una certa andatura cerimoniosa, sotto cui si nasconde un profondo disprezzo» (lettera a Lucia Vasilicò, Milano, 22 giugno 1992, ALV).

un teatro apocalittico

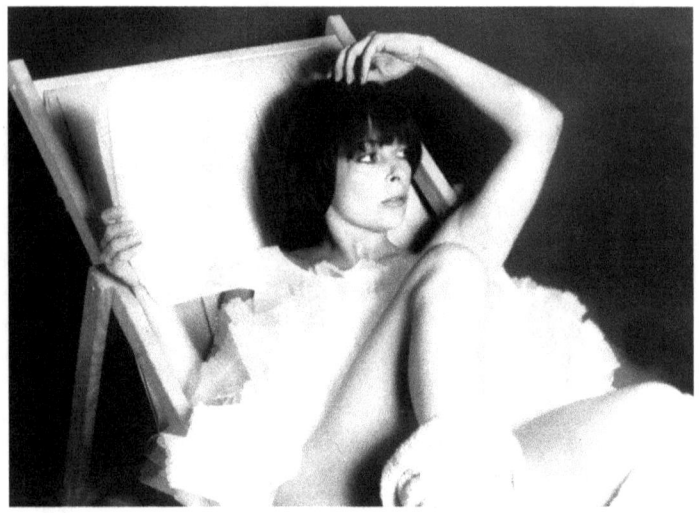

Lucia Vasilicò in *Lola*, 1977

Il suo essere in scena è ossessione, turbamento, iterazione, allarme, invocazione, vuoto che congiunge il tutto. La parola è assente. Lucia predilige il silenzio. Ha scritto di se stessa: «Dopo aver gridato a squarciagola nelle cantine e nei teatri con Giuliano Vasilicò, da sola tace»[26]. Afferma: «La vera realtà psichica, che è l'inconscio, non può essere posta in parole. Bisogna lasciar entrare il silenzio»[27]. Che diventa in lei un «silenzio caparbio»[28]. Per il primo lavoro, *Lola* (1977)[29], che prova e presenta al Beat 72, parte dall'epistolario citato; dal personaggio dello zio prigioniero di se stesso che scrive alla nipote/idolo. Durante l'intera performance, rimane sprofondata in una sedia a sdraio, come sulla spiaggia di Viareggio, ai piedi della quale sono ammonticchiati dei fogli di carta contenenti dei testi, che nel corso della

---

26. L. Vasilicò, *Coazione a ripetere*, manoscritto inedito, s.d., ALV.
27. Ibidem.
28. Ibidem.
29. *Lola*, di e con Lucia Vasilicò, Roma, Beat 72, marzo 1977.

performance legge in ordine casuale. È abbigliata in modo contraddittorio: un tutù da ballerina indossato sopra il costume da bagno, calzerotti di maglia, un pellicciotto. Anche la prima fila del pubblico, per suggerimento di Simone Carella che, da vero e proprio *dramaturg* del Beat, segue da vicino la messa a punto di tutti i lavori che vi vengono presentati, è sistemata su sedie a sdraio. Gli spettatori si sentono così parte dello stesso luogo, illuminato come una spiaggia d'estate a mezzogiorno, avvolto in un rumore di onde.
Si tratta, scrive Lucia, di «un doppio autoritratto sia dello zio, che mio. Il personaggio della lei in scena, in tutù da ballerina, però è volutamente statico: si capisce che, pur dotata di regolare muscolatura, se dovesse alzarsi dalla postazione barcollerebbe»[30].
Franco Cordelli scrive che questa «straordinaria protagonista [...] senza dubbio una delle più "crudeli" protagoniste del nostro teatro d'avanguardia [è una] "bagnante" marionettistica, consumista e consumata che [...] coniuga una materia narrativa a sfondo familiare, un vero e proprio romanzo di famiglia [...] in forma frammentata, ricca di lapsus, di vuoti narrativi. [...] E poi accade l'irreparabile, l'assurdo, la cosa più improbabile: poco a poco così urgente è il bisogno dell'identità, che Lola si trasferisce in questo sbriciolato mondo del ricordo, si "identifica" nel suo già "diviso" interlocutore»[31].
Nello stesso anno Lucia è al centro della performance *Grand Diner*, nell'ambito dei "Meta-martedì", una manifestazione di

---

30. Ivi, p. 1.
31. F. Cordelli, *Lettere dall'ultima spiaggia*, «Paese Sera», 8 marzo 1977. E Mario Prosperi. «Man mano che leggo realizziamo che un contagio è avvenuto tra il vecchio ragazzo di Reggio Emilia, vecchio Edipo legato alle sue fobie, e la sua confidente epistolare, mezzo bambina (tutù) e mezzo dama (pellicciotto) [...]. La voce, nitida e ben ritmata della lettura che mantiene un persistente tono sorridente e perfino ilare, di affettuosa superiorità, si impunta in pause e vuoti inquietanti [...] pulsioni e stimoli di aggressività sono sistematicamente ricondotti sotto l'autoimposizione del pentimento e del giudizioso, ironico autocontrollo [...]. "Qui si sta bene", mormora a tratti Lola» (*Lucia Vasilicò in "Lola"*, «Il Tempo», 17 ottobre 1977).

un teatro apocalittico

Massimo Napoli e Lucia Vasilicò ne *La casa trasparente*, 1978

"teatro d'appartamento" organizzata in quel periodo da Pippo Di Marca nella sua casa romana, con scelta anticipatrice di esperienze analoghe di anni molto più recenti. Lucia si ispira al personaggio della terrorista tedesca Ulrike Meinhof. Non per condivisione di scelte politiche; semmai perché intrigata dal suo tormento di eroina all'incontrario che mette in dubbio, con la sua complessa umanità e nel suo manifestarsi estremo, l'ordine apparente delle cose. L'evento «era incentrato su un pranzo di gala: in una stanza dei commensali borghesi, incuranti del fatto che "la rivoluzione non è un pranzo di gala", consumavano una cena luculliana, mentre in una stanza attigua, il corpo intubato e mummificato in strettissime fasciature, Lucia Vasilicò impersonava Ulrike Meinhof, e in una stanza più lontana Benedetto Simonelli-Baader inneggiava alla rivoluzione ... E Giuliano in cucina odorava e assaggiava le succulente portate preparate per la cena, "prima" che venissero servite»[32].

[32]. P. Di Marca, *I turbamenti del giovane Vasilicò (Giuliano)*, «Le Reti di Dedalus», rivista online, marzo 2015.

Il lavoro successivo è anch'esso creato e presentato fuori dal teatro: *La casa trasparente* (1978)[33], performance-percorso prodotta dal Beat 72, realizzata all'aperto, nei dintorni della casa dove Lucia abita, a Roma-nord, vicino al Tevere. L'artista vi mette in gioco il materiale emotivo e fantastico dei propri sogni. Che rielabora in una drammaturgia aperta, in un tratto di campagna di notevole fascino su un'ansa del fiume, con una decina di attori che si muovono come «fragili creature dell'immaginario»[34] in una sorta di viaggio di ricognizione nell'inconscio. L'autrice trasfigura i posti della propria vita quotidiana, unisce intimità e paesaggio, sogno e *plein air*. Tesse un percorso con riferimenti al proprio vissuto e al lavoro teatrale svolto con Giuliano: c'è la figura di Ofelia, che, ripescata dalla acque del Tevere nella parte finale dell'itinerario, tenta di riprendere il suo monologo, che però è interferito da altre parole ed altri impulsi; c'è un personaggio fanciullesco interpretato da Massimo Napoli, che era Proust bambino nello spettacolo del fratello; vi sono diverse figure di donna più o meno vagamente delineate (la Regina madre, la ballerina, Ofelia appunto...), che non sono che la proliferazione della stessa donna, secondo una modalità di osmosi o interscambio di mondi interiori già sperimentata negli spettacoli con Giuliano. Per quanto i riferimenti alla biografia dell'autrice siano molti e precisi, al pubblico è soprattutto offerta una situazione fantastica che apre a diverse possibilità di interpretazione e lettura.

Alla dimensione onirica è legata anche *L'immacolata concezione*[35], performance del 1979, concepita e realizzata insieme a

---

33. *La casa trasparente*. Regia di Lucia Vasilicò. Con Katarina Berg, Sara Calligarich, Maria Cumani Quasimodo, Enrico Frattaroli, Maria Marinelli, Gianni Marinelli, Massimo Napoli, Laura Rizzo, Luisa Sanfilippo, Daniele Tugnoli, Lucia Vasilicò. Collaborazione artistica di Enrico Frattaroli. Roma, Prima Porta, via Tiberina, 27 giugno 1978.
34. N. Garrone, *La speranza corre lungo il fiume*, «la Repubblica», 1 luglio 1978.
35. *L'immacolata concezione*, di e con Lucia Vasilicò e Goffredo Bonanni, Teatro La Maddalena, Roma, febbraio 1979. La performance è stata presentata in una versione ampliata nel 1988. In scena, oltre Lucia Vasilicò, Fabrizia Falzetti e Kieran Canter.

un teatro apocalittico

Lucia Vasilicò con Bruno Sais durante le prove di *Proust,* 1976

Goffredo Bonanni, la cui ideazione parte proprio da un sogno di quest'ultimo[36]. Il lavoro è costituito da una serie di apparizioni lente e silenziose di una figura di Vergine, in "quadri" successivi. Lo spazio del teatro La Maddalena è vuoto, il pavimento bagnato e illuminato in controluce. Si sente in sottofondo *La Valse* di Ravel rallentata. Le apparizioni, misuratissime, avvengono da un nudo arco in muratura del teatro, che potrebbe facilmente divenire, nell'immaginazione di chi guarda, l'edicola di una sacra rappresentazione. La prima visione è quella inquietante di una mano maschile (più avanti appariranno in progressione un piede, poi la testa e infine il torso di un Cristo barbuto – impersonato da Goffredo Bonanni – tenuto dalla Vergine come in una Pietà). Nelle sue uscite mute, la Madonna è «dapprima umile donna, poi sbigottita dall'annunciazione, poi tremante all'atto del concepi-

---

[36]. Cfr. l'intervista a Lucia Vasilicò, infra, pp. 130-139.

mento, poi Mater Dolorosa sul Golgota, poi infine rapita in cielo dall'Assunzione»[37]. A "parlare" sono le posture e le vesti: veli, bende, panneggi; e le ostensioni, le espressioni del viso, i piccoli gesti, gli «estenuati messaggi corporali: le dita, il seno, i piedi, gli occhi che si arrovesciano»[38]. Figurazioni di grande intensità e nitidezza, nelle quali i colori degli abiti cambiano dal manto azzurro dell'inizio, al bianco, al nero, al bianco e nero e nuovamente all'azzurro. E c'è una progressiva inquietudine e perdita di compostezza: il velo a un certo punto copre il volto a metà e lascia intravedere uno sguardo torbido; in un altro momento, la Vergine, in bilico, si sporge paurosamente nel vuoto. C'è anche – figura ricorrente e dolorosamente autobiografica – un urlo lancinante e muto della Madonna costretta in un tulle-bozzolo, come in una camicia di forza. «Nella Vergine – dice l'artista – c'è tutta la fatica di accettare una missione così difficile come la custodia del Divino, il peso e la responsabilità di essere il Vas Honorabile, Il Vas Insigne Devotionis, La Rosa Mistica...; simbolo inviolabile e non Persona; essere di volta in volta colomba, chiesa, patria... setta; la disperazione di dover seguire un'etica, una religione che non la riguarda, ma per la quale viene adorata e contemplata, ma non considerata individuo desideroso di altrettante redenzioni [...]. C'è la fatica di questa incoronazione e di questa immacolatezza. Tutto il lavoro è in bilico e grida il pericolo di cadere nel baratro del simbolo e dell'illusione»[39]. È una performance misteriosa, sospesa tra calma ed allarme, sacralità ed erotismo, malinconia e furore, nella quale Lucia mette in campo un sentire profondo, legato alla materia sensibile del suo vissuto personale ed artistico.

Lo stesso sentire è alla base del lavoro successivo, *La riverenza*[40], presentato anch'esso per la prima volta al Teatro la Maddalena

---

37. G. Polacco, *Teatro del silenzio*, «Corriere della Sera», 9 febbraio 1979.
38. T. Chiaretti, *I messaggi del corpo*, «la Repubblica», 9 febbraio 1979.
39. In F. Crisafulli, *Lucia Vasilicò*, «Juliet Art Magazine», n.41, aprile-maggio 1989.
40. *La riverenza*, di e con Lucia Vasilicò, Teatro La Maddalena, Roma, novembre 1979.

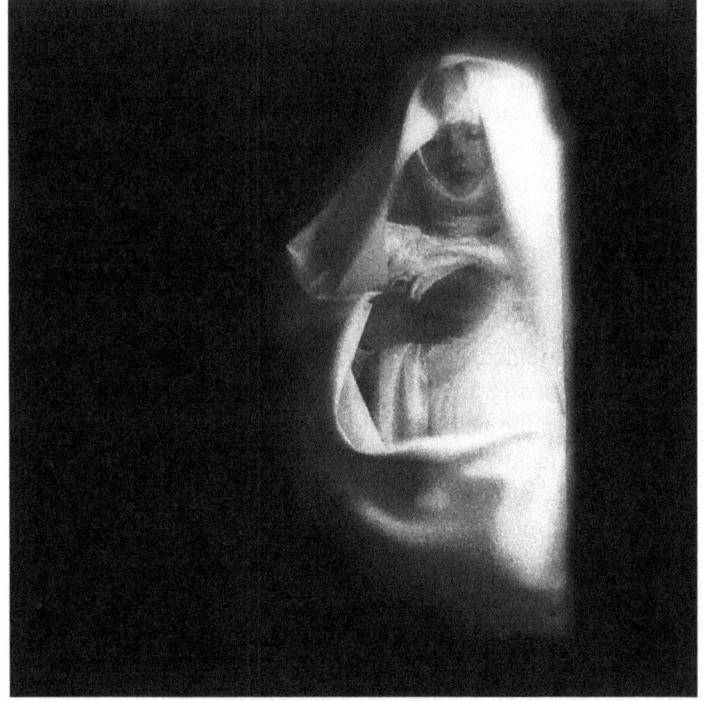

Lucia Vasilicò in *Immacolata concezione*, 1979

di Roma. Lucia, unica presenza, è una ballerina classica, in calzamaglia color carne e scaldamuscoli, inchiodata su una pedana ad eseguire le sue figure di danza, come tra sé e sé, come fosse da sola in una stanza o davanti a «uno specchio da studio»[41]. Si muove assorta al suono di un breve preludio di Chopin ripetuto all'infinito come un carillon. Vi tornano alcune figure e sentimenti di fondo della performance precedente: l'iterazione, la mancanza di narrazione e di una successione temporale degli avvenimenti, l'ossessione, l'ambiguità, le variazioni minime di un ricco caleidoscopio interiore, l'erotismo, l'ironia, il graduale

---

[41]. R. Sala, *Le malizie di un inchino*, «Il Messaggero», 3 dicembre 1979.

passaggio da una iniziale compostezza all'emergere di tic, disturbi, ritorni del rimosso. Che sono gesti inconsulti, pruriti, risatine trattenute, espressioni maliziose, sguardi laterali. C'è anche, come fosse una variazione nei movimenti di danza, una masturbazione. E l'idea della morte espressa, nel rialzarsi dopo un ennesimo inchino, in un ghigno inquietante a denti in fuori. E le riverenze finali rivolte al pubblico non sono un convenzionale saluto, ma un ribadire ed allargare, con la genuflessione, quel sentimento del «cedere il passo», che permea tutto il lavoro e che si può legare a vicende personali dell'artista, come la forzata rinuncia giovanile alla danza classica, che non è esattamente oggetto di rappresentazione, ma memoria-veicolo di complicate vicende interiori. C'è in questo lavoro, scrive Tommaso Chiaretti, una «teatralità severa, formalmente ineccepibile, riservata e tuttavia orgogliosissima di sé, giocata ai limiti della percettibilità e anche della convenzione, un darsi allo stesso modo discreto e indiscreto»[42].

Dai sogni di Lucia deriva anche il film *Mater admirabilis*[43], lungometraggio in Super8 del 1981. Il film è girato negli stessi posti de *La casa trasparente*, i dintorni di casa dell'artista, in campagna vicino al Tevere. Ed è una immersione nei suoi luoghi interiori, che in quei siti trovano precise risonanze, resa per frammenti montati con ritmo, coerenza espressiva, un tessuto di nessi profondi. «In questo film eccezionale – scrive Alberto Moravia – si ha l'impressione che le immagini spesso sorprendenti e magari crude non siano mai casuali»[44]. Come gli spettacoli, il film è un'opera poetica che procede per illuminazioni. Non c'è racconto in senso proprio, né un tempo lineare: passato, presente

---

42. T. Chiaretti, *Ballerina meccanica con amori solitari*, «la Repubblica», 1 dicembre 1979.
43. *Mater admirabilis*, regia e testo di Lucia Vasilicò. Con Katarina Berg, Goffredo Bonanni, Maria Cumani Quasimodo, Simone De Sisti, Fabrizia Falzetti, Gianni Macchia, Enzo Mazzarella, Luisa Sanfilippo, Giuliano Vasilicò, Lucia Vasilicò, Maria Vasilicò. Collaborazione alla regia di Gianni Macchia, Enzo Mazzarella, girato in super8, 1:30, 1981.
44. A. Moravia, *Là, in fondo alla tue vesti*, «L'Espresso», n. 18, 9 maggio 1982.

un teatro apocalittico

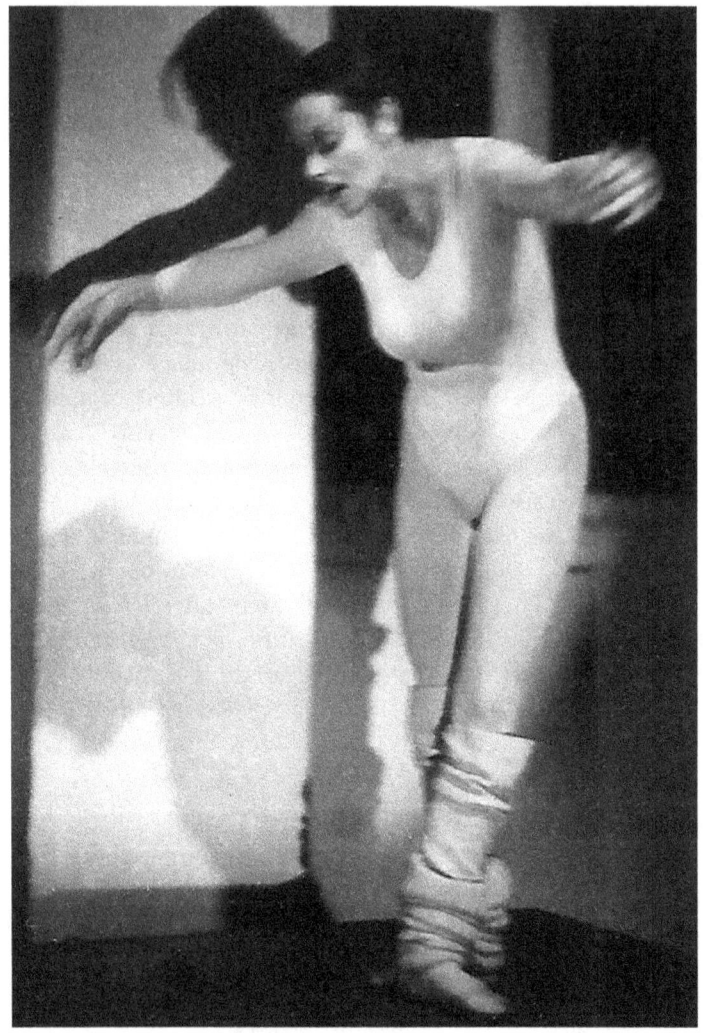

Lucia Vasilicò ne *La riverenza*, 1979.

e futuro si intrecciano tra loro in quello che si indovina essere
l'itinerario esistenziale vissuto e possibile della stessa donna –
l'autrice – impersonata da diverse attrici nelle vesti di bambina,
ragazza, adulta ed anziana, in relazione con una madre difficile

(nel film, Katarina Berg) e con gli uomini. Al centro di tutto, il sesso. Nota ancora Moravia: «ciò che mi ha colpito di più è il fatto che la regista parla delle donne identificandosi con la passività del contegno maschile di fronte alla tentazione in cui la donna più o meno inconsciamente cerca di indurre l'uomo. In altri termini, la donna non è vista attraverso l'idea che se ne fanno gli uomini bensì attraverso l'idea che la donna si fa del desiderio maschile»[45]. Nel film compare, diverse volte e sempre per breve tempo, Giuliano Vasilicò. Le semplici azioni che svolge sembrano alludere ai rapporti con la sorella e al loro riuscire a percorrere, a un certo punto, un cammino comune. Il commento fuori campo, scritto dalla stessa Lucia, contiene affermazioni che creano, rispetto alle immagini, cortocircuiti, risonanze e allargamenti di senso: «sono innocente, ma non riesco a crederci»; «ogni azione è un delitto»; «le immagini non si esprimono direttamente per se stesse ma sembrano gettare il piano per altre, secondo un loro gusto. Di qui la mia necessità di agire come un ragno».

---

[45]. Ibidem.

Intervista a Lucia Vasilicò

Come hai iniziato?

Non volevo fare teatro. Non mi piace la parola, non mi piace esprimermi parlando, mi piace il silenzio. Volevo diventare danzatrice classica. Avevo iniziato a studiare balletto a Genova e poi mi era stata offerta la possibilità di andare alla Scala di Milano per continuare, ma mia madre si è opposta. Alla fine sono andata a Roma, a studiare al Centro Sperimentale di Cinematografia, ma il cinema e la recitazione non mi attiravano affatto. Nel 1968, mio fratello Giuliano ha iniziato a lavorare come attore in *Escurial* di Giancarlo Nanni, al Teatro La Fede, un magazzino di Porta Portese. Aveva una terribile difficoltà a parlare, per la sua balbuzie. Non capivo proprio cosa potesse esser capace di fare. Pensavo si sarebbe messo in un angolo, senza dire nulla. Quando, con Vittorio (De Sisti, *ndr*), mio marito, siamo andati a vederlo, siamo rimasti impressionati. Recitava senza alcuna difficoltà. Parlava più di tutti, dall'inizio alla fine dello spettacolo. Non potevamo crederci. Il teatro è un'altra dimensione. Ha un effetto terapeutico. L'ho potuto verificare io stessa quando facevo Ofelia nell'*Amleto* di Giuliano, anni dopo. Una sera stavo malissimo, influenzata, un gran mal di testa, non riuscivo quasi a respirare: non credevo proprio di farcela. E, invece, una volta in scena, mi è passato tutto. Mi sembrava di respirare aria pura. È il teatro. Le parole mi venivano da sole. Una specie di stato di grazia.
È stato Giuliano a farmi iniziare. L'anno successivo al lavoro con Nanni, si è messo a lavorare al suo primo spettacolo, *Missione psicopolitica*, al Beat 72. La sera prima della prima, mi ha pregato di sostituire una delle attrici, che, dopo un litigio, era andata via. Non volevo farlo, ma, vista la sua disperazione, alla fine ho

accettato, con l'accordo che avrei partecipato solo alla prima e che il giorno dopo avrebbe trovato un'altra persona. La sera dello spettacolo, dietro le quinte, mi diceva cosa dovevo dire, e mi scaraventava, letteralmente, in scena. E, quando veniva il buio tra una scena e l'altra, mi tirava fuori a forza... È andata così la mia prima apparizione in teatro... Ma il metodo ha funzionato. Lo spettacolo è piaciuto molto. Ho ricevuto molti complimenti. E così ho continuato le sere successive.

E non solo le sere successive...

Poi c'è stato *L'occupazione*. Ma è stato l'*Amleto* il primo lavoro di grande sostanza, fondamentale nel suo percorso. Nella prima versione dello spettacolo, prima che arrivasse Fabio Gamma, a fare il Re c'era un attore russo, Dimitri Tamarov. Andava benissimo per quella parte, era antico, grezzo. Erano adattissimi lui e Ingrid (Enbom, *ndr*) nelle parti del Re e della Regina. Erano nordici ... Ma anche Fabio Gamma poi andò benissimo. Per la parte di Ofelia avevo preparato io stessa il testo. Avevo avuto da poco mio figlio Simone. Lavoravo a casa sul personaggio e ne parlavo con Vittorio. Avevo fatto un montaggio di diversi testi, che a Giuliano è piaciuto molto. L'ha accettato in blocco. Quando gli si proponeva qualcosa lui era molto chiaro: diceva sì o no. A me ha sempre detto sì. Ricordo che quando entravo in scena, pressoché scalza, con addosso una specie di "pazienza", un costume quasi da suora ideato da Raff, mi sentivo leggera. Facevo una specie di danza, come portata dalle parole, senza peso. Tutto sgorgava senza intoppi. Sentivo di essere nella mia dimensione più giusta.

Non hai continuato con il balletto, ma con Giuliano, in un certo senso, hai "danzato"...

Nel nostro lavoro il movimento, la gestualità sono sempre stati importantissimi. Nella mia Ofelia c'era la danza. E c'era il canto.

un teatro apocalittico

La parola veniva da voi stessi...

Sì. Non abbiamo mai "recitato". Chi ha mai "recitato"? Noi si faceva sul serio. Veniva tutto da dentro.

Quando facevate tantissime repliche, come con Le 120 giornate di Sodoma, *riuscivi sempre, ogni volta, a ritrovare quello che facevi?*

Era sempre nuovo. Ogni sera era nuovo. Lo trovavo subito. Era in me. E poi Giuliano adottava le sue tecniche. Veniva in camerino, ci infastidiva, ci faceva arrabbiare. Lo sentivamo arrivare, sentivamo il rumore dei suoi zoccoli nel corridoio. Diceva delle cose tremende. Tentavamo di cacciarlo. Litigavamo e uscivo dal camerino furiosa. Ci pensava lui a farmi ritornare la rabbia. Entravo in scena rabbiosa e lo spettacolo veniva benissimo. Non so se gli altri registi fanno cose del genere: questo era il suo "metodo". Giuliano creava sempre tensione prima dello spettacolo. Urlava sempre...

Una specie di incubo...

Sì. Ma ci divertivamo anche moltissimo. Era bellissimo. Ci si metteva in gioco totalmente. E ognuno era considerato per quello che era. E sarebbe venuto fuori in scena per quello che era. Nei primi spettacoli, quando dividevamo i pochi guadagni, a me non dava mai nulla. Diceva: "Tanto c'è Vittorio"... Io ero la "benestante" del gruppo.

E non protestavi?

No, non protestavo. Gli altri avevano più bisogno. Era un periodo gramo. Nessuno aveva soldi. Mangiavamo pane e mortadella seduti sugli scalini del Beat.

Giuliano aveva un'energia particolare, irreprimibile. Metteva nel lavoro tutta la sua fisicità.

Sì, aveva un'energia incredibile, sia durante le prove, che quando stava in scena. Giulio Cesare Castello diceva che nell'*Amleto* sembrava Ivan il Terribile.

Forse, il suo essere così ostinato, e sempre in tensione, ha qualche legame col costante sforzo che doveva fare per parlare.

La balbuzie è temere quello che ti può uscire dalla bocca. Paura di dire. Su questo Giuliano non ha avuto sostegno, da ragazzo. Nostro padre non capiva. Sentiva quel blocco quasi come un dispetto nei suoi confronti. Come chi non comprende la nevrosi. La vedeva come una cattiveria. E poi si infastidiva del fatto che con gli amici riusciva a parlare, e con lui no. Come Mosè, che aveva lo stesso problema e faceva parlare suo fratello Aronne, Giuliano aveva spesso bisogno di qualcun'altro per riuscire a parlare. Quando era in scena, non usando parole sue, non dovendo "vergognarsi" di quello che diceva, riusciva a recitare. Ma, se doveva intervenire, ad esempio, in un convegno, dire quello che pensava, era costretto a chiedere aiuto a un suo attore, che gli si metteva di fronte per dargli l'incipit, per imboccargli l'inizio della frase. Attraverso l'altro, che prendeva l'iniziativa di dire, poi riusciva a sbloccarsi. Alla paura di parlare, alla balbuzie, era certamente legata anche la sua insistenza in tutte le cose. Insisteva tantissimo, in teatro, quando spiegava qualcosa. Fin quando non era sicuro che avessimo capito tutto, non ci mollava. E, insisteva, fino allo sfinimento, nel cercare le soluzioni per lo spettacolo e nel tentare di arrivare dove voleva arrivare.

Com'è stato, nel lavoro, il tuo rapporto con lui?

Bellissimo. Andavamo nella stessa direzione. Nella compagnia, avevamo un rapporto privilegiato. Quando litigavamo, e succedeva spesso, era quasi sempre per delle stupidaggini. Ma nella sostanza, nella ricerca, eravamo solidali, ci capivamo molto bene. Quando, anni dopo, ci siamo separati definitivamente, è stato uno sbaglio. Nessuno dei due aveva capito quanto era importante la nostra unione, quanto era importante lavorare assieme. Il suo era un lavoro particolarissimo. Unico. Un giorno, a casa di amici, Michelangelo Antonioni gli ha detto che il suo teatro gli piaceva perché con la luce creava i primi piani. C'erano i primi piani, come nel cinema. Gli sembrava, in un certo senso, un teatro cinematografico. Penso sia un'osservazione giusta. Giuliano fu molto colpito da quel giudizio.

A Giuliano è sempre stata stretta la definizione di "teatro-immagine" che è stata ripetutamente attribuita al suo lavoro.

Ma che teatro-immagine! Era Teatro, e basta. Era sostanza, era un teatro "antico", come il teatro Nō. Senza il teatro "antico" non può esservi avanguardia. Era molto forte nel nostro lavoro questo pescare nel passato. Si partiva da lontano. Ricordi, ne *Le 120 giornate di Sodoma*, quando Inga Aleksandrova, dall'alto del carrello, seminuda, faceva il gesto di lanciare un coltello e, come dal nulla, venivano fuori dal fondo le figure delle vittime, come un paesaggio che si anima lentamente. Mentre costruiva quella scena dicevo a Giuliano che sembrava una marina tranquilla. Era tutto arioso, luminoso, nonostante la violenza del gesto di Inga e nonostante che al Beat tutto fosse buio, chiuso. Era bellissimo. Il mito non c'era bisogno di descriverlo. Veniva da solo. Giuliano costruiva tutto dal nulla. Dal nero, dal buio, dal silenzio, tutto a un tratto, nasceva la vita.

A cosa pensi sia dovuta la regressione che è seguita a Proust*?*

Giuliano non stava più bene. Durante la preparazione de *L'uomo senza qualità* chiedeva alle sue collaboratrici, Teresa Pedroni,

Fabrizia Falzetti, di sostituirlo alle prove. Non veniva più a teatro. Non eravamo più uniti. Peccato, nelle prove c'erano delle cose molto belle, ma non è riuscito a portarle avanti completamente. C'erano degli impedimenti anche dentro di lui. Musil assomigliava molto, fisicamente, a nostro padre. Ma non so... Forse l'impedimento più importante è stato il perfezionismo di Giuliano, la sua ostinazione, il suo voler sempre arrivare al nocciolo. E, rispetto a Musil, questo si è rivelato particolarmente difficile. Diceva sempre che se Musil aveva impiegato dieci anni a scrivere *L'uomo senza qualità*, lui non poteva metterci meno a fare lo spettacolo. Non teneva in nessun conto le necessità produttive, la sopravvivenza, i borderó, il Ministero. Alla prima del Teatro Valle lo spettacolo non c'era ancora. Ci avevano invitato al festival di Spoleto, ma Giuliano non si sentiva pronto, e non siamo andati. Puoi immaginare con quale disappunto del direttore del festival.

Nel frattempo avevi cominciato a dedicarti ai tuoi lavori. Lola *è del 1977.*

Era basato sugli appunti dai quali ho tratto il romanzo *Il comandante straniero*. Un epistolario legato alla figura di mio zio Gianni, che viveva con noi a Viareggio, figura per me importantissima. Lo ammiravo moltissimo. In *Lola* leggevo le sue lettere, su una sdraio, come fossi sulla spiaggia di Viareggio.

I tuoi spettacoli derivano molto dalla tua adolescenza, e dai sogni.

Sì. In genere non "scrivo" gli spettacoli. Vengono direttamente dai sogni. Dei sogni mi interessa molto il fatto che non c'è morale. I rapporti sono esclusivamente rapporti sessuali. Non esistono altri tipi di rapporto.

un teatro apocalittico

Nei tuoi lavori successivi, non c'è più la parola, c'è il silenzio...
L'Immacolata concezione, del 1979, era costituito da apparizioni.

Era nato da un sogno di Goffredo (Bonanni, *ndr*). È stato lui a darmi l'idea che sta all'origine dello spettacolo. Aveva sognato una Madonna, una Madonna come quella di Antonello da Messina, che si sporgeva dalla cima di una palazzina dei Parioli – quella di fronte alla casa dove abitava, e dove allora abitavi anche tu – e poi rientrava. Usciva poi nuovamente in un'altra posizione, rientrava, e così via. Al teatro La Maddalena, Goffredo scelse un arco dal quale far avvenire le apparizioni. Come musica mettemmo *La Valse* di Ravel, rallentata: sembrava una processione che arrivava lentamente dal fondo. Io facevo queste uscite lente, graduali. All'inizio usciva solamente la mano, e poi, via via, sempre di più. E nelle diverse apparizioni cambiavo i parametri, si passava dall'Annunciazione alla Mater Dolorosa col copricapo nero – facevamo in un attimo con Goffredo, che mi teneva da dietro con una corda, a cambiare costume – e poi all'Assunta, in rosa carne ("devi sembrare un pene", diceva Goffredo), o portavo la benda e il soggolo, come Caterina da Siena. A Piero Tosi quel lavoro piacque moltissimo. Diceva che c'era tutto il mistero e la bellezza dell'apparizione.

La congiunzione che c'era tra religione ed eros non è estranea al fatto che da piccola sei stata a lungo in collegio dalle suore.

L'eros in collegio veniva totalmente negato, com'è facile immaginare. L'eros ci fa essere fecondi, creare la vita, rendendoci per questo, in un certo senso, simili a Dio. E questo la Chiesa non può accettarlo. Ma, dietro quella negazione, l'eros manteneva tutta la sua forza.

Anche La riverenza *era legato molto alla tua storia personale.*

Lì ero una ballerina che faceva ossessivamente degli esercizi che finivano con una riverenza. Era come un continuo cedere il passo e prepararsi ad uno spettacolo che non sarebbe avvenuto mai, usare tutto il tempo per la preparazione, fare degli esercizi che non portano a nulla. Era tutto un piegarsi, riverire, ringraziare. E anche un po' morire. A un certo punto facevo delle espressioni come di morte. Facevo vedere i denti.

Nella vita ti sei preparata per il balletto classico, ma non l'hai mai fatto.

Non c'è mai stata la "prima". Mi sono fermata ai saluti del dopolezione. Nello spettacolo, la musica, un Notturno di Chopin, era la stessa che veniva messa alla fine delle lezioni di danza che seguivo a Genova.

L'importanza che la sfera personale e i sogni hanno nel tuo lavoro, mi fanno pensare che un rapporto per te importante è stato quello con Federico Fellini. Hai lavorato con lui ne La dolce vita. *Vi siete frequentati per anni.*

Incontrare Fellini è stato un po' come incontrare la "balena bianca", una forza più grande di me. Avevo per lui una grandissima ammirazione. Per lui come artista, naturalmente. Ma anche come uomo. Era sempre molto spiritoso. Mi capiva profondamente. Mi diceva delle cose bellissime ... Una volta mi disse che avevo allo stesso tempo «cento anni e sette mesi», che ero una neonata con una lunga vita alle spalle, una bambina più vecchia di lui. E, un'altra, che ero un «sacchetto di pietre preziose, ma con un involucro troppo sottile», sempre sul punto di rompersi. Erano immagini di comprensione profonda. Aveva anche, nei miei confronti, fantasie protettive, come quando mi disse che avrebbe voluto avere un «braccio lungo e luminoso», col quale tenermi la mano sulla testa e guidarmi dappertutto. Avevamo delle cose in comune, soprattutto le nostre parti infantili. Forse non a caso ambedue, dal nord, siamo venuti a stare a Roma, città-madre. Il nome arcaico "Ruma" vuol dire mammella...

Nel 1978 hai fatto uno spettacolo all'aperto, La casa trasparente. *Gli spettatori seguivano le azioni spostandosi da un luogo all'altro, nei dintorni di casa tua, vicino al fiume.*

La casa trasparente è nato dal fatto che a un certo punto, mentre ero in giardino, sono inciampata e questo mi ha fatto vedere improvvisamente le cose in modo diverso. È stata una specie di illuminazione, che mi ha portato a immaginare un percorso, che poi è diventato il percorso dello spettacolo. Vicino casa mia c'era una casa non finita, che aveva la struttura in cemento armato, ma non le pareti. Una casa "trasparente", appunto. Era come mi sentivo io in quel momento: incompiuta. Tutte le immagini dello spettacolo avevano a che fare con momenti della mia vita. Tornava, ad esempio, la figura di Ofelia. E c'era un personaggio infantile, interpretato da Massimo Napoli, che era stato Proust bambino nello spettacolo di Giuliano. Tornavano molte delle cose che avevo vissuto nei suoi lavori.

Mater admirabilis, *il tuo film in Super8 dei primi anni '80, è stato girato nello stesso luogo.*

Anche il film veniva totalmente dai miei sogni. Alberto Moravia, quando venne a vederlo al Filmstudio, mi fece ridere, dicendomi con una espressione particolare del viso: «è la vita interiore...», giocando col titolo del romanzo che aveva pubblicato da poco. E mi disse che *Mater Admirabilis* era, con *Un chien andalou* di Buñuel, il miglior film sperimentale che avesse visto.

Come definiresti Giuliano rispetto al teatro?
Non credo sia definibile rispetto al teatro. Giuliano *era* il teatro. In scena e nelle prove, come attore e come regista, aveva una grande forza. Era capace di far recitare chiunque, anche chi non aveva mai fatto nulla, anche i sassi. Era capace di estirpare negli altri le resistenze ad esprimersi. Chiunque entrava in teatro per lavorare, lo metteva subito in "scena" per conoscerlo e perché lui stesso si conoscesse: gli faceva lanciare suoni animali, assumere posizioni grottesche, rabbiose, fare urla profonde come alla ricerca della sua vera voce... È difficile da dire. Con lui di fronte, con quello che diceva, i suoi ordini, i suoi consigli, ci si trovava di fronte a se stessi, come per la prima volta... Era un maestro.

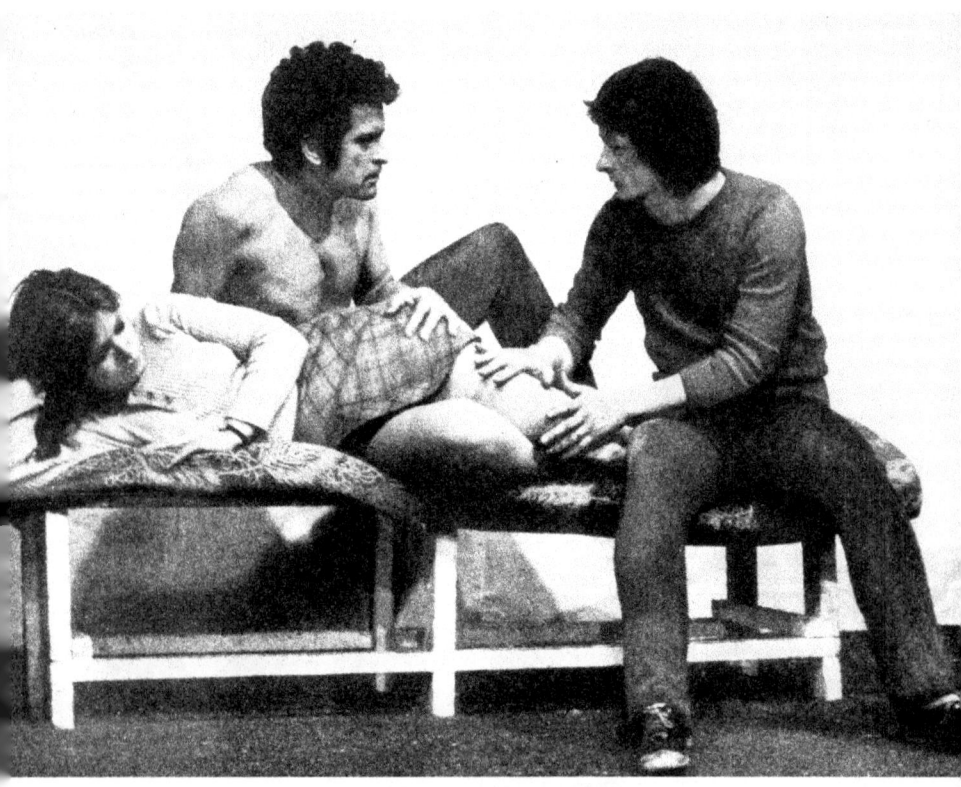

Agostino Raff, tra Ingrid Enbom e Giuliano Vasilicò, durante le prove de *L'occupazione*, 1970

Agostino Raff tra musica e scena

Poeta, pittore, scenografo e musicista, Agostino Raff[1] incontra Giuliano Vasilicò nel 1969, a Roma, al Filmstudio. Rimane impressionato dalla sua performance d'attore in *Missione psicopolitica*, dove «è stato se stesso in scena in modo allucinante [...], in modo mai visto a teatro»[2]. E lo va a trovare dopo lo spettacolo. Lì scopre con sorpresa che quell'attore così magnetico, che è anche autore e regista del pezzo, è in realtà afasico. Nella vita normale, la parola gli è impedita da una forte balbuzie. «Con questo terapeuta di se stesso – scrive – con questo medium delle riserve gestuali e vocali dell'oltreteatro ho lavorato per imprese espressive di estrema coerenza»[3].

Dopo l'incontro al Filmstudio, Giuliano gli propone di lavorare come attore nel suo spettacolo successivo, *L'occupazione* (1970), e Raff accetta, nonostante gli impegni come pittore e musicista[4]. Nello spettacolo lavorano anche, in scena, oltre lo stesso Vasilicò, la sorella Lucia e Ingrid Enbom, allora compagna del regista. Viene così a contatto, per la prima volta in maniera diretta, col mondo poetico di Giuliano e con l'atmosfera delle sue prove. Dopo questa prima esperienza da attore, non priva di titubanze

---

1. Agostino Raff (1933), nome d'arte di Raffaello Sartori, così si autodefinisce: «veneto, scrive poesia dal 1950, ha fatto l'attore, il regista, il musicologo (Rai, Radio Tre), fa da sempre quadri figurativi, compone musiche per organo. Dal 2006 presiede gli Incontri estivi di poesia Poeti all'isola del Cinema all'isola Tiberina di Roma» (in A. Raff, *Rapsodia Pasolini*, Edizioni del Giano, Roma, 2009, libro dedicato agli incontri dell'autore con Pier Paolo Pasolini, e alle loro discussioni sulla poesia).
2. A. Raff, *Un ritratto...*, cit., p. 22.
3. Ibidem.
4. Ma ha già lavorato in teatro, inscenando due atti unici con un gruppo studentesco.

un teatro apocalittico

e di sofferenze[5], Raff partecipa alla costruzione dello spettacolo successivo, *Amleto*, al Beat 72. Questa volta non gli viene richiesto di stare in scena, ma di mettere in campo le sue competenze di musicista ed artista visivo. Inizia così a costruire quello che sarà un ruolo fondamentale nel lavoro della compagnia e una collaborazione a tutto tondo, nella quale si occupa del suono, della scenografia, dei costumi e delle luci. Questo corrisponde alla sua visione dello spettacolo, che condivide con Vasilicò, come unico corpo, come «organismo muscolare»[6]. «Artista di tipo rinascimentale, multiforme, solitario, spesso intrattabile»[7], gran lavoratore, colto e meticoloso, si applica con metodo alla costruzione dello spettacolo. Produce una notevole quantità di elaborati. Tra essi, una serie di bozzetti, riferiti a quattro momenti-chiave del dramma, annotati come segue dallo stesso Vasilicò[8]: «1 – Amleto è a conoscenza del delitto. Ha già vissuto tutto in un incubo in cui, identificandosi col padre, è lui a venir ucciso; 2 – Amleto attira il Re e la Regina in un vortice di rispecchiamenti. Lo scontro proseguirà nell'abisso della condizione originaria; 3 – Amleto "costruisce" il fantasma: manovra lo Zio addormentato e gli fa dire le parole dello Spettro: "Io sono lo spettro di tuo Padre condannato a vagare la notte"; 4 – Ofelia è "testimone" del delitto. Quasi avesse assistito allo scambio di persona nell'incubo di Amleto. È tale conoscenza a condurla alla pazzia».

Le proposte scenografiche di Raff seguono una modalità di lavoro, nello spazio e con gli attori, in continuo divenire; a una scrittura scenica irriducibile ai punti fermi, nella quale tutto, dalle

---

5. «I personaggi sono presi dalle esperienze dirette del regista, anche lì attore, a litigare con me e la sorella Lucia, scatenata, che oltre a scrivere è attrice e collabora violentemente alla regia [...]. Il regista continua a mostrarsi insidiosamente scontento della mia prestazione amichevole di attore, in nome del suo perfezionismo». La preparazione dello spettacolo è contrassegnata dalle «liti, le contraddizioni, le cancellature, gli esaurimenti nervosi in quattro mesi di prove» (A. Raff, *Un ritratto...*, cit., p. 23).
6. Ivi, p. 31.
7. G. Bartolucci, *Fuori dalla tana...*, cit., p. 6.
8. Cfr. il paragrafo dedicato allo spettacolo, infra, pp. 37-51.

azioni alle necessità oggettuali, è in continua trasformazione. Raff condivide questa impostazione che sembra andare contro lo "specifico" dello scenografo. Pensa che le scelte spaziali non possano che venir fuori «progressivamente dalle linee d'aria, dai tracciati, dalle intenzioni, dalla gestualità tipica di uno spettacolo che va crescendo e misurandosi durante le prove»[9].

Il luogo a disposizione, il Beat 72, per le sue esigue dimensioni, non permette l'uso di strutture articolate, come quelle a volte indicate nei bozzetti, né cambi di scena complessi. Dopo mesi di lavoro, delle proposte di Raff passa, al vaglio di Vasilicò, un solo oggetto: un trono a due posti, dorato «come uno scrigno longobardo»[10]. Una scelta di estrema sintesi che si rivela vincente. Non solo perché coerente con l'essenzialità della drammaturgia e della regia, ma anche perché quell'unico oggetto è poi in grado di assumere, nei vari momenti dello spettacolo, con l'aiuto dei cambiamenti di luce, diverse valenze, anche molto differenti tra loro. Attorno e sul trono, come rispetto ad un magnete, si articola tutta l'azione, con movimenti degli attori centripeti o centrifughi. L'oggetto si fa emblema del potere della coppia regnante, castello, posto di osservazione, luogo di amplessi, visione abbagliante. Costituisce anche, scrive Raff, «l'espressione materica della mia musica»[11]. Una musica per organo che l'autore così descrive: «Un preludio che ha per cantus firmus il Graduale gregoriano "Requiem aeternam", apre questo *Amleto* costituendone la sigla. Nella scena del sopralluogo investigativo di Amleto nella sala del trono, una invisibile schola cantorum espone finalmente il grave tema originario di tre note... E lo userò ancora in "canone" per due

---

9. E aggiunge: «Ho trovato in Vasilicò ciò che di meglio può dare per me questo teatro ideatore del proprio spazio (con un Savary, un Kantor, un Living) anche per altri due motivi ugualmente importanti: primo, il riconoscimento del corpo come cifra d'energia primaria capace di rinnovare incessantemente se stesso e le strutture sociali [...]; secondo: lo slittamento della prassi teatrale verso il cinema. Non alludo soltanto al mezzo audiovisivo sulla scena, ma ad una parentela culturale di taglio e di ritmo con il cinema» (A. Raff, *Un ritratto...*, cit., p. 31).
10. Ivi, p. 23.
11. Ibidem.

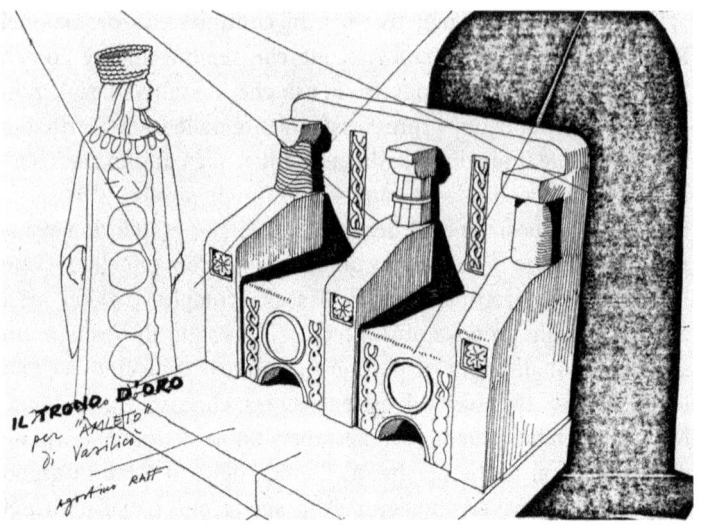

Agostino Raff, studio per il trono, *Amleto*, 1971

oboi nella scena notturna della Regina che ritorna nelle stanze»[12].
I costumi sono suggestivi dei caratteri dei personaggi, ma senza preoccupazioni di coerenza stilistica, ed hanno richiami vagamente "longobardi", come il trono.

Il lavoro successivo di Raff con Vasilicò è *Le 120 giornate di Sodoma*. Anche in questo caso una collaborazione a tutto tondo: scenografia, costumi, musica. La realizzazione dello spettacolo richiede mesi di lavoro tormentato e caotico[13]. Anche questa volta non tutte le proposte di Raff, comprendenti una nutrita serie

---

12. Ibidem.
13. Raff rende così il clima: «Una strage di sistemi nervosi. Le estenuanti prove informali di Vasilicò, i salti da un romanzo all'altro di de Sade, le fughe della primadonna sorella Lucia, il "rovello d'artista" (mani sul volto) ostentato infierendo sui collaboratori come su traditori invece che su amici». Ma più avanti, nello stesso testo, si sofferma sulle qualità di Vasilicò: «Talento. Lotta a denti stretti. Tenacia all'ultimo fascio di nervi. Creazione e distruzione del materiale. Scongiuri alla noia. Ecco il cardine» (Ivi, pp. 27-30).

di disegni e figurini (non solo suggestivi di immagini, ma anche di azioni e di gesti) e progetti di meccanismi scenici, vengono accettate. Permangono però i suoi suggerimenti sostanziali. Innanzitutto il fatto che lo spettacolo debba svolgersi «in movimento continuo, qualcosa come un teatro girante, o attorno a cui girare»[14]. Un'idea di movimento che è naturalmente anche idea di spazio e di tempo, che contribuisce in maniera fondamentale alla struttura dello spettacolo e alla scelta dei suoi dispositivi scenici. Questi ultimi si limitano sostanzialmente a una serie di carrelli neri movimentati nello spazio semi-buio; cubi su ruote, che, spinti dagli stessi attori, portano i personaggi a presentarsi, come issati su piedistalli, al centro della scena, per poi rientrare nell'oscurità. Sono i famosi "caroselli" dello spettacolo. Un movimento continuo che instaura un ossessivo alternarsi di

Agostino Raff, costumi per Ofelia e, a destra, per il Re e la Regina, *Amleto*, 1971

---

14. Ivi, p. 27.

un teatro apocalittico

Qui e nella pagina seguente: Agostino Raff,
studi di costumi per *Le 120 giornate di Sodoma*, 1972

corpi e di parole. «I rapimenti, le vittime, le orge, le narrazioni, le stragi – scrive Raff – si avvicendano in ferrea cadenza. Il magma ossessivo e controllato che sarà la sostanza dello spettacolo, scaturisce dal profondo e si fa luminoso, icastico. In un orchestrarsi di balenii, di allusioni, di scorci, di tagli netti, il Duca, la Duclos, le vittime, la bassa forza, i mercenari, gli atleti sessuali, le natiche, le vagine, i seni, tutto l'immenso abbagliante assemblage sadiano del transitorio passa su mezzi semoventi nel buio, rendendo instabile il punto di vista dello spettatore, coinvolgendolo in una inquieta polidimensionalità, in una carrellata infinita»[15].
Il sonoro creato da Raff è in parte costituito da rumori: percussioni, vibrati, folle plaudenti, esclamazioni, urla (per queste ultime, c'è l'apporto di Alvin Curran), molto presenti ed incalzanti rispetto alle azioni, mandati ad alto volume; in parte da composizioni di gusto settecentesco (ma senza eccessiva fedeltà),

---

15. Ibidem.

per clavicembalo (un minuetto ricorre in diversi momenti dello spettacolo)[16] e per clavicembalo e tromba (il "corale" che accompagna, con trattenuta cerimonialità, la scena del matrimonio). E costituisce, nel suo complesso, la base «concreta, ironica e funerea»[17] del lavoro.

I costumi, creati da Raff e realizzati da Angelo Delle Piane, «hanno un peso non indifferente nell'esito visivo dell'azione»[18]. Evocano abiti neoclassici: per le vittime e i sottoposti redingote nere un po' pretesche (con al collo jabot bianchi) a diretto contatto con i corpi seminudi (gli attori e le attrici indossano solo luccicanti slip argentati o dorati). Le donne hanno calzettoni rossi e gli uomini bianchi. E rosse per le donne e bianche per gli uomini sono le fodere delle redingote che, nel corso delle azioni, si rivelano a lampi. È un chiaro richiamo agli abiti facili da togliere previsti per le vittime ne *Le 120 giornate*, al «vestire sadiano funzionale, adatto ai doveri della lussuria, che deve disfarsi in

---

16. Roberto De Monticelli definisce il minuetto «ilare e ossessivo» (*Il minuetto...*, cit.).
17. A. Fermigier, «Le Nouvel Observateur», 7 maggio 1973.
18. P. E. Poesio, *Nell'inferno con de Sade*, «La Nazione», 6 maggio 1973.

un teatro apocalittico

Agostino Raff, studio di scenografia per *L'uomo di Babilonia*, 1974

un secondo»[19], o al tipo di soprabito che i signori di Silling regalano ai loro preferiti, «stretto, svelto e sciolto, come un'uniforme prussiana»[20]. Gli abiti del Duca de Blangis/Fabio Gamma, sono più aderenti, come si addice a un predatore, e appena eleganti, tra il vellutato e il corazzato, con sbuffi alle maniche. Quelli di Madame Duclos variano, nelle sue diverse apparizioni, dall'erotico-soldatesco al sacerdotale.

La luce, pensata in collaborazione col regista, rende nel corso delle figurazioni un'«aria densa e immobile»[21], e nel suo determinare, con le accensioni e gli spegnimenti, i passaggi da una scena all'altra, ha una complessiva, fondamentale funzione temporale e ritmica.

Quando, dopo *Le 120 giornate di Sodoma*, Vasilicò decide di mettere in scena *L'uomo di Babilonia* (1974), Raff partecipa solo all'ultimo periodo di prove. Che sono prove difficili e piene di

19. R. Barthes, *Sade, Fourier...*, cit., p. 10.
20. Ibidem.
21. Definizione di Raff citata in M. Prosperi, *Giuliano Vasilicò's Proust...*, cit., p. 52.

contraddizioni. Scrive: «Ho seguito la gestazione pazza di personaggi che soccombevano a opposte idee dopo dieci giorni [...]. Ho visto nascere dieci spettacoli, in "Babilonia", e ne è andato in scena mezzo»[22].

Per questo lavoro costruisce scenari futuristici, con pareti e torri in lamiera ondulata, e disegna costumi da fumetto spaziale. La musica (significativi i titoli dei pezzi: "Passacaglia", "Passo di Squadrone", "Marcia Democratica"...) è eseguita da un trio di ottoni e, in due brani, dallo stesso autore, all'organo.

Raff non partecipa alla realizzazione dello spettacolo successivo, *Proust*, se non con alcuni suggerimenti iniziali al regista. I temi dello spettacolo non sono nelle sue corde. Cede il passo a Goffredo Bonanni[23]. Riprende la collaborazione con Vasilicò anni dopo, nel 1985, con una contrastata partecipazione a *Il ritratto di Dorian Gray*, dopo la quale decide di lasciare definitivamente il gruppo.

Il teatro rimane un'arte da lui amata, perché fatta di «movimento, sorprese, pulsione biologica nel corpo sociale dentro cui e per cui operiamo»[24]. Ma avverte che «un diaframma impalpabile lo isola dalla rivolta [...]. Questo diaframma – dichiara – mi fa preferire al teatro la luce del giorno»[25].

---

22. A. Raff, *Un ritratto...*, cit., p.30. Nella costruzione dei personaggi, continua Raff, «ognuno aveva una traiettoria che veniva condizionata o interrotta dall'intervento altrui, come nel contrappunto musicale, come nel mondo» (Ibidem).
23. Osserva in seguito su questo lavoro: «Vasilicò si confronta con il titanismo funebre di Proust, ma ha anche l'estrema misura di non toccarlo né usarlo. Nessuno, mi sembra, ha fatto Proust senza raccontare Proust, e dandogli l'altrettanto solida corazza di questo riscontro storico» (A. Raff, *Un ritratto...*, cit., p. 31).
24. Ibidem.
25. Ibidem.

Intervista a Agostino Raff

Come hai conosciuto Giuliano Vasilicò?

Ero andato a vedere *Missione psicopolitica*, spettacolo nel quale Giuliano faceva se stesso. Gli avevano dato occasionalmente la sala del Filmstudio. In scena era portentoso, un personaggio mai visto. Era un lungo monologo, quasi un'improvvisazione, dove Vasilicò faceva deflagrare la parola fra tensioni vocali spasmodiche e brevi silenzi tormentosi, qualcosa che ti prendeva alle viscere. Dopo lo spettacolo sono andato a congratularmi con lui, e, quando me lo sono trovato davanti, ho avuto la rivelazione di incontrare esattamente la stessa persona che avevo visto in scena. Ho pensato che in lui il coraggio di essere se stesso aveva toccato il sovrumano. In seguito, la sorpresa non sarebbe finita: nel suo *Amleto* avrebbe esibito un eloquio impeccabile, con tutti i toni e i colori del grande istrione. Miracolosamente, il recitare a memoria cancellava in scena la sua difficoltà di parola.

Restammo in contatto, e mi affidò il ruolo di protagonista nel suo secondo spettacolo, *L'occupazione*, al Beat 72. Ricordo che faticai moltissimo. Io e Ingrid Enbom impersonavamo una coppia sessantottina che si divideva tra la partecipazione ai moti di piazza e le miserie dei rapporti quotidiani, con tutte le contraddizioni che ne derivavano. Mi piaceva in sé l'idea di fare l'attore, ma Giuliano mi mise in croce. Prove sfiancanti. Soffrii molto, ma alla fine, credo, qualcosa la tirai fuori. Era uno spettacolo molto intenso, con le caratteristiche del miglior Vasilicò, anche se era un lavoro, per così dire, occasionale, rispetto ai grandi progetti successivi.

*Dopo hai lavorato all'*Amleto, *ma come scenografo, costumista e musicista...*

Un lavoro che mi ha entusiasmato. Vi erano solamente quattro personaggi: Amleto, Ofelia, il Re e la Regina. Consideravo l'*Amleto* cinematografico di Laurence Olivier inarrivabile in tutti i suoi aspetti, compresa la scenografia, per quello spazio vissuto con così grande afflato poetico, ma la sintesi operata da Giuliano mi ha entusiasmato. Un *Amleto* che tutti avrebbero dovuto vedere, nel quale c'era tutta l'abilità nel togliere, nell'arrivare all'essenziale, tipica di Giuliano.

Come vi intendevate sugli aspetti visivi e sonori?

Seguivo le prove per cercare di intuire quello che voleva. E voleva il meno possibile. Ma non mi faceva delle richieste precise. Preparavo molti materiali. La maggior parte venivano scartati istantaneamente. Per *Amleto* creai anche degli oggetti meccanici. Ma poi tutto si ridusse. Il fantasma veniva evocato con delle lunghe fettucce bianche, esaltate nel buio dalla "luce nera", attraverso le quali lo stesso Giuliano/Amleto manovrava in scena il Re-fantoccio. Per me era una grande frustrazione. Lavoravo moltissimo rispetto a quello che poi sarebbe apparso nello spettacolo. Questo lavoro di scrematura era una costante di tutti i suoi spettacoli, e non riguardava solo il mio lavoro ma anche quello degli attori. Devo però dire che questo suo andare all'essenza è stato per me un grande insegnamento. Per la scenografia di *Amleto* si arrivò alla conclusione che fosse sufficiente solo il trono. Un trono d'oro a due posti. Le variazioni avvenivano attraverso la luce. Per quanto riguarda la musica, suggerii un requiem gregoriano elaborato all'organo, strumento che amo molto. C'erano poi effetti elettronici, rumori di folla. Non era musica di sottofondo o di riempimento. Cercai di concepire una struttura musicale coerente con la struttura dello spettacolo.

un teatro apocalittico

Lo spettacolo successivo è stato Le 120 giornate di Sodoma...

Un grande affresco tenebroso, fatto di quadri successivi, uno spettacolo che, con quel susseguirsi di flash, si potrebbe definire "cinematografico", nel quale si attua un tipo di contaminazione tra teatro e cinema che non avevo mai visto, a parte *La gallinella acquatica* (1969) del grande Tadeusz Kantor, del quale mi sembra che Giuliano, per energia e per capacità di creare stupore, raccapriccio e violenza scenica, sia stato, inconsapevolmente, parente stretto.

Mi sembra che in Giuliano non vi sia stato, nei confronti di Sade, alcun atteggiamento giudicante. Solo la volontà di cogliere un pensiero al di là delle apparenze.

È proprio così. Bisogna considerare che Giuliano era un estroverso dal punto di vista fisico, nonostante la sua difficoltà a parlare. Giocava a calcio, aveva una grande energia fisica. Sade fu per lui fulminante, e trasporre la particolare energia espressa dal testo in energia teatrale fu per lui istintivo. Un'energia primaria che Giuliano aveva dentro di sé, anche se "civilizzata". Aveva anche lui quel tipo di violenza, che era anche una specie di ribellione all'impedimento fonico che la natura gli aveva imposto. Una ribellione gestuale.

Ho sempre avuto l'impressione che il suo lavoro teatrale fosse una sorta di prolungamento di quell'energia che gli veniva fuori nello sforzo di liberare la parola.

Certamente. Sarebbe stato bello che altri uomini di teatro si accorgessero di questa particolare energia teatrale. Se Ronconi avesse visto uno degli spettacoli di Giuliano, penso avrebbe potuto apprendere molto. Credo che Pasolini abbia visto *Le 120 giornate di Sodoma* e può anche darsi che il suo Sade, non molto tempo dopo, sia venuto fuori da lì. Quel film è il brutto in cinema, il senso di devastazione che Pier Paolo sentiva nel mondo. Ormai poteva dichiararlo solo in quel modo.

Parlami del tuo lavoro per Le 120 giornate...

Per quanto riguarda la musica, ho messo a frutto la mia passione per il clavicembalo, con l'aiuto di Rosa Klarer, la bravissima clavicembalista che ha eseguito i pezzi: il leit-motiv era un minuetto, sul quale un gruppo di attori danzava facendo un avanti-indietro di grande effetto, partendo dal fondo della scena. C'era anche una sorta di marcia grottesca che tornava in vari punti dello spettacolo. Quanto all'uso del clavicembalo, non bisogna dimenticare che la ghigliottina, suggerita dal medico J.-I. Guillotin, fu realizzata concretamente da un costruttore di clavicembali. Cosa che potrebbe dare un brivido in più alla scelta.

I costumi erano molto essenziali.

Mi sono ispirato a un Settecento borghese. Redingote nere indossate sui corpi seminudi. I colori si limitavano al nero, al bianco, al rosso, con l'eccezione degli slip che erano argentati o dorati. I volti erano essenzializzati dal trucco di Goffredo Bonanni, che aveva inventato per le facce degli attori dei colori molto violenti: verde, bianco; e labbra rosse, di grande effetto drammatico. La scenografia era praticamente inesistente: spazio nero e carrelli neri sui quali venivano portati i personaggi, in una serie di caroselli. Tutto si basava sulla luce, che aveva una impostazione semplice: frontali, tagli e controluce. Ma funzionava molto bene.

Con Le 120 giornate *è finita la tua collaborazione con Vasilicò.*

Nel *Proust* è subentrato Goffredo Bonanni, che con Giuliano ha realizzato uno spettacolo che si può considerare una pietra miliare. Tra le altre cose, ha inventato quella specie di scala mobile immateriale, discendente, dalla quale, nel buio, calavano tutti i personaggi, con una musica di Berlioz rallentata. Una scena di grandiosità onirica, da incubo.

Con Musil c'è stata poi la crisi.

Non dovuta però a un arresto della vitalità di Giuliano, che anche in quel periodo è stato sempre attivissimo, un vulcano di idee che hanno motivato i suoi tanti laboratori su Musil, nei quali indagava tutti i partecipanti, che tendeva quasi a plasmare con la sua forza comunicativa e la sua generosità teatrale (ma forse non umana o sociale). Sviluppava nei partecipanti una capacità di emanazione teatrale prendendo da loro il meglio che si può trarre da una persona in una specifica situazione, in genere rivelando loro delle cose di se stessi. Gli attori avevano una specie di contraccolpo quando lasciavano il laboratorio.

A cosa va ricondotta la sua crisi secondo te?

Al fatto che è venuto a confrontarsi con un genio della letteratura come Musil. Che era anche ingegnere e una specie di profeta, un avventuriero del pensiero non concreto, ma anche un dominatore della realtà. È significativo il fatto che l'"azione parallela" di cui Musil racconta ne *L'uomo senza qualità*, impresa che avrebbe dovuto avere una forte rilevanza sociale, diventi impossibile, non si concluda. Guarda caso anche Giuliano non ha concluso il lavoro. Anche lui si è imbarcato in un'impresa impossibile. Ma nella sua crisi c'è di mezzo anche il suo perfezionismo, il suo voler arrivare a tutti i costi al nocciolo delle questioni. Al nocciolo del pensiero musiliano, in questo caso. Una scelta molto strana, poco comprensibile se si considera il Vasilicò precedente, fu quella di prendere attori "tradizionali". Un attore come Massimo Foschi, ad esempio. Che è un attore straordinario, ma anche un interprete accademico, paludato e grave, poco adatto al suo modo di lavorare e di intendere il teatro. Per Giuliano era intoccabile. Nell'ambiente si diceva che Musil assomigliasse a una figura per Giuliano molto importante, quella del padre.... Potrebbe esserci una relazione con questa scelta e forse anche con la sua crisi creativa. Per lui il padre era Ulrich, Massimo Foschi, una figura superiore, intoccabile come il padre.

Com'è stato per te, in generale, lavorare con Giuliano?

Gli spettacoli di Giuliano nascevano in un certo modo, e poi dirottavano, si frantumavano, tra liti, urla, tensioni. Portava gli attori all'esasperazione. Del resto teorizzava che l'attore esasperato rende molto di più. Si creava il caos, e poi lo spettacolo sembrava arrivare in scena quasi casualmente, a calci. Il risultato finale era assolutamente imprevedibile. Ma venivano fuori dei grandi lavori.

Sui quali Giuliano avrebbe voluto continuare a lavorare in eterno...

Avrebbe voluto sempre continuare a lavorarci. E a un certo punto erano quasi sempre gli attori che, coralmente, si rifiutavano di farlo, per mettere fine alla loro esasperazione. Un'esasperazione alla quale Giuliano li portava con i suoi continui ripensamenti, con le sue pretese di ricominciare continuamente daccapo. Mettendoli sotto un torchio che non creava volontariamente. L'esasperazione era anche la sua. Era nel suo temperamento.

Goffredo Bonanni e la scenografia come spazio dell'interiorità

Goffredo Bonanni, architetto e scenografo di formazione[1], assiste nel 1971, a ventuno anni, all'*Amleto* di Vasilicò, e ne rimane affascinato. Incontra in quel frangente il regista e da lì nasce una collaborazione che dura anni. Entra a far parte del gruppo che sta preparando lo spettacolo successivo, *Le 120 giornate di Sodoma*, del quale è Agostino Raff a curare la scenografia. Ad esso dà il suo contributo occupandosi in particolare del trucco, e svolgendo, fin dall'inizio, un ruolo critico e di stimolo riguardante anche altri aspetti del lavoro[2].
Vasilicò ragiona sullo spazio in termini di materia poetica. Non cerca nella scenografia soluzioni ambientali illustrative o mimetiche, ma un contributo sostanziale sul piano del senso, della drammaturgia, ed un elemento di relazione concreta e simbolica con gli attori. È interessato ai caratteri dimensionali, volumetrici, energetici dello spazio; caratteri che tende a mettere in rapporto con i contenuti del lavoro secondo ragioni profonde, forme, tensioni. In una intervista del 1982, molto significativa al riguardo, dichiara: «In tutti questi anni ho elaborato una teoria di cui sono assolutamente certo: ogni spazio potenzialmente può ricevere solo un suo contenuto testuale molto preciso [...], certe cose in 5 metri si possono dire, altre no: hanno bisogno di almeno 8 metri, non scherzo! Il significato di ciò che "si dice" è in relazione stret-

---

1. Alvito (FR), 1950. Studia Scenografia con Toti Scialoja all'Accademia di Belle Arti di Roma. Continua poi gli studi alla Facoltà di Architettura di Roma Valle Giulia, dove segue, tra l'altro, il corso di Scenografia di Veniero Colasanti. Attualmente vive al Cairo e lavora internazionalmente come architetto.
2. Il suo apporto a *Le 120 giornate di Sodoma* è indicato in locandina come "collaborazione artistica".

Goffredo Bonanni (avanti) e Fabrizio Boffelli in una foto di Piero Marsili, 1977

tissima con lo spazio. Ad esempio, il contenuto del romanzo *Le 120 giornate di Sodoma*, per essere espresso essenzialmente, ha bisogno di uno spazio che non vada oltre i 7 metri di profondità; per dire delle cose altrettanto significative in un grande teatro occorrono un tema profondissimo ed anni di lavoro, oppure dei geni come Eschilo o Shakespeare. Uno spettacolo di Goldoni, fatto al Quirino, non può esprimere contenuti che ci possono interessare oggi, a meno che non lo si essenzializzi e allora è sufficiente un palcoscenico di pochi metri. Lo spazio di *Proust*, lo spazio della sua "anima" era leggermente più ampio di quello delle *120 giornate*; per *Musil* ci vorrà un palcoscenico profondo 12 o 13 metri e largo 11. Quando provavamo al teatro La Piramide, che è più largo di un metro del Palazzo delle Esposizioni, ci è stato possibile parlare di più, dire cose più "a monte"»[3].

Questo modo di mettere in rapporto le dimensioni dello spazio con i contenuti è molto indicativo della sua concezione energetica, piuttosto che descrittiva o stilistica, della scenografia. A questo si aggiunge anche la considerazione dello spazio come qualcosa che si determina durante il processo di lavoro, nelle relazioni con gli attori, gli oggetti, il movimento, la luce, il suono. Qualcosa che non viene, quindi, nei suoi dati essenziali, prefigurato a tavolino, come spesso accade nelle pratiche correnti, ma che scaturisce gradualmente, nel corso delle prove, a seconda di come in queste ultime prendono forma le energie, le tensioni, i rapporti, le necessità.

Bonanni - abilissimo disegnatore, abituato a elaborare immagini e spazi con la matita e i colori - inizialmente rimane spiazzato da questa impostazione. Ma ne avverte subito le ragioni profonde e le potenzialità, e non tarda a trovarvi una sponda vitale.

Ne *Le 120 giornate di Sodoma*, idea il trucco degli attori. E il suo apporto si rivela centrale nel determinare la cifra stilistica del lavoro. Crea un trucco-maschera che, un po' come il keshō

---

3. *La ricerca teatrale in Italia: la "missione psicopolitica" di Giuliano Vasilicò*, intervista a cura di M. Canale e A. Morri, «Tuttospettacolo», supplemento al n. 1 de «La settimana a Roma», 8 gennaio 1982.

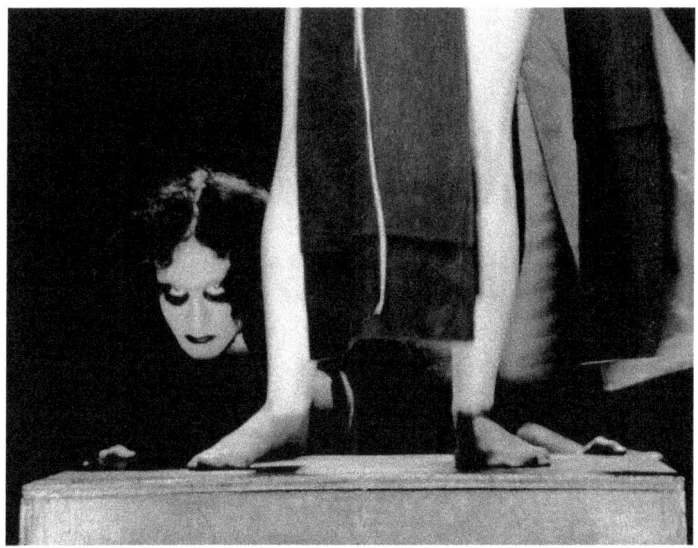

Massimiliano Mitia ne *Le 120 giornate di Sodoma*, 1972

nel teatro kabuki, copre interamente i volti con colori compatti (verde Madame Duclos; celeste il duca de Blangis; bianco o viola le vittime, con gli occhi cerchiati di nero e le labbra di un rosso intenso). I visi dei performer in tal modo divengono significative macchie cromatiche all'interno delle visioni che lo spettacolo dipana e, allo stesso tempo, elementi non naturalistici di identificazione dei "tipi" scenici. Raccoglie i capelli degli attori in alto, in un ciuffo al centro del capo, lasciando la nuca scoperta, con evidente risonanza con le acconciature cui erano sottoposti i condannati alla ghigliottina per lasciare libero corso alla lama (e, come si è detto, Sade assisteva regolarmente alle decapitazioni dalla sua cella alla Bastiglia). Le «terrificanti e derisorie apparizioni truccate di verde e di malva [...] e le capi-

---

4. G. Lista, *La scène moderne*, Actes Sud, Paris, 1997, p. 248.

gliature irsute»[4], le «facce tinte di vernici demoniache»[5] sono un elemento fondamentale dell'impatto visivo de *Le 120 giornate*, e della definizione, in esso, delle presenze attoriali. E lo sono anche della diffusione mediatica dell'evento e della sua influenza sull'immaginario del periodo. Come ha scritto Nicola Viesti, «tanto lo spettacolo riuscì ad essere forte a livello di immagine ed emozionale che diventò una specie di icona. In un volume fotografico di Christopher Makos, il fotografo preferito da Andy Warhol, alcune pagine sono dedicate proprio alle *Giornate* come esempio di icona punk. Il lavoro sulla visione di Vasilicò risultò contemporaneo ed anche anticipatore dell'universo segnico punk: per il trucco, per la foggia dei capelli, per gli abiti, per la rabbia e la violenza espresse»[6].

Dopo la parentesi de *L'uomo di Babilonia*, spettacolo che condivide poco nella sua impostazione, e che anzi segna per lui un momento di crisi rispetto alla collaborazione con la compagnia, Bonanni riprende la sua ricerca in occasione della realizzazione di *Proust*, lavoro per il quale si immerge in un lungo ed intenso periodo di studio ed elaborazione, e che costituisce un punto di svolta nella sua consapevolezza del ruolo dello spazio nello spettacolo. «La vera comprensione di cosa sia uno "spazio teatrale" – dichiara – per me è avvenuta con *Proust*»[7].

A questo lavoro, non per caso, collabora non solo come scenografo, costumista e ideatore delle luci, ma anche per la scelta dei testi e come attore. Perché gli è ormai chiaro come non sia possibile pensare e realizzare efficacemente lo spazio di uno spettacolo se non si è pienamente coinvolti nelle sue scelte di fondo e se non se ne vive la preparazione e la presentazione da dentro, partecipando alle prove, e poi in scena, come attore. «Non stavo solo a guardare dal di fuori, a pensare uno spazio, – scrive – ma

---

5. R. De Monticelli, *Il minuetto...*, cit.
6. N. Viesti, *Il teatro delle cantine alla soglia degli anni Settanta*, «Prove di Drammaturgia», n. 1, 2002.
7. *Dallo spazio proustiano allo spazio di Musil*, intervista a Goffredo Bonanni, a cura di A. Morri, «Tuttospettacolo», supplemento a «La settimana a Roma», n.1, 8 gennaio 1982.

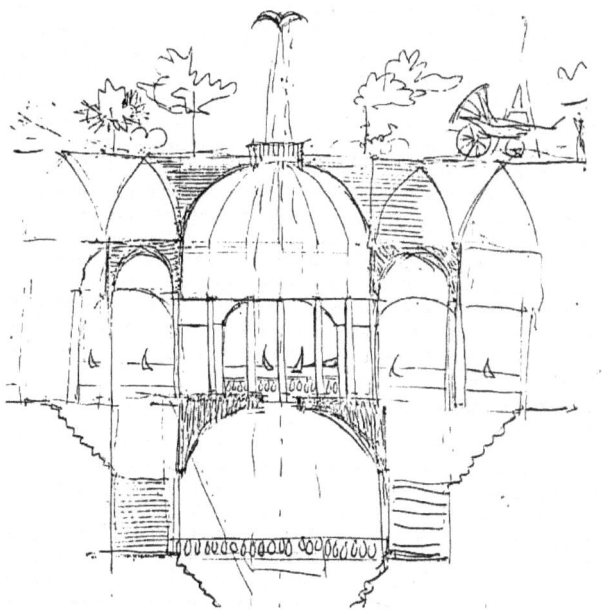

Goffredo Bonanni, studio preliminare per la scenografia di *Proust*, 1976

vivevo dall'interno uno spazio ideale. Credo che sia la condizione più giusta per uno scenografo: pensare una scena standoci dentro. All'interno si ha una sensazione dei bisogni spaziali molto più diretta»[8]. Più che sul piano degli elaborati grafici, lavora quindi fattivamente nelle prove, nelle quali trasferisce la propria capacità di "disegno", a contatto con il regista e con il gruppo, applicando al lavoro di ogni giorno, con aderenza ed ascolto, la propria sensibilità e rapidità nel trovare le soluzioni; ottenendo, con poco, esiti di grande efficacia e di grande sintesi.

La semplicità e la sintesi sono attitudini di fondo del suo operare. «La scenografia – afferma – viene anche costruita con le paro-

[8]. Ibidem.

le. Ad esempio, per rendere un salone del Settecento, a volte si commettono degli errori costruendo molte più cose di quelle che servono, perché non si è tenuto conto di una frase che già da sola ha reso mezzo salone. Gli scenografi che non seguono tutte le fasi della lavorazione spesso "ridondano": rischiano continuamente di fare "di più" di quello che sarebbe necessario»[9].

All'interno di questa visione, pensa all'attore e allo spazio come elementi reciprocamente influenti: «Un contenitore influisce e agisce sul contenuto, ma quest'ultimo a sua volta decide della forma di ciò che lo contiene. Nel caso della scenografia, la scatola scenica contiene un dramma, il quale a sua volta contiene dei corpi, gli attori, un attore contiene un *centro vitale*, un motore che è mosso e che muove. C'è uno scambio tra la scatola scenica e questo *centro* nell'attore. L'uno è la proiezione e l'immagine dell'altro»[10].

È particolarmente interessato in questa fase a certe riflessioni in ambito psicanalitico sul rapporto tra corpo e spazio interiore. Ad esempio, a quelle di Géza Róheim sulla coincidenza tra lo spazio del sogno e il corpo del sognatore, che avverte molto vicine al proprio sentire.

«La scenografia – afferma – è la comprensione dal di fuori di uno spazio interiore. È un po' come nei sogni per la psicoanalisi, dove il paesaggio sognato può essere letto come l'estensione del corpo del sognatore. [...] Tutto lo spazio è una parte di noi e questo è molto simile alla scenografia come estensione dell'autore che si sta mettendo in scena. Nel caso di *Proust,* la scenografia era l'estensione del corpo di Proust: gli attori stessi ne erano delle escrescenze. Tutto, attori, scenografia, spazio, spettatori, fa parte del sogno sognato da Proust»[11]. E infatti lo spettacolo si presenta come un unico corpo, nel quale, come si è detto, tutti sono Proust, e non c'è soluzione di continuità tra movi-

9. Ibidem.
10. *Goffredo Bonanni: la geometria dell'anima*, intervista a cura di D. Fabris, «Juliet Art Magazine», n. 3-4, giugno-ottobre 1981.
11. Ibidem.

menti spaziali e movimenti dei performer. Questi ultimi, nelle loro azioni e nelle loro parole, sembrano immersi in un liquido amniotico; e i movimenti della scena e della luce hanno qualità simili a quelle delle azioni e dei gesti.

Bonanni non è interessato a descrivere gli ambienti nei quali, nella realtà di ogni giorno, Proust si muove, ma allo spazio della sua interiorità (nel quale, comunque, anche quegli elementi "esteriori" producono la loro eco), che può essere letto come un'architettura. «Proust aveva un senso architettonico della sua anima e considerava la sua opera come una cattedrale»[12], nota; e cita in proposito un brano dello scrittore: «L'idea della mia costruzione non mi abbandona mai. Non so se il grande piano d'insieme sarà una chiesa dove i fedeli sapranno apprendere a poco a poco alcune verità e scoprire armonie, o se rimarrà come una specie di monumento druidico a sommo di un'isola, cioè qualcosa destinato a rimanere infrequentato per sempre»[13].

Si potrebbe dire che quella di Bonanni è una visione "architettonica". Ma certo non semplicemente nel senso che la scenografia è da lui pensata come uno spazio tridimensionale, magari costituito da elementi che descrivano o evochino le architetture del tempo di Proust. È piuttosto intesa come *realtà* spaziale e temporale con corrispondenze profonde con il mondo interiore dell'autore: con le strutture del suo pensiero, della sua memoria, della sua immaginazione.

È una impostazione di grande interesse, nella quale non solo l'idea del teatro e quella dell'architettura si fondono nei loro aspetti essenziali, e non solo, come detto, si presuppone una sorta di osmosi o di scambio tra spazio interiore e spazio esteriore, tra contenitore e contenuto, ma la scenografia è parte integrante e indivisibile del corpo scenico, ed è elemento vivente, con una qualità temporale: un flusso in cambiamento e in tensione, come «una modulazione di movimenti dell'anima», come ha scritto Ri-

---

12. Ibidem.
13. Ibidem.
14. A. M. Ripellino, *Le 120 giornate di Proust*, cit.

pellino nella già citata recensione dello spettacolo[14].

Bonanni individua delle corrispondenze tra spazio proustiano e figure archetipiche, che identifica essenzialmente con «il pozzo nero, il baratro, la tomba, il vortice»[15]. Suggestioni che nello spettacolo non danno luogo a descrizioni. Sono sostanza agente. Un ruolo specifico svolge in questo la luce, messa in campo come materia mobile, energetica, poetica e ritmica, e come veicolo di senso. In *Proust*, la luce, scrive Roberto De Monticelli, crea «uno spazio d'incubo, tutto affondato nel nero, con un cerchio di luce, sopra, che allarga sul palcoscenico una bolla estatica. Di tratto in tratto, fra un'intermittenza di buio e l'altra, questa bolla scoppia, diventa un lampo accecante e fermo, un istante fisso, uno di quei fuochi della memoria che non possono mutare mai, vibrano soltanto crepitando della loro stessa intensità»[16].

Nella prospettiva della creazione di un film su Proust che poi non viene realizzato, Bonanni elabora un grande dipinto su carta, che chiama scherzosamente "la pala", che, più di quanto non possano fare i bozzetti, visualizza il rapporto tra elementi della vita, del pensiero e della memoria proustiani e l'idea dello spazio nello spettacolo. Nel crearlo, segue anche suggestioni che provengono da esperienze storiche che gli stanno a cuore, come, tra l'altro, i "teatri della memoria" rinascimentali[17] e le mnemotecniche antiche. «Il disegno – spiega – è la sintesi del rapporto stabilito tra la psicologia proustiana ed un'architettura ideale ad essa corrispondente. Possiamo anche chiamarla l'"edificio della memoria proustiana", l'insieme cioè della memoria personale di Proust concretizzatasi nella scrittura del suo romanzo. Guardando il disegno nascono immediatamente associazioni e paralleli. Si possono ipotizzare esperienze interiori, spirituali, analoghe a quella proustiana, sotto architetture simili a quella ottenuta nel disegno. Si può pensare ai sistemi classici della memoria artifi-

---

15. *Goffredo Bonanni: la geometria...*, cit.
16. R. De Monticelli, *Proust voyeur...*, cit.
17. Uno dei suoi punti di riferimento, in questo, sono gli studi di Francis Yates, in particolare *L'arte della memoria*, (1966), Einaudi, Torino, 1972.

Goffredo Bonanni, "studio di spazio interiore" per *Proust*, 1976

un teatro apocalittico

Goffredo Bonanni, studio di scenografia per *L'uomo senza qualità*
da Robert Musil, primi anni '80

ciale, tramandati dall'antichità, attraverso l'uso che ne hanno fatto la retorica, le scienze morali del medioevo, i movimenti ermetici ed esoterici, che stabilivano proprio un rapporto tra "luoghi" architettonici e "cose" e "parole" da ricordare»[18].
Dopo *Proust*, Bonanni partecipa al progetto Musil, rispetto al

---

18. *Goffredo Bonanni: la geometria...*, cit.. Cfr. anche L. Melissa, *L'edificio della memoria proustiana*, «Casabella», n. 461, settembre 1980.

quale prosegue nella sua direzione di ricerca, trovando nell'opera dello scrittore austriaco possibili ulteriori spunti. Cita, ad esempio, una frase molto indicativa del grande romanzo musiliano *L'uomo senza qualità*, detta da uno degli artisti del salotto di Diotima: «dobbiamo entrare nell'anima umana e fissarla nelle tre dimensioni»[19]. Stabilisce delle coordinate diverse rispetto a quelle individuate per Proust. Per Musil, ricorda, «ho immediatamente capito che funzionava uno spazio orizzontale: lui stesso dà delle descrizioni del suo senso dello spazio; ne parla come di una tavola, immagina di muoversi sempre orizzontalmente, parla di treni»[20]. Produce una serie di elaborati (anche bozzetti e figurini, questa volta: del resto lo spettacolo su Musil, del quale qui non ci occupiamo, parte su presupposti diversi rispetto ai precedenti lavori, con testi preparati per attori di mestiere, azioni prefigurate, ecc.), che esprimono un'idea di spazio coerente con queste osservazioni. Se «lo spazio di Proust – scrive – era quello verticale, della tensione verso l'alto, dalla salita sulla guglia più alta della cattedrale gotica, alla caduta nel tunnel nero della malattia e della morte», quello di Musil si può invece identificare con «il doppio cono ottico, anche questo un pozzo all'infinito»[21], ma frontale.

Per la prima dello spettacolo realizza una scenografia costituita da una serie di quinte mobili su "strade", attraverso le quali lo spazio, nel corso dello spettacolo si può allargare e approfondire; e da un fondale-cielo montato su rullo per lo scorrimento verso l'alto, in modo da poter dare ad un certo punto l'idea di uno sprofondamento dell'intera scena. Soluzioni di grandissimo interesse, che però, nelle tormentate vicende di questo lavoro, il regista non riesce, suo malgrado, a utilizzare.

19. Ibidem.
20. Ibidem.
21. Ibidem.

Intervista a Goffredo Bonanni

Come hai conosciuto Giuliano?

Erano i primi anni '70. Con alcuni amici che frequentavano la mia stessa scuola di teatro a Roma andammo in autostop in Sardegna a vedere il suo *Amleto*. Il lavoro mi impressionò. Giuliano aveva fatto uno spettacolo nel quale c'erano solamente quattro personaggi: Amleto, Ofelia, il Re e la Regina. Ma in Sardegna mancava Ofelia. Lucia Vasilicò, che la interpretava, non era potuta andare, e quindi Giuliano dovette ridistribuire alcuni contenuti ed alcune azioni che appartenevano ad Ofelia su di sé, che faceva Amleto, e sugli altri due personaggi. Interpretò lui stesso la pazzia di Ofelia. Questo mi colpì molto. Fu un'anticipazione di qualcosa che compresi col tempo, e cioè che Giuliano intendeva i personaggi innanzitutto come dei tramiti che l'autore usa per esprimere se stesso, come del resto è sempre nei grandi autori, Shakespeare, Molière. O Pirandello. Basti pensare a *Sei personaggi in cerca d'autore*. Le "parti", con determinati accorgimenti, potevano essere spostate da un personaggio all'altro, perché il vero "personaggio" è Shakespeare. Mi impressionarono anche la gestualità e l'uso della parola. La parola era forte e significativa quasi come una "maschera". La parola era per lui qualcosa che "misura" il mondo, che ha una sua importanza e un suo "peso", come nella magia. Ed era ritmo. Un ritmo del quale anche il silenzio è parte costitutiva. Al centro c'era il problema del dire, di trovare la Parola. Una cosa che anche mi colpì era la sostanziale assenza di scenografia. In Amleto c'era uno spazio vuoto con degli oggetti, tra i quali il più importante era il doppio trono dorato disegnato da Raff. Questo, per me che volevo diventare scenografo, fu quasi uno choc. Ma quando Giuliano, in quella occasione, mi chiese di aiutarlo, accettai. C'era molto altro ad interessarmi nel suo lavoro. Così, tornato a Roma, mi misi a lavorare con il gruppo alla preparazione de *Le 120 giornate di Sodoma* al Beat 72.

Quello che dici sull'importanza della parola nel lavoro di Giuliano contrasta con l'etichetta di "teatro-immagine" che gli veniva attribuita e che tuttora viene usata quando si parla di lui.

È una definizione assolutamente inesatta. Giuliano lo diceva sempre. E lo pensavamo tutti noi della compagnia. Era una specie di condanna che ci veniva impartita per motivi a noi sconosciuti, un'imprecisione basilare. E forse anche uno degli elementi che stavano alla base della poca simpatia che intercorreva tra Giuliano e una parte della critica.

In effetti non ho mai sentito Giuliano parlare di immagine o di luce. Mi sembra le vedesse come parti non distinguibili rispetto al resto. Non aveva senso parlarne come fatti in sé. Allo stesso tempo, proprio perché componenti essenziali del tutto, non penso si possa dire che non fossero importanti per lui...

O che non avesse una particolare sensibilità per questi aspetti... La luce, nel lavoro di Giuliano, ha avuto grande importanza. L'ha avuta, ad esempio, in termini di tempi e di ritmo. E come mezzo per plasmare lo spazio. Ed è stata un elemento importante della mia collaborazione a *Le 120 giornate di Sodoma*. Ricordo che, il giorno della prima, dopo che Raff aveva sistemato le luci, mi trovai alla *console* per la prima volta a dare il ritmo al susseguirsi delle scene. Sono sempre stato alla *console*, in tutte le repliche. E stando alla *console* mi sentivo, durante lo spettacolo, dentro la sua energia, partecipandovi direttamente, quasi come un personaggio. Infondendola. Potendo determinare come andavano le cose, le uscite, i tempi delle azioni, mi sentivo una presenza sadica. In alcuni momenti urlavo, per aiutare gli attori a farlo anche loro, quando ce n'era bisogno.

Per Le 120 giornate *hai curato anche il trucco degli attori.*

Non lo chiamerei "trucco", se per trucco si intende una tecnica per migliorare l'aspetto dell'attore. In realtà si trattava di trovare un'altra faccia. Lucia Vasilicò, che era Madame Duclos, per dire le cose che diceva, non poteva avere un volto "normale", incipriato come una dama del Settecento. Bisognava che il trucco, la "cipria" rivelasse una divinità, un animale, un insetto, un serpente. Avevo pensato dovesse avere il viso dipinto di un verde compatto. E lei ogni sera se lo dipingeva totalmente di verde. E anche gli altri attori avevano i visi dipinti in modo compatto: Fabio Gamma, che faceva il Despota, di celeste; le vittime-uomini di viola; le vittime-donne di bianco.

Simone Carella ha affermato una cosa che mi sembra vera: che Giuliano, nelle prove, usava il conflitto come metodo di lavoro. Per tirar fuori energia dagli attori, per farli rivelare.

Sì, è vero, in un certo senso. Ma forse si potrebbe dire che, più in generale, usava le *relazioni* come metodo. Lavorava anche sulle affinità tra le persone. Tra l'altro, tutti venivano coinvolti direttamente nella creazione dello spettacolo. Ognuno di noi si sentiva invitato a inventare, e a fare da "regista" in certe occasioni. C'era molta partecipazione da parte di tutti sul piano creativo.

Dopo Le 120 giornate di Sodoma, *hai collaborato a* L'uomo di Babilonia...

La ricordo come un'esperienza fugace. Quel lavoro non mi interessava. Non mi riguardava. Mi sono limitato a dare un aiuto esterno, a realizzare alcuni oggetti. Ero poco coinvolto. Era un momento nel quale avevo quasi deciso di lasciare la compagnia. Poi Giuliano mi convinse a tornare per *Proust*.

E lì hai avuto invece un ruolo molto importante, non solo perché hai progettato le scene, i costumi e le luci. Ti sei occupato dei testi e hai lavorato in scena come attore.

Ed ero quello che parlava di più. Per i testi avevo attinto molto, oltre che alla *Recherche*, alle lettere, quindi alla dimensione personale di Marcel. La chiave che ne è venuta fuori è stata quella dell'"eccitazione per la morte", della *libido moriendi* proustiana, che poi ha permeato tutto lo spettacolo. Anche per *Proust* vale quanto ho detto per *Amleto*. Il vero personaggio era l'autore, non i personaggi delle vicende narrate. In un certo senso, in scena impersonavamo tutti Proust nei diversi momenti della sua vita interiore. Stare in scena durante le prove è stato per me importantissimo per comprendere tutto il resto: cosa bisognava dire, gli oggetti, lo spazio, la luce. Non disegnavo i costumi, li realizzavo direttamente sugli attori.

Anche in Proust *la luce era molto importante. La famosa scena delle scale, che molti critici ricordano come uno dei momenti più alti del teatro di quegli anni, e che è stata una tua invenzione, era realizzata con un semplice ed efficacissimo uso delle luci di taglio, che non facevano vedere le due scale nere a libretto accostate dalle quali, su due file, scendevano i personaggi. Si vedevano gli attori che misteriosamente emergevano dal buio nella parte alta della scena e poi calavano in una lenta processione immateriale.*

Era un momento importantissimo. L'idea iniziale mi era venuta dall'immagine della discesa dalle scale nei saloni dell'Opera di Parigi, nelle pause tra gli spettacoli, nella quale i personaggi della mondanità parigina si mostravano in pubblico. Ma la scena era molto altro. C'era l'idea della morte, del funerale. E c'era la sfilata dei personaggi di Proust richiamati in vita nei suoi ricordi, il flusso della sua memoria.

Mi emozionava sempre moltissimo anche la scena che, con un cambiamento repentino, veniva subito dopo. Una scena atmosferica, di luce intensa, su un fondo bianchissimo. Nello spazio di per sé angusto del Beat 72 si passava in pochi secondi da quella cupa processione ad una dimensione opposta, vasta, di aria aperta.

Era una scena di mezzogiorno nella campagna assolata di Proust bambino. C'era il rumore delle cicale.

Un altro momento "luminoso" e aperto era la scena che chiamavate delle "invenzioni". Nella quale alcuni attori ne portavano altri che simulavano il volo aereo, sostenevano oggetti tecnologici, ecc., come in una giostra.

Era un riferimento alle Esposizioni Universali. All'eccitazione per le nuove invenzioni tecnologiche nei primi del Novecento, l'aeroplano, il telegrafo, i nuovi ritrovati: la vita da cui Proust si sentiva escluso.

Hai accennato al fatto che per Proust tendevi a non fare bozzetti e figurini per le scene e i costumi, ma a costruire tutto nello spazio. Hai però realizzato dei grandi disegni, come quello che chiamavi la "pala", una specie di "spaccato" del mondo interiore di Proust, della sua memoria.

L'ho creato mentre stavamo già provando il lavoro su Musil a Palazzo delle Esposizioni, dove poi il disegno è stato esposto in occasione di una mostra sulla ricerca teatrale italiana[1], insieme al "tondo" che raffigurava gli assi verticale e orizzontale che avevo associato rispettivamente a Proust e Musil.

Se dovessi dire, in poche parole, quali sono i tratti caratteristici del lavoro di Vasilicò ... cosa diresti?

Una cosa importante e peculiare del suo lavoro erano le prove, che erano un'esperienza umana molto forte e molto coinvolgente. Non erano prove nelle quali si provano testi già esistenti. Erano delle lunghe "sedute" di gruppo nelle quali conducevamo una ricerca su aspetti profondi riguardanti l'autore sul quale si stava lavorando, e non solo. Quasi sedute psicanalitiche, in un certo senso. E poi il teatro inteso come mistero. Non solo nel senso di qualcosa che non si conosce, ma come rito. Con Vasilicò ho imparato a leggere le grandi opere letterarie. Ho letto la *Recherche* di Proust e *l'Uomo senza qualità* di Musil almeno venti volte. Ma la loro vera comprensione è avvenuta per me nel lavoro di gruppo nello spazio, attraverso la ricerca della "chiave" che ci permettesse di tradurre scenicamente queste opere.

---

1. *T60-70. Vent'anni di ricerca teatrale in Italia*, a cura di G. Polacco, Palazzo delle Esposizioni, Roma, 13 maggio 1980.

Testimonianze

Il "Sistema" Vasilicò[1]

di Simone Carella

Quando iniziai a occuparmi del Beat 72, nel '71-'72, Giuliano Vasilicò era già lì. Aveva già fatto alcuni spettacoli, come *Missione psicopolitica*, che non ho visto, e *Amleto*, che era in scena proprio quando arrivai: uno spettacolo notevole, devo dire, nel quale c'erano solo quattro attori: Giuliano, sua sorella Lucia, Ingrid Enbom, Dimitri Tamarov. Era uno spettacolo notevole sia per il tipo di sintesi che operava, con solo quattro personaggi, che per il ritmo. Giuliano aveva una forte attenzione al ritmo teatrale: nella sequenza delle scene, in quella degli attori, nel registro attoriale, il ritmo era importantissimo. Lo spettacolo era molto scansionato. La successione delle scene era ben studiata nelle sue dinamiche. In questo era molto importante anche l'alternanza della luce e del buio, delle entrate e delle uscite.

Già in questo lavoro si sentiva, si capiva, che Vasilicò teneva insieme tutto basandosi sulla tensione che creava durante le prove e, in una certa misura, anche sulla conflittualità tra gli attori e tra i personaggi. Per questo motivo tendeva a prendere attori "prime donne". E adattava spesso i personaggi alle loro persona

---

1. Testimonianza raccolta nello studio romano di Simone Carella, il 20 aprile 2016. Nella rielaborazione editoriale si è volutamente mantenuto il carattere discorsivo della testimonianza registrata.

Simone Carella in una foto di Claudio Di Domenico

lità. Nei camerini si creavano le situazioni più incredibili, litigi continui che si interrompevano con l'inizio dello spettacolo. Una delle situazioni più clamorose, che mi è stata raccontata sia da Dimitri Tamarov che da Lucia (non vi assistetti personalmente, anche se la sera stavo quasi sempre al Beat), fu questa: Dimitri si innervosì terribilmente perché Lucia, mentre lui recitava, entrava spesso in scena in anticipo, rubandogli parte della battuta. Una sera decise di anticipare Lucia, interrompendo lui stesso la propria battuta ed uscendo di scena per vendicarsi proprio nel momento critico, e tentò di darle uno schiaffo dietro le quinte. Che Lucia però riuscì a schivare. E fu Giuliano ad essere colpito in pieno. Ecco, questa era l'atmosfera, anche divertente, se vuoi. Alla base del lavoro di Giuliano c'era proprio il fatto di creare una grande tensione durante il lavoro.

Dalla fine del '71 cominciai a stare fisso al Beat. Ci dormivo anche. Venne la stagione clamorosa del '72 (tanto clamorosa che alcuni hanno pensato che il nome Beat 72 sia derivato dall'anno '72, e non dal numero civico). Mettemmo in piedi una stagione teatrale vera e propria. Mentre prima venivano ospitati e accolti tutti quelli che chiedevano di poter usare lo spazio per fare uno spettacolo, da un certo punto in poi cominciai a dire di no, perché volevamo creare una programmazione sensata, fare quello che fa un teatro vero. In precedenza c'era già stata la stagione de "I lunedì della musica contemporanea", che era veramente notevole. Quando riguardo quei programmi, mi chiedo come facevamo a fare ogni settimana concerti di quel livello. Purtroppo non sono rimaste registrazioni, a quell'epoca non avevamo i mezzi, ma neanche ci pensavamo a documentare gli eventi, stiamo parlando pur sempre del '71-'72. Gli artisti erano quelli del rinnovamento musicale: Giuliano Zosi, Domenico Guaccero, Ennio Morricone con il gruppo Nuova Consonanza, e via dicendo. Sulla base di quell'esperienza settimanale, avanzai l'idea di creare una stagione teatrale, che poi fu composta da quattro spettacoli che risultarono memorabili: *Le 120 Giornate di Sodoma* di Giuliano Vasilicò, *Pirandello Chi?* di Memè Perlini, *La conquista del Messico* di

Bruno Mazzali e *L'Angelo Custode* di Giorgio Marini, su testo di Fleur Jaeggy.
Nel periodo di preparazione degli spettacoli, bisognava dividere il tempo di utilizzo dello spazio tra i diversi registi. In certi momenti le prove di Giuliano si sovrapponevano a quelle di Memè Perlini, che era al suo primo spettacolo da regista. Dovevo badare che non si creassero eccessivi conflitti. Memè mi diceva che doveva mettere la sabbia in scena e io gli ricordavo che poi doveva portarla via per lasciare lo spazio a Giuliano. Erano molto diversi i due registi: Memè aveva un suo furore iconoclasta, avanguardista, veniva dall'esperienza con Giancarlo Nanni, *A come Alice*, il teatro la Fede; Giuliano era più rigoroso, entrava molto nell'autore. Non che Giuliano, lavorando a *Le 120 giornate*, si identificasse con Sade, o perlomeno, non credo, però cercava di ricreare con precisione le atmosfere del romanzo: il castello, le segrete, la chiusura. Non lavorava tanto sui personaggi quanto sui tipi: il tipo dominante e il tipo soccombente. Era questa la dialettica nello spettacolo: il carnefice e la vittima. Sfruttava al massimo le potenzialità di ciascun attore; ad esempio, la megalomania, diciamo così, di Fabio Gamma, o il carattere prepotente di Lucia. Lo faceva con tutti, anche con Bruno Sais e con altri attori. Che tendeva a plasmare fortemente.
Non è che assistessi spesso alle prove di Vasilicò, anche perché sentimentalmente ero più legato al tipo di avanguardia rappresentata da Memè Perlini, che tendevo anche a sostenere di più, perché era al suo primo spettacolo. Memè lo conoscevo come attore, non come regista, quindi tendevo a tutelarlo di più, anche se poi mi accorgevo che non ne aveva bisogno. Memè è sempre stato molto volitivo, molto deciso, sapeva bene quello che voleva. Si trovò in questo nuovo ruolo, con persone nuove, come ad esempio Rossella Or, che all'epoca aveva sedici anni. L'avevo incontrata tempo prima a Campo de' Fiori e un giorno venne da me dicendomi che voleva fare l'attrice, studiare all'Accademia d'Arte Drammatica. Le dissi: "Ma che ci vai a fare all'Accademia? Vieni al Beat e fai subito uno spettacolo". Memè e Rossella si incontrarono e si piacquero subito, erano due sensibilità e due

personalità che si attraevano. Erano ambedue molto attraenti. A *Pirandello chi?* partecipò anche Ornella Minetti, un'attrice che aveva lavorato con Carmelo Bene nel film *Nostra signora dei turchi*, con un altro nome, Ornella Ferrari.
Giuliano, che stava al Beat da più tempo, si sentiva un po' il padrone. Come ho detto, c'era la questione degli orari. Spesso le prove di Giuliano non terminavano quando avrebbero dovuto, ed ero costretto a cacciarlo. Così si creava molta conflittualità, ma una conflittualità bella, creativa, fatta di scherzi, di giochi. C'era anche questa opposizione tra il "teatro nero" e il "teatro bianco": Memè era il teatro bianco: aveva bisogno che le pareti fossero bianche; Vasilicò il teatro nero, perché aveva bisogno delle pareti nere. Una sera, un po' per dispetto, dipingemmo le pareti di bianco e quando il mattino dopo arrivò Giuliano iniziò ad urlare, pretendendo che le pareti fossero ridipinte di nero e di recuperare il tempo perduto per le prove. Tutto si basava sulla conflittualità, non solo tra Giuliano e i suoi attori, ma anche con le altre persone del teatro, con Memè, con tutti! Giuliano non sopportava la presenza degli altri, avrebbe voluto che tutto fosse rimasto come prima, quando c'era solo lui e faceva il bello e il cattivo tempo, perché Ulisse Benedetti lavorava e non stava mai in teatro. Io invece lo contrastavo e regolavo i tempi delle prove. Per Memè era tutto un gioco. Mentre Giuliano e i suoi attori si irrigidivano. Giuliano voleva imporre il suo status di dominus, di regista.
Durante le prove ogni tanto origliavo, e sentivo questo litigare continuo. Ed era in quella situazione che, mano a mano, si costruiva *Le 120 Giornate di Sodoma*, con l'ingresso dei carrelli, i costumi, le prove con la musica, arrivava Agostino Raff con le musiche... Una cosa credo sia degna di essere raccontata e un po' la sto già raccontando: quello che chiamerei il "Sistema Vasilicò", il suo metodo registico. Giuliano chiamava tutti gli attori attorno a sé per dare ad ognuno un compito: descriveva una scena e diceva loro di provarla: "adesso la preparate: vi disponete in scena e decidete voi come farla, le entrate, le uscite e tutto". Di solito non c'era molto testo in queste scene, solo piccole frasi

o urla, ma il tutto serviva a creare ritmo: entrare, uscire, scomparire, entrare, uscire... Poi andava via, usciva proprio dal teatro, chiudeva la porta... o mi urlava di chiudere la porta... e dopo un quarto d'ora tornava, bussava e diceva: "Sono Giuliano! Fatemi entrare!". Ma non dovevo essere io ad aprire, doveva essere uno degli attori, che doveva fare le scale e aprire. Lui scendeva, gli attori si facevano trovare pronti e gli mostravano la scena che avevano preparato. Erano situazioni molto particolari e molto divertenti. Giuliano ha sempre costruito così i suoi spettacoli.
All'inizio, durante le prove delle *120 giornate di Sodoma*, trovavo questo sistema molto strano, sorprendente, ma poi mi sono reso conto che invece era molto efficace, proprio perché gli attori entravano in una grande tensione. Discutevano tra loro sul da farsi, sull'ordine delle entrate, con l'ansia che Giuliano bussasse alla porta, arrivasse prima che la scena fosse pronta. Era una tensione drammatica, drammaturgica. Gli attori creavano il loro personaggio in base alla situazione nella quale si trovavano, ai conflitti che si creavano tra loro. Non dovevano eseguire qualcosa che il regista aveva detto, ma ideare loro stessi la scena e poi presentarla, sottoponendola al "giudizio del regista". La cosa andava avanti così, tutti i giorni Giuliano faceva le prove in questo modo, il suo "sistema" di regia era questo. Ma, certo, per arrivare a questo, si facevano prima ore e ore di discussioni.
Gli attori contribuivano a far aumentare la tensione. Erano tutti molto indisciplinati. Chi faceva per conto suo, chi se ne andava, chi tornava, chi riusciva... Proprio per far inquietare Giuliano e contribuire al litigio collettivo. Quando gli attori non si facevano trovare, Giuliano si metteva ad urlare. Gli attori, per contrasto, creavano anche loro delle situazioni, azzardavano, magari non si facevano trovare e lui allora li chiamava: "Bruno! Fabio!" (Bruno Sais, Fabio Gamma, *ndr*) e loro non rispondevano. "Dove siete?!!!". Era un urlare continuo. La stessa cosa è successa anche durante le prove di *Proust*, qualche anno dopo, dove gli attori erano in maggior numero e la baraonda aumentava.
Giuliano creava delle tensioni e delle provocazioni anche di tipo erotico. Questo è successo anche durante la lavorazione di

Proust. L'attore che faceva Proust da giovane, Massimo Napoli, era come un bambino smarrito in un covo dei lupi, tutti lo inseguivano, soprattutto Renzino [Renzo Rinaldi, *ndr*], e lui scappava da tutte le parti, si nascondeva nei bagni... I litigi erano continui. Lucia faceva la prima donna, Fabio non voleva farsi avvicinare da nessuno, Renzino correva appresso a Massimo... Ma era una situazione che Giuliano a modo suo governava molto bene. Faceva quasi finta di niente, ma era lui stesso a suscitare queste atmosfere e queste situazioni un po' torbide, che erano assolutamente parte del suo modo di lavorare.

Proust era uno spettacolo molto bello, per certi versi diverso dalle *120 Giornate,* perché nonostante il modo di creare ritmo fosse lo stesso, in *Proust* era tutto più ammorbidito, più fluido nella successione delle scene, dei quadri. Nelle *120 Giornate* c'erano più che altro delle scansioni, dei flash. In *Proust* c'erano delle sequenze fluide, i quadri entravano uno dentro l'altro, c'era una continuità più narrativa.

Il lavoro su *Musil* invece non l'ho seguito. Giuliano ebbe un grande successo con le *120 giornate*, e un grande ritorno sulla stampa. Al Beat vennero critici importanti che non si erano mai visti prima, come Elio Pagliarani, Renzo Tian, lo stesso Ripellino. Lo spettacolo fece una bella tournée internazionale. Poi Giuliano realizzò *L'uomo di Babilonia*, in un altro teatro, che non ho visto, e tornò al Beat per fare *Proust*. Dopo *Proust* non saprei dire bene cosa sia successo. Non l'ho più seguito. Nel frattempo, al Beat, cambiammo un po' la politica. Cominciammo a dare spazio ad altre esperienze. Cercai di arginare quel tipo di cose. Ero un po' in conflitto col teatro che facevano Vasilicò o Mazzali. Preferivo esperienze più legate alla performance, alla musica, alle arti visive. Arrivarono altri gruppi, la Gaia Scienza, il Carrozzone, insomma, si allargò la proposta. Cercai di creare una dimensione più fluida, più dinamica, più aperta ad altre situazioni.

Un anno restammo chiusi. Al Beat ci mettevamo a giocare a carte e a ping pong. Ma portammo avanti delle iniziative fuori. Volevamo creare un organismo più vivace, più intraprendente, non volevamo una proposta artistica che fosse incentrata unicamente sulla messa in scena di uno spettacolo, anche se molti me lo chiedevano. Venivano in tanti a proporre degli spettacoli e io dicevo: "no, questo tipo di spettacoli andate a farli da un'altra parte". Mi dicevano "tu non mi vuoi far fare lo spettacolo" e io rispondevo "no, non è che non ti voglio far fare lo spettacolo, tu lo puoi fare, ma vai da un'altra parte". E mi odiavano. Così ci inventammo le serate di poesia il sabato, il Festival dei poeti... Dal '72 al '79 sono successe tantissime cose.

"Per capire la corrente elettrica devo ricorrere al mito di Prometeo"

di Enrico Frattaroli

Ho iniziato a lavorare con Giuliano Vasilicò nella primavera del 1976, come attore in *Proust*. Era stato Enzo Mazzarella, mio compagno di università, che già da qualche mese lavorava con lui, a segnalarmi a Giuliano. Entrai nel lavoro – ormai in prova da nove mesi – per sostituire uno degli attori che, stanco della continua dilazione del debutto, aveva dato *forfait*. «Una volta messo in scena, non ti si può togliere», mi disse a un certo punto il maestro!
Mi ritrovai immerso, di colpo, in un flusso cangiante di situazioni, di scene, di immagini. Vasilicò articolava il suo lavoro in scene separate, conchiuse. Ogni giorno ne cambiava la combinazione e ne inventava di nuove. Ad ogni scena dava un titolo: il "Giardino", la "Colonna Vendôme", i "Ritratti", la "Scala": ognuna traduceva un evento della *Recherche* e si caricava, al tempo stesso, di un senso più ampio, emblematico, che ne oltrepassava il valore letterale. Nel corso delle prove, alcune scene scomparivano mentre altre, temporaneamente abbandonate, tornavano. Un *ordo* paratattico in base alle cui imperscrutabili leggi il lavoro si modificava di giorno in giorno. Molto di quanto emergeva non sarebbe approdato alla forma visibile del lavoro compiuto, ma sarebbe restato impigliato nelle sue fibre. Era come un procedimento biologico, organico, in cui alcune forme nascevano

Enrico Frattaroli (destra) con Fabrizio Boffelli in *Proust*, 1976 e morivano, mentre altre continuavano ad esistere. E c'era un principio primo rispetto al quale tutto si organizzava, si legava, trovava coerenza: *funzionava*, come lui diceva. Qualcosa di analitico e di esoterico insieme.

Questa sua maniacale, ossessiva, quotidiana verifica di ogni scena, di ogni soluzione, mi si confaceva. Avevo notato come molti teatranti di quel periodo credessero di realizzare quanto avevano pensato senza accorgersi di quanto ne fossero rimasti lontani. L'incessante verifica del rapporto tra intenzioni ed opera – che mi sembrava di ravvisare allora nel suo operato – sarebbe stata, con diversi esiti e implicazioni, un principio della mia *poiesis* a venire.

In *Proust*, Giuliano non aveva un testo drammaturgico da tradurre in teatro, componeva le sue scene empiricamente: in *quello* spazio particolare, in *quel* preciso istante, con i corpi di *quegli* attori. Oserei dire con le loro stesse biografie, con i personaggi che erano già in potenza, *in nuce*. Forse non è un caso che il suo lavoro più eclatante, *Le 120 giornate di Sodoma*, fosse basato sulla potenza fisica e conflittuale dei corpi, di quei corpi. E non si valuterà mai abbastanza quanto l'antro del Beat 72 sia stato imprescindibile matrice per il suo lavoro. E quanto alcuni attori, come Fabio Gamma o la sorella Lucia, fossero insostituibili, o almeno paradigmatici, in ciò che con loro aveva creato. Basti pensare che, a una settimana dal debutto di *Proust*, Fabio fu richiamato *ab originis* per ri-sostituire l'attore che lo aveva sostituito, e che aveva provato per mesi e mesi la sua parte, della quale restava lui l'attore (o l'ur-personaggio?) per antonomasia. Idealmente, le sue opere erano irripetibili al di fuori del luogo, del momento in cui e degli attori con cui erano state realizzate. E forse questo spiega, almeno in parte, anche l'*impasse* irresolubile del suo dopo-Musil.

La compagnia di *Proust* era assai particolare, composta da personaggi eccentrici (un aspetto che, in una certa misura, tutte le compagnie dell'avanguardia romana condividevano), molti dei quali arrivati al teatro da non professionisti e ognuno con singolari motivazioni o eccentricità. C'erano animate discussioni, continue diatribe. Tutti erano invitati a discutere su quanto si faceva (un altro tratto dell'epoca). Io mi sentivo estraneo al linguaggio e alla logica dei loro discorsi, ma l'atmosfera era inedita e coinvolgente. Nei ragionamenti che Vasilicò e Goffredo Bonanni – anche lui una figura insostituibile, non solo scenografo e costumista, ma anche attore e co-sceneggiatore – perseguivano *in primis* e insieme ai veterani del gruppo, si ricercava Proust attraverso la *Recherche*, l'uomo attraverso l'opera, letta quasi come un sintomo del suo essere. Una prospettiva inversa a quella che sarebbe stata la mia, focalizzata sulle opere, sulla scrittura. Le prove erano sfiancanti. Alle porte dell'estate, ricordo, tutti avremmo fatto volentieri una pausa, ma Giuliano ci convinse a continuare, infiammandoci con un discorso retorico, e tuttavia convincente, sull'importanza del lavoro che stavamo facendo, sul prestigio internazionale della sua figura, ecc. ecc... Così continuammo a lavorare, senza interruzioni, fino al debutto, che avvenne nel dicembre successivo, ancora sei mesi dopo. D'altra parte, facevamo teatro per pura passione: soldi ce n'erano pochi e una produzione così lunga e impegnativa sarebbe stata insostenibile se si fossero elargiti adeguati compensi agli attori. Fu solo nel mese successivo al mio ingresso in compagnia, era l'aprile del 1976, che cominciammo a percepire uno stipendio di ottantamila lire al mese.

Il lavoro con Vasilicò fu per me una pietra angolare, anche se non posso dire che il mio modo di lavorare sia derivato direttamente dal suo o dalla cosiddetta "scuola romana" in genere – di cui lui era parte, in cui io non mi sono mai riconosciuto del tutto, ma nella quale e in scarto critico dalla quale mi sono formato. Essenzialmente, Giuliano mi diede l'occasione di ricondurmi a me stesso. Mi ero già dedicato, da adolescente, alle arti visive, alla musica, al teatro, e frequentavo la facoltà di Lettere e Filosofia con indirizzo estetico, ma non avevo mai pensato al teatro, alla musica o all'arte in genere come a mie possibili dimensioni professionali. Vasilicò fu per me l'occasione di riconoscere, e confermare a me stesso, la mia irrinunciabile vocazione d'artista.

un teatro apocalittico

Lavorai anche con Lucia Vasilicò, in veste di aiuto-regista e di attore, nel suo spettacolo *La casa trasparente*. Era un lavoro itinerante, che si svolgeva all'aperto, in campagna, nella zona di Prima Porta, lungo il Tevere: dalla casa di Lucia al fiume. Il personaggio impersonato da Lucia usciva di casa invasata dal dolore per la notizia, appena sopraggiunta, che suo figlio era affogato nel fiume. Ma ad una svolta del percorso incontrava me, uomo in doppiopetto gessato e borsalino, capace di distoglierla al punto da consumare un amplesso all'interno dello scheletro in cemento armato di un edificio abusivo rimasto incompleto (la "casa trasparente", appunto) per poi continuare, sulle orme di una vecchia affabulatrice, fino al greto del fiume, dove un idolo, un corpo vivo incrostato d'oro e d'argilla, veniva trascinato fuori dall'acqua e una regina elisabettiana sopraggiungeva a cavallo dal fondo dei campi. Una terribile premonizione di quanto avvenne qualche anno dopo: la morte di suo figlio Simone, proprio in quel luogo, per una fatale caduta da cavallo.

Dopo *Proust*, continuai a collaborare con Vasilicò – in questo caso da assistente alla regia – al progetto su *L'uomo senza qualità* di Musil, ma me ne allontanai prima che ne iniziasse le prove: era ormai tempo di dedicarmi alla *recherche* del mio teatro.

Lo spettacolo su Musil fu – a mio giudizio – un fallimento, una caduta che non mi aspettavo da Giuliano, nelle cui capacità confidavo, allora, in modo pressoché assoluto. Ricordo la sera della *prima* al Teatro Valle: non pensavo potesse produrre un'opera che non fosse alla sua altezza, e ne rimasi deluso. Sapevo di soluzioni scenografiche seducenti progettate da Goffredo Bonanni: un fondale montato su rullo, che doveva dare l'impressione ottica che il cielo salisse, e quindi che il palcoscenico sprofondasse; un sistema di quinte che muovendosi su binari metteva in fuga dinamica lo spazio scenico. Erano visioni potenti, ma rimasero del tutto inutilizzate. Vi ritrovai, invece, residui di suoi spettacoli precedenti, che non si addicevano affatto a quel lavoro: attori che prendevano altri attori in braccio e li spostavano da un punto all'altro della scena, ad esempio; tratti funzionali in *Proust*, ma che in quell'opera erano vuoti stilemi, con essa incoerenti.

Aveva coinvolto un attore professionista e di fama come Massimo Foschi e aveva provato, me presente, anche Enrico Maria Salerno. Una scelta per lui inusuale, che indusse alcuni a pensare che Vasilicò fosse pronto per il grande salto, il salto sul carro del teatro convenzionale, degli stabili, del teatro di giro. Ma sono convinto che non fosse né quel salto, né la professionalità tecnica e teatrale di quegli attori a interessarlo, quanto il fatto che fossero personaggi di se stessi: attori conosciuti, riconosciuti, che entravano in quanto tali in un'opera in cui solo lui sapeva quale plusvalenza dovessero acquisire. Io pensavo, più semplicemente, che ci fosse una incompatibilità tra il Giuliano "impressionista" e immaginifico di *Proust* e il Musil "scientifico", saggistico dell'*Uomo senza qualità*. Un'incompatibilità di scritture, di sguardi, di strumenti espressivi. Un giorno in cui gli manifestai alcune mie idee su Musil – che qualificò come illuminanti – mi disse: «Per capire la corrente elettrica non mi serve una spiegazione scientifica, devo ricorrere al mito di Prometeo».
E Musil, allora?

In seguito, Giuliano produsse spettacoli come *Il mago di Oz*, da Baum o *Il compimento dell'amore* e *Congiungimenti*, ancora da Musil, ma senza alcun impatto significativo sul panorama teatrale del momento; oppure ripresentò alcuni dei suoi lavori storici come *Amleto* (a Milano), *Proust* (al Teatro India) o *Le 120 giornate di Sodoma* (al Teatro Politecnico), del tutto depotenziati rispetto alle loro prime edizioni.

Queste sue riprese non erano nuove edizioni, ma piuttosto rievocazioni simulacrali dei lavori originali, di cui non restavano che i meccanismi celibi, i fantasmi disincarnati. Mancava il Beat 72, la cui architettura intravedevo, in filigrana, sotto le nuove scene; mancavano gli attori originari, che mi apparivano, in trasparenza, dietro le figure attuali. Avrebbe dovuto rifondare quelle opere sugli attori presenti, sui diversi spazi, sul tempo presente invece di evocarli dal passato. Ma la loro assenza era forse l'unico modo di farli persistere. E se fosse stato proprio questo a cui tendeva? Mi chiedo.

È stato detto che quei lavori erano ormai datati. Ma se l'inattualità del teatro è una questione di date, è perché la ripresa a distanza di uno spettacolo ha senso solo se l'artista che lo ha originato lo aggiorna, non dico al tempo attuale, ma allo stadio attuale della sua arte, al suo ultimo sguardo.

Quando volle rivedermi per la ripresa di *Proust* al Teatro India, Giuliano non pensò a chi ero diventato, nei trent'anni trascorsi, come artista, ma quale maturo personaggio avessi dovuto incarnare in quel momento, essendo stato un giovane personaggio nel *Proust* di allora. Avrei potuto aiutarlo a ritrovare, a rideclinare il lavoro, unico testimone interno di uno spettacolo di trent'anni prima, uno dei pochi, se non l'unico ad avere perseguito la via del teatro. Ritrovai, invece, nel lavoro riproposto, i fantasmi del primo. Non era né lo spettacolo di allora né un nuovo spettacolo. Mentre ritrovai intatte, in lui, le sue antiche manie, e la sua stessa accentuata balbuzie, da cui non tentò, non seppe o non volle mai (chissà perché) liberarsi!

Vasilicò è stato una voce importante, forse più di altre, in quel momento storico del cosiddetto teatro di ricerca. Certo, ci fu un cambiamento in lui che mi sorprese: la sua conversione ad una qualche – per me imprecisata – confessione cristiana. E alla quale addebito più ampi quanto indefinibili cambiamenti d'arte e di vita. Ma... *tout se tient*.

L'ultima occasione di incontro con lui fu, significativamente, il Marchese de Sade. Quell'anno – era il 2006 – Giorgio Albertazzi, quale direttore artistico del Teatro di Roma, aveva proposto a Vasilicò di riprendere, dopo trent'anni, le sue *120 giornate di Sodoma*. Contattai sia Albertazzi sia Giuliano per proporre, di concerto o di scarto con il suo, il mio lavoro su Sade, che avevo ormai portato al suo stadio definitivo. La preoccupazione principale di Giuliano era il carattere ateo di Sade. Per me era irriducibile e irrinunciabile, per lui un problema irresolubile: come avrebbe potuto coniugare l'ateismo assoluto di Sade con la fede della sua conversione, il Vasilicò miscredente delle prime *120 giornate* col Vasilicò credente delle ultime *Lettere da Santa Caterina da Siena*? Non se ne fece nulla, *ça va sans dire*. E quando, due anni dopo, e

con mio grande stupore, il suo spettacolo fu messo in cartellone al Teatro India, lo ritirò a pochi giorni dal debutto.
L'anno successivo era, a mia insaputa, tra gli spettatori del mio *SADE: opus contra naturam* al Carcere del San Michele. Non so come lo abbia vissuto, cosa ne abbia pensato. Non ho mai avuto occasione di chiederglielo. E lui di dirmelo.

Apparati

Antologia critica

Alberto Abruzzese
Proust

Per il *Proust* di Giuliano Vasilicò, eseguito (cioè, come fosse musica) al teatro Beat 72 di Roma, non resta che parlare di *tecnica*: è il massimo riconoscimento che, secondo me, possa essere rivolto ad un regista-autore il quale, invece di rivolgersi alle immagini del sociale e con queste stesse lavorare, ama confrontarsi con l'immagine "sofisticata" della cultura borghese. Anzi, e non è un fatto secondario, della grande cultura borghese. Se è vero, infatti, che le istituzioni teatrali peccano di "perbenismo" culturale, di povertà di idee, e di artisticità imparaticcia, è altrettanto vero che le avanguardie peccano spesso di profondissima ignoranza. E non dico ignoranza nel senso fiscale del termine, nel suo significato sterile e spocchioso, ma ignoranza nel senso di assenza di reali contenuti tecnici, capaci di esprimere per la loro stessa maturità un mondo culturale effettivamente operante, una *civiltà di se stessi*. Una assenza di consapevolezza tecnica non a caso molto intelligentemente notata da Nanni Moretti nel suo film *Io sono un autarchico*, (uscito in questi giorni al Filmstudio) che per certi aspetti risulta un pungente saggio cinematografico sul *volontarismo teatrale*, quasi simbolo di un più vasto e generale volontarismo giovanile di volta in volta rivolto alla politica, all'arte o alla morale. Tutto sta nel capire che alla più evidente concretezza delle tecniche necessarie alla produzione cinematografica (anche quando questa, come nel caso di Moretti, si racchiude nel pieno possesso di tutto il ciclo produttivo, grazie all'uso del superotto), si contrappone una tecnologia teatrale molto più rarefatta, capace di spingersi sino ai più sofisticati meccanismi. E appunto un regista come Vasilicò dimostra quali siano i margini di consapevolezza tecnica necessari a produrre uno spettacolo di qualità in campo teatrale, quali siano le energie da controllare e esaltare, e quanto queste non possano confondersi con la bruta, *naturale*, volontà di rappresentazione.

Perfettamente assecondato dagli attori – il cui contributo inventivo risulta essenziale – e dalla scenografia di Bonanni, che ha anche scelto i testi proustiani usati nello spettacolo, Vasilicò ci ha dato una rappresentazione giocata tutta sul movimento delle figure, con un raffinatissimo impiego di luci e ombre, di sussurri e parole, di scatti guizzanti, nevroticamente attorti ma elegantissimi, dei corpi, o di immobili e attonite sospensioni. Guizzi, pause, passerelle e "quadri" si alternano rapidamente a seconda che fantasia, memoria, incubo e passioni, nostalgia e "curiosità" si avvicendino ciclicamente. Immaginate di abbandonarvi alle più immediate suggestioni che il nome e cognome Marcel Proust, da soli, ingenerano sia nel colto lettore, qualora voglia tornare ad un autore suo "intimo", sia nel pubblico di massa, che vive e ha vissuto il mondo proustiano nel "sentito dire" della decadenza novecentesca e nella patina stanca dei dagherrotipi, molto più che nell'emozione diretta della pagina, di quella scrittura certamente "segnata" dalla disgregazione dei valori della grande cultura borghese, ma altrettanto certamente improntata alla più alta aristocrazia delle lettere. In tal senso l'operazione di Vasilicò mi sembra perfettamente riuscita: più livelli di lettura consentono allo spettacolo l'unificazione delle diverse componenti del pubblico su note e timbri di accentuatissima godibilità. Per certi aspetti l'operazione stilistica ricorda – ed è questo l'impulso più correttamente nostalgico – gli antichi *tableaux* in movimento delle famiglie altoborghesi; le *belle statuine* della ricca società; ma anche un poco le *ombre cinesi*. Estremamente piacevoli risultano allora alcuni movimenti in cui Vasilicò suggerisce una sorta di moto perpetuo delle immagini, in esse racchiudendo la vita e le opere di Proust: l'episodio della scala, quello degli sport, quello dei ritratti. Episodi in cui i corpi trovano una splendida collocazione spaziale e così facendo raggiungono anche la massima resa in termini di contenuto tematico: un novecento proustiano, di maniera, e per ciò stesso profondamente sofferto (allo stesso modo che semplicemente sfogliare un libro d'epoca). (A. Abruzzese, «Rinascita», 24 dicembre 1976)

Giuseppe Bartolucci
Missione psicopolitica – L'occupazione – Amleto – Le 120 Giornate di Sodoma
Cosa spinge un autore di racconti tenuti nel cassetto (eccetto uno), di romanzi non finiti a calarsi con un amico, la fidanzata e la sorella in un tetro scantinato e

lì consumare ogni sera in un'ora di delirio, le sue energie e quelle dei compagni davanti a due spot accesi e ad un gruppo sparuto di spettatori intimiditi o ironici? Forse la sensazione di insufficienza della parola scritta, dei limiti del silenzioso scorrere di segnali scuri su superfici che non sudano, l'abitudine, dall'infanzia, ad una vivacità, ora repressa nell'atto controllatissimo dello scrivere...

Missione psicopolitica nacque così: un racconto pubblicato su di un settimanale, l'insoddisfazione nel riscontrare l'impossibilità di evolversi di quel grido ormai chiuso e ben delimitato sulla carta, la ricerca quindi di un mezzo attraverso il quale le possibilità di esprimersi si moltiplicano quasi all'infinito, come le mille e mille facce dell'uomo... Il Beat 72 di Roma, teatro in disuso dopo il trasloco di Carmelo Bene, con solo due lampade ad illuminarne le ragnatele, si dimostra il luogo ideale, appunto perché dimenticato, agli esperimenti da "zero" di Vasilicò attore e regista di se stesso. Occorre una grande libertà per imparare a conoscere fino in fondo se stessi, o chiudersi in una prigione. Nella libera prigione del Beat 72 Vasilicò prepara uno spettacolo che solo pochi poi vedranno. Un solo critico, Franco Cordelli, di *Paese Sera*, capita da quelle parti. «Con questo spettacolo - scrisse - il teatro d'avanguardia...».

Missione psicopolitica è la storia di una bambina che sogna, che fa di tutto per farsi uccidere da un maniaco... la morte violenta, ne è certa, è la condizione essenziale della sua felicità... Ma altre storie si intersecano a questa scomponendosi e ricomponendosi come figure di un caleidoscopio. La simmetria, caratteristica fondamentale del teatro di Vasilicò, compare già qui a dare un ordine alla sua prima opera. Ma lo spettacolo si evolse col tempo: una scena fu aggiunta durante la seconda settimana: un'intervista, dal vivo, in cui l'autore-protagonista deve rispondere ad un pressante ed ipocrita interrogatorio "politico". La sorella Lucia, nella parte della giornalista "impegnata" ha per la prima volta la possibilità di inventarsi la sua personale esibizione, perfettamente inquadrata nel contesto dello spettacolo. Un anno dopo, con Ofelia, Lucia confermerà e con successo questa sua parziale autonomia all'interno delle ferree strutture del teatro di Vasilicò. Dal punto di vista economico lo spettacolo non ebbe storia: nessuna spesa e nessun guadagno: Ingrid Enbom, lo studente Alberto Faenzi, la sorella Lucia, i pittori Carlo Torrisi e Gino del Cinque si prestarono gratuitamente.

Fu perciò con fondi ricavati da altre fonti (e a Roma questo significa quasi sempre Cinema) che Vasilicò mise in scena l'anno dopo uno spettacolo con maggiori pretese scenografiche, *L'occupazione*, lavoro che segna il momento dichiaratamente politico dell'autore. Nella prima parte della pièce vengono rappresentati momenti privati della vita del protagonista, ma il finale è pubblico: lo scenario è patrimonio comune di quegli amici: l'interno di una Accademia occupata dagli studenti in rivolta: il protagonista brucia il suo primo sentito contributo ad una lotta non isolata. Ma poi c'è un colpo di stato militare e tutti soccombono... Vasilicò nella parte del protagonista ebbe grossi elogi come attore. [...] L'*Occupazione* segnò un nuovo (si fa per dire) fallimento economico, ma anche l'occasione per due incontri importanti: con il pittore musicista Agostino Raff e con lo scrittore (e critico teatrale) Rodolfo Wilcock. Il primo, un artista di tipo rinascimentale, multiforme, solitario, spesso intrattabile diventa il collaboratore di Vasilicò per quanto riguarda, musiche, scene e costumi; il secondo, l'occhio vivo e attento nella semioscurità del Beat 72, scopre Vasilicò e lo scrive: «Nel mediocre contesto del teatro italiano acquista il suo giusto carattere di avvenimento...». [...] L'idea di ridurre l'*Amleto* a soli quattro personaggi viene subito a Vasilicò dopo la prima rilettura. Solo Amleto, il re, la regina e Ofelia sono importanti... gli altri non contano... sono solo prolungamenti, doppioni dei primi quattro che li rappresentano, li contengono... Oltre all'idea Vasilicò si trova anche subito in mano quattro interpreti adeguati: Ingrid Enbom, attrice senza un'ombra di romanticismo, è la regina ideale e la sorella è Ofelia... Amleto naturalmente è lui, il regista... Più difficile è la scelta del re, ma l'arrivo di Fabio Gamma, giovane attore brechtiano in cerca di spazi più adatti alla sua versatilità risolve la situazione. Fabio Gamma è un attore con uno straordinario senso del ritmo ed è col ritmo che Vasilicò "mette su" gli spettacoli. Inoltre il suo viso delicato è di una bellezza commovente: un re non tradizionale quindi, un re - non cattivo - ma re - quindi cattivo... L'*Amleto* viene visto dai critici. L'*Unità*, l'*Avanti!*, *Paese Sera* elogiano la "sintesi" e la "poesia". Lucia Vasilicò riscuote un grosso successo personale... La sua folle Ofelia rimane un pezzo a parte, indimenticabile... Ma ancora il mostro (il pubblico) non era uscito dalla tana... Lo farà un anno dopo e avrà il volto martoriato e divino del tragico Marchese de Sade. «Non si può leggere per intero un libro di de Sade senza ammalarsi», scrisse Bataille. E Vasilicò si ammala subito... Per tre giorni dopo aver letto *Le 120 giornate di Sodoma* non riesce a capire di cosa si tratta, se del testo più reazionario o più rivoluzionario della letteratura occidentale. L'ambiguità di de Sade è sconcertante. Vasilicò per affrontarlo decide di non recitare, per osservare meglio il mostro, dal di fuori. Il romanzo è un susseguirsi di infamie che de Sade esalta, giustifica, consiglia di imitare. Una radiografia spaventosa della società e lui che simpatizza... Sade prossimo mio, Klossowski... smascheratore involontario del credo segreto della classe dominante... Adorno... Vasilicò ci pensa bene e si rende conto che l'opera di de Sade, in qualsiasi caso è uno strumento politico di strepitosa importanza... un genio misconosciuto... Vasilicò decide di provare, almeno di provare, a conoscerlo...

I 40 personaggi del romanzo vengono subito ridotti a otto. Il 4 (ed i suoi multipli) è il numero sadico, e, per coincidenza, il numero teatrale che Vasilicò ha sempre adottato nei suoi spettacoli "simmetrici". Ai tre protagonisti dell'Amleto si aggiungono, cinque, poi sei, altri attori di altrettanta serietà e bravura: Slavko Petelin, Giovanni Saba, Inga Alexandrova, Bruno Sais, Lidia Montanari e Massimiliano Mitia. Le prove hanno inizio nel giugno del 1972. Subito Vasilicò si rende conto di stare rischiando grosso. La chiave di de Sade risulta introvabile. Da qualsiasi parte venga affrontata la fortezza si rivela impossibile da espugnare. Un romanzo pornografico: ecco come viene considerato da buona parte della cultura *Le 120 giornate di Sodoma*. Eppure dietro alla facciata c'è l'inferno ed i baratri spaventosi dell'animo umano. Durante le prove avvengono "incidenti" imprevisti: quando si fanno ripetere agli attori le parole scritte da de Sade, esse risultano stranamente ridicole, banali, una valanga di banalità... Vasilicò ed i suoi collaboratori cominciano a perdersi d'animo... due tre mesi di prove alla vana ricerca di ciò che il testo nasconde... Un solo punto sicuro: la necessità di un'assoluta coerenza stilistica, per scaricare in qualche modo l'allucinante coerenza dialettica del Divino Pervertito... Ma i protagonisti, i personaggi? L'Oppressore e la Vittima, ritratti da de Sade nel gesto unico, reciproco dell'opprimere e del subire, un gesto ripetuto all'infinito...? Le figure delle vittime eternamente urlanti e terrorizzate prendono consistenza dopo il primo mese di lavoro. Ma l'Oppressore non acquista peso teatrale e politico.

Finalmente al quarto mese l'idea giusta: l'Oppressore non può – non deve aggirarsi da solo per lo spazio scenico: *sempre* deve essere sorretto dai suoi collaboratori-schiavi. E stavolta funziona tutto. Il despota crudele, sorretto, si trasforma da figura naturalistica a immagine metafisica e diviene un simbolo: il potente che trae la sua energia dalla sottomissione degli oppressi. Sembra l'uovo di Colombo... Vasilicò e i suoi attori non erano partiti dall'ideologia, ci sono arrivati con le loro forze, dopo cinque mesi di ricerca disperata ed ai limiti del possibile. «*Le 120 giornate di Sodoma* - dice Vasilicò - è il mio lavoro più politico». Ed è vero. Come è certo che, a livello teatrale, raramente in Italia un tema è stato studiato ed approfondito con tanto straordinario accanimento.
[...] A tutte le scene a cui partecipa, Ingrid Enbom dà, con la sua precisa forza, l'impronta politica. Studiando le sue espressioni, lo spettatore può captare l'idea politica del regista, del gruppo e dell'attrice stessa riguardo a quella determinata situazione umana ripetuta sul palcoscenico. L'interpretazione di Ingrid Enbom non dà mai adito ad equivoci, sia che impersoni la "colpevole" madre di Amleto o la vittima disperata del tiranno di de Sade. Lampante, scolpita è sempre la sua opinione sull'argomento, il suo pietrificato gestire indica solo una cosa e nessun'altra. Spesso è lei stessa, con una sua trovata, a rendere una scena politica o almeno più politica di come l'aveva ideata il regista. Il micidiale ordigno fallico di cui il cannone, in questo sistema, non è altro che un metallico prolungamento, è stato innestato dietro sua richiesta all'inguine del protagonista de *Le 120 giornate di Sodoma* e solo dopo questa "aggiunta" la scena ha acquistato una sua "metrica" politicità: veleggia il "sistematico" eroe sadiano, con la sua rigida minaccia, al di sopra del brulichio atterrito delle sue vittime, immagine lubrificata e quanto mai persistente della prima aggressione.
Fabio Gamma non è solo un attore spettacolare, ma riesce ad essere, fatto assai raro, un vero e proprio "regista in campo". L'estrema concentrazione con cui riesce ad immedesimarsi nella sua parte non lo distoglie mai dalla visione generale dell'avvenimento "in comune" che sta vivendo. E per gli spettacoli di Vasilicò, vere e proprie battaglie campali, la sua lucida direzione dall'interno è fondamentale e necessaria. La dinamicità, lo strepitoso tempismo di cui arde ogni suo intervento fa parte della lotta che Fabio Gamma ha chiaramente ingaggiato con la morte e con tutto ciò che

"è già stato". Ogni afflosciamento, ogni caduta di ritmo lo terrificano e allora il suo moltiplicarsi per risollevarlo diventa una scintillante fuga dalle acque stagnanti della non-creatività e dal possibile riapparire, in quelle pause, dei temuti fantasmi del sempre-farraginoso passato.
Non con eroiche cavalcate, ma con "fisse" deflagrazioni dall'interno, Agostino Raff predispone la sua difesa dalla morte. Le mine esplodono nel bunker e le vampate tengono lontano il decadente assalitore. Nessuno odia la decadenza più di Agostino Raff, nessuno più di lui è così aristocraticamente "popolare": è come se le sue musiche, le sue immagini siano da sempre "per diritto di nascita" patrimonio dell'uomo. Nel teatro di Vasilicò è il regista a dare la visione originale dei contrasti della vita, ma è Agostino Raff a riagganciare quella visione alla matrice della conoscenza comune, a renderla leggibile. Le sue esplosioni di difesa sono infatti come dei segnali di riconoscimento: quando avvengono ci si guarda e si comincia a capire "esattamente" di che cosa si sta parlando.
Lucia Vasilicò è l'altra faccia del regista. Le sue esperienze parallele sono proprio quelle che Giuliano non ha avuto: è quindi l'*altro* rispetto al fratello. Ma la comune matrice psicofisica elargisce due straordinari vantaggi: la complementarietà e la simmetria. Insostituibile la sua collaborazione quando si tratta di indagare sulla psicologia dei personaggi, sui motivi che li muovono: l'intera gamma del loro comportamento è ricavata per deduzione da Lucia con la fulmineità di chi ne ha vissuto tutte le contraddizioni e i conflitti. «Che incubo avrebbe Ofelia, se Ofelia avesse incubi?» – si chiede il regista durante le prove dell'*Amleto*. Per Lucia Vasilicò non ci sono dubbi: costruisce una solida barriera con le immagini che opprimono la figlia di Polonio: Amleto (crudele fidanzato) il Re-padre e la Regina-madre. I tre personaggi, a contatto di gomito, formano una parete senza via d'uscita. Contro questa soffocante struttura, catapulta Ofelia la sua claustrofobica disperazione, ma si tratta di un "sistema", almeno per il momento, inamovibile e il suo crollo fa solo parte del rarefatto vaneggiamento della pazzia.
(G. Bartolucci, *Fuori dalla tana: nascita di un uomo di teatro*, *Teatroltre Scuola Romana*, a cura di G. Bartolucci, inventario n. 1, Bulzoni, Roma, 1974)

Amleto
Non è una strada facile quella che il Vasilicò ha deciso di compiere; da un lato egli può verticalizzare

l'operazione drammaturgica, rendendola asettica e formale al tempo stesso, dall'altro lato può sondare certe situazioni nel profondo senza farsi sorreggere dalla loro letterarietà. Ci si domanda infatti, perché mai egli abbia conservato una sua regolarità interpretativa nel momento in cui ha deciso di travalicarla gestualmente e per illuminazione appunto (su visualizzazione della densità corporea delle situazioni più che della loro qualità poetica). È vero peraltro che il Vasilicò è pronto a scavalcare la letterarietà ed a marginalizzarla, proponendone la poesia a livello di sperimentazione gestuale e di luce; ed altresì è altrettanto vero che su tale sperimentazione egli non si assolutizza e non si deprime, mantenendosi correttamente a livello di "scelta" stilistica. Il Vasilicò in tal modo si serve della sua riduzione per delimitare alcuni temi della tragedia, e quindi averli chiaramente sotto mano e dominio; ed inoltre su questa riduzione fa muovere determinate costanti stilistiche in modo da non rimanere prigioniero e da indirizzarle ad un "nodo" tragico essenziale. [...]
È gran merito del Vasilicò e dei suoi collaboratori di non farsi sorprendere da stati d'animo di luce e da movimenti ieratici di gesto, ed egli infatti invade liberamente la scena di un nitido disegno e di un chiaro intendimento, che sono quelli di un uso materialistico della letterarietà, con un oltraggioso rispetto della "poesia" stessa. L'azione che Vasilicò ordisce attorno all'*Amleto* è di avvolgimento, di conseguenza, della parola, secondo un procedimento che ha provocato parecchi danni all'avanguardia, quando questa parola non sia travolta e decentralizzata globalmente e non produca una materializzazione del senso stesso in termini di "presentazione". Questo *senso* è la resa interpretativa ancora una volta dell'operatività, per interpretazione intendendosi una delimitazione cosciente del superfluo "parlato" e dell'estrinseco "gestuale" (e tuttavia inefficace e deleteria).
La delimitazione è risolta dal Vasilicò mediante una partecipazione relazionale in personaggi che fanno da chiave all'intera operatività sua, e tale partecipazione relazionale è violentemente assunta a sistema di segni, in modo da non lasciare spazio ad ombre ed a negatività. Ed ecco allora che l'azione si rinserra e si espande misteriosamente per "sezioni" di lavoro e che il movimento si rifà non certo ad un comportamento quanto ad una realtà (oggettivamente drammatica). Le "sezioni" sono quelle di un contrasto-riflesso che dai corpi travasa alle luci e dalle luci risale ai gesti, per inter-

mittenza vitale e non alternante. Se ne ha un riscontro persuasivo e tragico assieme, di violentissimo taglio e di castissimo intarsio; la riflessività procede di pari passo alla creatività allora, nei momenti più intensi e reali; e non c'è stacco tra visione e sostanza, tra incanto e verità (non soltanto drammaturgicamente ma anche di vita).
(G. Bartolucci, *La visione-spettacolo dell'Amleto di Vasilicò*, in Id., *La politica del nuovo*, Ellegi, Roma, 1973, pp. 121-122)

Le 120 Giornate di Sodoma
Il gesto ripetitivo dell'oppressione come momento portante dell'azione: senza passione, senza sentimenti, per puro meccanismo di vitalità "negativa". La politicità di questo gesto è nella sua radicalità inafferrabile, né manipolabile. Lo spettatore (ed altresì anche l'attore) non è in grado di manometterlo, ridurlo: può soltanto eseguirlo e subirlo. [...] Un immaginario straordinariamente trasparente e crudele, in grado di fare a meno della parola, e del senso al tempo stesso. Ne viene una "visione" concentrica e vuota contemporaneamente, e non c'è alcunché che possa riempirla o dipanarla. E' un osso da spolpare, l'intera rappresentazione, un osso duro di fronte al quale i denti più acuti rodono invano (è la resa dell'"illuminismo"). [...]

Vasilicò ha travasato se stesso in queste *120 giornate* con un candore e con una schiettezza nobili e generose; ha tralasciato le sue intenzioni di scrittore di situazioni di sé e degli altri, ha vitalizzato materialisticamente quel che in *Amleto* era ancora sperimentazione "rituale"; ed in questo oblio di se stesso, in questa indipendenza letteraria e scenica, ha ritrovato certi suoi sogni, e riscoperto certe sue verità, oggettivandole e rendendole trasparenti, all'insegna dell'immagine (come da un paio di stagioni i migliori gruppi e individui a teatro ricercano riflessivamente, per intensità di occhio e di udito), a danno della parola e del gesto (per il momento meno flessibili ed indicative di una società retrattile e camuffata).
Sogni e verità di immagini: la cultura italiana idealisticamente continua a far barricate in difesa della parola e del comportamento; Vasilicò ha capito profondamente che il comportamento è un'invenzione padronale (borghese, *tout court*), tanto è vero che porta diritto alla violenza ed alla sopraffazione, per ragione; ha anche capito che la parola è uno strumento altrettanto prevaricatore se chi la usa vien foggiandola ai fini di un dominio e di un'illegalità profondamente ragionate. E siccome egli ha trovato tutto questo in de Sade o, se volete, de Sade tutto

questo glielo ha messo nel piatto della sua scrittura materialistica, l'incontro è stato fruttuoso e senza mezze misure, rovesciandosi sugli attori e sugli spettatori. [...] La "resistenza" diventa esplicita alla fine della rappresentazione; la quale, mancando di sviluppo, vive della sua stessa finalità e cioè della sua nevrosi rientrante ed assorbente; lo spettatore esce allora come da una fatica o da un impegno, e non ne trova la ragione, non ne scova la sensibilità complementarmente. E siccome gli si è giocata alle spalle sue, per una specie di tradimento, una azione a forma di "apatia", ecco che per "apatia" egli si allontana dal luogo del delitto e in un certo senso non vuole lasciare tracce di sé, senza parole e un po' in fretta avviandosi verso l'uscita (ma c'è chi non dorme per tutta la notte e chi ritorna per necessità a rivedere, per una specie di smania e di vertigine mentali; respirando con gli spettatori su questa serie di immagini di sogni e di verità; e l'insieme è tendenzialmente globale, non fugge dalla totalità, ispirando fiducia durante lo svolgimento dell'azione, quasi che questa non debba mai finire).
(G. Bartolucci, *La ripetizione e la politicità del gesto di de Sade*, in Id., *La politica del nuovo*, Ellegi, Roma, 1973, pp. 124-126; parzialmente riedito in *Teatroltre scuola romana*, a cura di G. Bartolucci, Bulzoni, Roma, 1974, col titolo *Il terrorismo del consenso e dintorni*).

Amleto, *Le 120 giornate di Sodoma*
Giuliano Vasilicò adopera l'immagine-luce per scarti di essenzialità e per interventi di buio, un po' ricordando il procedimento dei *Mysteries* del Living, un po' giocando sulla drammaticità singolare dell'ultimo Barba; ma parlare di queste derivazioni implicite è forse superfluo, dal momento che credo davvero che il Vasilicò e i suoi collaboratori non hanno visto né gli uni né l'altro; e tuttavia è indubbio che una certa cultura scenica all'insegna dell'immagine trovi oggi residenza ed esistenza, e riceva anche parecchi consensi ed adesioni, dappertutto, per quella specie di osmosi di esperienze che non è di moda e non è nemmeno di imitazione, bensì compendio e riferimento di determinate influenze artistiche e sociali tutt'assieme. Per esempio Vasilicò in questo suo "De Sade", e già in precedenza in *Amleto*, parte dalla luce come elemento drammaturgico predominante e ricorre all'immagine come prolungamento dell'uso di codesta luce: e ciò gli avviene con una dedizione assoluta e con una esasperazione rigorosa, non per approssimazio-

ne cioè o per influenza, ma per necessità di scrittura scenica. In effetti al Vasilicò accade di arrivare lentamente ma con pazienza ad un'idea drammaturgica ed alla sua relativa disposizione scenica; ed in questo tracciato che gli si delinea per preparazione intellettuale e per confronto interpretativo, ecco che egli ha bisogno immediatamente della luce, non come di un accessorio o di un provvedimento, bensì come di una costante drammaturgica che è materialmente dal punto di vista dell'immagine, ossia della configurazione scenica in movimento della sua idea, la stessa sua idea adesso materializzantesi. Di qui la *visionarietà* del "De Sade", e di qui l'intermittenza rituale dell'*Amleto* attraverso scarti di buio e di luce psicologicamente penetranti e però direi ancora leggermente letterari [...]. Questi quadri viventi di Vasilicò e dei suoi collaboratori invero hanno una sistematicità e una onnivorità riferentisi all'idea base del lavoro ed al modo di realizzarlo, con una fedeltà al procedimento ed alla materia che è ossessivo e penetrante [...].

Questa materializzazione è la novità di Vasilicò e dei suoi collaboratori, e cioè la sua entrata nel mondo della ricerca scenica con un suo impegno e con una sua finalità, fuori da ogni derivazione letteraria, come era stato sinora, e fuori anche da ogni mitizzazione romantica [...]. Su questa visione nuda ossessiva la luce-immagine adopera la sua presenza come mediazione comunicativa, non per disprezzo antiideologico o per polemica antiletteraria, ma per esigenza di fondo, cioè produttiva e collettiva al tempo stesso, come risposta di lavoro e come riflessione della finalità di far teatro oggi *politicamente* nel modo più giusto.

(G. Bartolucci, *L'immagine astratta/penetrante*, in Id., *Mutations. L'esperienza del teatro-immagine*, Edizioni o.o.l.p., Roma-New York, 1975, pp. 25-27).

Alberto Beretta Anguissola
Proust

Abbiamo avuto la fortuna di poter assistere, durante lo scorso mese di maggio, a una rappresentazione-dibattito al Beat '72 del *Proust* di Vasilicò. In dieci mesi di riflessione e di tentativi in direzioni diverse, le scelte di Vasilicò sono andate orientandosi verso una rappresentazione diretta del "segreto" proustiano. Il "lato orribile delle cose" (morte, malattia, solitudine, mondo inumano del piacere, menzogna, ecc...), che soggiace sempre alle più suggestive, sognanti, tenere o comiche pagine della *Recherche* e che in esse affiora solo di tanto in tanto con sconvolgenti effetti sul lettore, è nella meditazione teatrale di cui parliamo l'unico e incontrastato dominatore della scena. La *belle époque* di Oriane de Guermantes e di Odette de Grécy si colora così dei toni cupissimi di un "ottocento funebre" di grande suggestione visuale. Ci sembra questa, da parte di Vasilicò, un'opzione coraggiosa e, in parte, anche ingrata, poiché, rifiutando ogni mediazione per così dire "fenomenica", e installandosi fin dall'inizio dentro l'"essenza negativa" della poetica proustiana (Schopenhauer direbbe: tutta volontà e niente rappresentazione), la già problematica teatralità della *Recherche* finisce per farsi del tutto incorporea, e il lavoro del regista assomiglia a quello di un eroico alchimista che si sia autocondannato a distruggere e spremere tutto un universo per cavarne alcune gocce di teatro. (A. Beretta Anguissola, «Il Dramma», n. 3, agosto 1976).

Maricla Boggio
Proust
Mirabile spettacolo questo di Giuliano Vasilicò, andato in scena, finalmente, al Beat 72, dopo circa un anno di prove e di ricerche. In giugno Vasilicò aprì le prove al pubblico per verificare quanto aveva fatto fino ad allora, e furono probabilmente quelle serate ormai lontane, a contatto con la gente, a suggerire la dimensione e l'equilibrio oggi raggiunti: come uno scegliere dalla memoria quello che deve essere ricordato, non di più, perlomeno in una determinata prospettiva, personale e/o storica che sia.

Sfiniti e stanchi, ma anche in un certo modo felici apparivano alla fine della rappresentazione Vasilicò e gli attori, un gruppo numeroso, oltre la dozzina, nel quale spiccavano il sempre perduto e il sempre ritrovato Fabio Gamma (che si allontana dal gruppo per mesi, ma poi vi ritorna, proustianamente, come attratto da un richiamo interiore), e Alessandra Kurczab, bella e impositiva (la ricordiamo regista diplomanda all'Accademia), dalla voce calda e piena delle donne slave, e Renzo Rinaldi, qui necessariamente sgradevole nella parte del famoso pederasta che a lungo ricorre nelle pagine della *Recherche*, ammaliatore di giovani che tanto affascinò il ragazzo Marcel, e Giorgio Losego, un giovane Proust rivisitato nella memoria dello scrittore in una voluta chiarificazione, anche, del famoso personaggio di quella "Albertine", dolcissima e proterva insieme, del romanzo, in realtà ragazzo e non ragazza, ma ammantato in donna per i perbenismi morali del tempo.

Ecco, la dimensione che risalta con maggior evidenza nello spettacolo di Vasilicò è quella di una

sofferta pederastia, vista con gli occhi di oggi nel tormento di allora: nello spazio nero e quadrato del palcoscenico il ragazzino in velluto grigio dagli occhi dolcissimi partecipa silenziosamente di una realtà che ruota intorno a lui meravigliosa e terribile: le immagini della madre bellissima e altera a cui sempre fu legato di amore assoluto, la borghesia del tempo in una girandola di situazioni riviste in una dimensione di sogno-incubo-memoria, dagli accenti di un grandioso funerale alla mesta lievità delle scoperte del secolo (e tutti girano trasportati da altri come su piedistalli, mimando chi il telefono, chi l'aeroplano, chi l'automobile), fino alle crisi adolescenziali, ai ricatti omosessuali derivanti da privazioni amorose infantili, il tutto in una disadorna ed efficacissima visione di neri e di luci crude o di bui assoluti, come a voler significare la serietà, fino alla morte, di questa *Recherche* assai più dicibile oggi di quanto non lo fosse alla fine del secolo e ai primi decenni di questo, quando Proust voleva, senza potere, confessare la sua disperata volontà di amare.
(M. Boggio, «Avanti!», 15 dicembre 1976)

Daniele Del Giudice
Le 120 giornate di Sodoma
Questa mania dei numeri [...] è un elemento di straniamento letterario, di spersonalizzazione e sdrammatizzazione psicologica, di dimostrazione della teoria sadiana. A parte i quattro protagonisti che soli hanno un carattere individuale, differenziato, gli altri personaggi sono semplici numeri di questa matematica [...]. Tutto ciò non solo smaterializza il personaggio (ed anche il suo gesto sodomita) ma è elemento indispensabile alla affermazione della individualità e della superiorità dei quattro amici [...]. Con questo voglio dire che il romanzo, pur nella crudezza delle descrizioni, può essere interpretato correttamente, cioè sadicamente, soltanto nella sua *convenzionalità*. Si pensi soltanto al meccanismo dinamico della narrazione, per cui il racconto della prostituta genera la ripetizione: un elemento di grande teatralità, e dunque di grande convenzionalità (come intuì del resto Giuliano Vasilicò, che delle *120 giornate* curò l'allestimento scenico). E dove c'è convenzione non può esserci naturalismo, immedesimazione, dunque morbosità. La stessa quantità dell'osceno e del delitto – nel romanzo non c'è pagina in cui orifizio non venga profanato – ci dice una tensione spasmodica verso un assoluto che nessun male, per qualità, può raggiungere. Si cerca cioè di forzare il limite naturale del delitto con la

sua estenuazione [...]. Dicono che il film che Pasolini ha tratto da *Le 120 giornate di Sodoma* sia cosa durissima per la crudezza delle scene; e dicono anche che ciò dipenda dalla capacità drammatica specifica della parola e dell'immagine, per cui l'una potrebbe essere ciò che vuole senza mai attingere la violenza, la scandalosa espressività dell'altra. Sulla specificità dei segni potremmo discutere fino alla follia. Occorre piuttosto controllare se l'immagine usata da Pasolini conservi la convenzionalità (e dunque il distacco, lo straniamento) di quella creata da Sade.
(D. Del Giudice, «Paese Sera», 3 settembre 1973)

Proust
Giuliano Vasilicò, *monstre* del teatro d'avanguardia [...], a Parigi, a Roland Barthes che si complimentava con lui per la messinscena del Sade (*Le 120 giornate di Sodoma*), chiese se Proust fosse teatralizzabile. «Può farlo solo chi ha fatto Sade», epigrammò Barthes. Due anni dopo il *Proust* di Vasilicò era grande successo [...]. *Le 120 giornate di Sodoma* fu l'intuizione dell'energia contenuta: il sadismo come violenza non sputata sugli altri, ma ingoiata, accumulata in sé. *Proust* fu cogliere un'eccitazione per la morte.
(D. Del Giudice, «Paese Sera», 7 giugno 1978)

Roberto De Monticelli
Le 120 giornate di Sodoma
Nel buio completo un ritmo ossessivo, e insieme marziale e solenne, di colpi; passi sulla cassa di risonanza della notte, talloni di ferro su un asfalto che copra una cavità, l'alzarsi e l'abbassarsi d'un maglio trenta metri sotterra, in una cella-campana. Poi, entro tagli lividi di luce, ecco Lucia Vasilicò su uno di quei bassi carrelli neri che sono il segno ricorrente dello spettacolo: è nuda sotto una tunica spaccata ai lati, e scalza; batte il tempo coi talloni sul legno e a quello stesso ritmo taglia le parole del suo racconto. Figura una delle quattro narratrici che Sade ha immaginato nelle sue *120 giornate di Sodoma* e in bocca alle quali ha messo la descrizione accurata di seicento perversioni, centocinquanta per una. Ai lati due giovani tarchiati, in slip d'argento, i capelli ridondanti sugli occhi, il volto fissato in un rictus che scopre i denti serrati, isterici ed ebeti. Anche loro battono il tempo coi piedi e a ogni colpo volgono il volto di scatto, da una parte e dall'altra, come le figurine di un "carillon". Questo è l'inizio, affascinante e angoscioso, dello spettacolo [...].
Giustamente questo spettacolo che ha quasi due anni e mezzo di vita e che ha girato per festival e capitali del teatro in Italia e fuori,

un teatro apocalittico

è considerato un piccolo classico dell'avanguardia italiana. C'è qui un incontro felice fra la nevrosi creativo-visionaria di questo giovane teatrante, Vasilicò, formatosi nell'ambiente studentesco svedese e poi nel ribollire romano della seconda metà degli anni Sessanta e quanto di atrocemente attuale si può trarre dalle visioni di Sade, dalla sua concezione del mondo, fissata nella rigida gerarchia di carnefici e vittime; un universo ordinato, un sistema ferreo, al cui vertice è il potere, fonte del libertinaggio e della disponibilità al male. Naturalmente una tale interpretazione è limitativa della filosofia di Sade che, toccata dai riflessi dell'illuminismo, proclama di voler liberare l'uomo da tabù millenari per portarlo, attraverso l'inferno della perversione, ad accettare l'indifferenza e l'innocente crudeltà della natura. Ma è l'unica assunzione che se ne possa tentare oggi, dopo l'orrore dei "lager" nazisti, le atrocità delle guerre che lampeggiano qua e là per il mondo e l'emblematicità vistosa che emana da società in cui i rapporti di forza e la prevaricazione del potere (occulto o no) sulle masse sono ancora gli assi portanti dei vari sistemi. Tutto ciò, nello spettacolo di Vasilicò, è appena sfiorato, ma si avverte. La sua qualità specifica è quella di una variazione pantomimico-musicale, rigorosa, crudelissima nella sua astrazione e nella sua ripetitività, sull'universo concentrazionario di Sade, così rigido, così ordinato e iterativo nei suoi riti, dove ogni crimine rientra nelle colonne di una contabilità impassibile e atroce. I carrelli neri, sospinti da schiavi a quattro zampe, portano le vittime, contratte nelle loro posizioni grottesche e tenere, capovolte, supine, arrese, capelli sfatti, seni nudi che non sono più fulcri di desiderio ma segni imploranti di sottomissione. I carnefici hanno facce tinte di vernici demoniache. Un grande arco d'argento scocca una freccia su un Sebastiano blasfemo. Un fallo posticcio, ridicolmente enorme, solca lo spazio scenico. Le corse, le fughe, i gridi, l'iconografia dell'orgia sadica fissata in sequenze pulite quasi asettiche, dove i costumi succinti, mantelletti, "culottes", grosse calze, fibbie, richiamano appena al Settecento. Come al Settecento richiama quel minuetto che si alterna alle sonorità elettroniche (la colonna musicale è curata da Agostino Raff, autore anche dei costumi) e al cui ritmo ilare, ossessivo, danzano insieme aguzzini e vittime, avanti e indietro dal fondale alla ribalta, in un comune tripudio d'ironia; come sono, sotto sotto, ironiche le abbondanti citazioni dal testo originario.

(R. De Monticelli, «Corriere della Sera», 6 aprile 1975)

Proust

Il *Proust* di Giuliano Vasilicò, dall'altra sera al Teatro Uomo, nasce nella caverna della memoria e dell'inconscio; e di lì non si muove. È una serie di immagini nel buio, un'intermittente efflorescenza fosforica in un grembo umido e denso. Al Beat 72, conchiglia sotterranea, viscere naturali dell'avanguardia romana, dove lo spettacolo nacque e dove lo vidi oltre un anno fa, l'essenza fra larvale e luminosa di queste sequenze sceniche pareva un'emanazione dell'ambiente; ne derivava il senso come di una secrezione d'umori fantastici spremuti da quei muri un po' da catacomba. Anzi, quei muri diventavano le pareti interne, muscoli e membrane, di un organo immaginario del nostro corpo, sede di bili, paure e angosce, qualcosa fra cervello e basso ventre, più giù che su. La metafora psicanalitica che fa da capsula allo spettacolo ne acquistava una concretezza immediata. Nel teatro di via Gulli ricostruire questa caverna profonda non è stato facile. E qualcosa di quel fascino da labirinto, di quella vertigine da cunicolo e da conchiglia è andato inevitabilmente perduto. Ma Goffredo Bonanni, autore delle scene e dei costumi, è riuscito ugualmente a ricreare uno spazio d'incubo, tutto affondato nel nero, con un cerchio di luce, sopra, che allarga sul palcoscenico una bolla estatica. Di tratto in tratto, fra un'intermittenza di buio e l'altra, questa bolla scoppia, diventa un lampo accecante e fermo, un istante fisso, uno di quei fuochi della memoria che non possono mutare mai, vibrano soltanto, crepitando della loro stessa intensità.

Lo spettacolo è valido per questi momenti di alta e raffinata scrittura scenica. Non vi cercate la *Recherche* di Proust. Come sarebbe possibile, in un'ora e dieci minuti di teatro? Del grande libro c'è come un'eco, un sussurro. L'unico momento di trasposizione teatrale autentica consiste, poco dopo l'inizio, in quella bellissima sequenza della discesa, lungo scale invisibili, nel buio, di tutti i personaggi-attori sul ritmo rallentato d'una marcia di Berlioz. È una società che scende lungo il precipizio del tempo, una cascata ipnotica d'immagini, i grandi cappelli femminili «che armavano di un'ala gli occhi fieri» (come suona, indimenticabile, un verso di Dino Campana), i cilindri lustri e funebri, i bianchi sparati spettrali, i mantelli, le sciarpe. Vanno giù, vanno giù, e non solo lungo la china del tempo. [...] Una condensazione luministico-gestuale di momenti emotivi che alludono ad alcuni temi proustiani e li illustrano, privilegiando – lo hanno sottolineato fin troppo – quello della diversità, dell'omosessualità. Più che altro, è la nota d'un dolore segreto o, meglio, d'uno stupore inconfessabile e rovente, che affiora nelle immagini di Vasilicò, in quell'errare del *petit Marcel* – attore Massimo Napoli – in divisa da collegiale tra fantasmi nero-vestiti, e in quel suo moltiplicarsi, poi, adulto, in altri attori o meglio, figuranti (le parole sono ridotte al minimo); e tra le grandi foto di famiglia, i dagherrotipi teneri, solenni e duri dell'iconografia proustiana. Il lato illustrativo, la vera e propria "variazione sul tema", si riscontra in quella specie di Ballo Excelsior stilizzato che, sul filo delle musiche di Offenbach, richiama agli entusiasmi della Belle Epoque per gli sport e le invenzioni, dalla bicicletta al golf, dal telefono all'aeroplano. Qui siamo nel pieno di un formalismo ironico e un po' sterile, anche se piacevole. I proustiani arricciano il naso. Ma l'invenzione d'un figurante che ne porta un altro, rigido e insieme disarticolato come un manichino, propone uno stilema da teatro orientale, mondanamente degradato ma anche per questo inquietante. Naturalmente, per chi ha letto *Alla ricerca del tempo perduto*, la suggestione emana da quei nomi fatali, il barone di Charlus, Oriana di Guermantes, Roberto di Saint-Loup, Odette, Swann... Come ritrovare, qui, quei personaggi? Se ne intravedono le ombre nella luce forte, non più che sagome, ritagli in nero sul bianco. Charlus (attore Renzo Rinaldi), corpacciuto e fosco, sembra guidare il gioco dell'ambiguità sessuale coi suoi scatti isterici, le sue risate taglienti; l'attrice polacca Alexandra Kurczab ha il passo e il mistero della duchessa di Guermantes anche se dà immagine poi ad altre figurazioni femminili; e insomma è proprio una silhouette proustiana per quadro vivente.

Nella scelta stilistica della sequenza fissa, ma animata da lenti movimenti ritmici, del quadro vivente tagliato dalla ghigliottina del buio, il finale si configura, nel soffio della *Passione* di Bach (ma nella colonna sonora c'è anche Mahler; e c'è l'asma di Marcel, un suono-graffio, ossessivo e acuto, come una specie di Trionfo della Morte), sul cui bagliore fiorisce una fungaia di ombrelli mentre la scala dell'iniziale discesa corale rientra in scena trasformata in sarcofago e tornano le corazze e gli elmi da cavalieri teutonici che avevamo visto in apertura. Il cerchio, così, si chiude, si chiudono le bare e le corazze. Allora cos'è, in definitiva, questo *Proust*? Alto

formalismo, raffinata calligrafia, adesione esistenziale a un tema? Direi che, anche se non raggiunge il ritmo da tragico minuetto delle *120 Giornate di Sodoma*, è il risultato di una ricerca seria e di un impegno rigoroso; uno spettacolo da vedere. L'altra sera, davanti al *tut Milan*, che si mobilita in queste occasioni, Vasilicò e i suoi compagni hanno avuto un brillante successo.
(R. De Monticelli, «Corriere della sera», 4 febbraio 1978)

Guy Dumur
Le 120 giornate di Sodoma
Nella misura in cui li si può paragonare, trovo che *Le 120 Giornate di Sodoma* dell'italiano Giuliano Vasilicò, presentato al Festival di Nancy e a Parigi, ci abbia trasmesso rispetto agli ultimi lavori di Eugenio Barba e di Jerzy Grotowski una visione più ricca di possibilità per un nuovo teatro [...]. Mirabile trasposizione visiva.
(G. Dumur, «Le Nouvel Observateur», 1973)

Edoardo Fadini
Le 120 giornate di Sodoma
La violenza di Sade, la brutalità sessuale e il libertinaggio, la volontà di autodistruzione, il nichilismo e, allo stesso tempo, la lucida critica della loro codificazione estetica e sociale sono ripresi da Vasilicò attraverso un lineare e rigoroso impianto di immagini sceniche, staccate l'una dall'altra, nella quale si fa uso della precettistica artaudiana (senza tuttavia mai cadere nella credenza semplicistica comune a tanta pseudoavanguardia nostrana) [...]. Come in una galleria o, meglio, in un museo (qui un autentico museo degli orrori), il gusto è quello dei primi anni del secolo e Vasilicò ne riprende acutamente i repertori con sapienti citazioni stilistiche. [...] Questa freddezza illustrativa costituisce l'unico elemento di giudizio critico su quanto egli ci espone dell'universo storico e mentale di Sade.
(E. Fadini, *Due spettacoli "off": de Sade e l'Italietta*, «Rinascita», 12 gennaio 1973)

André Fermigier
Le 120 giornate di Sodoma
In italiano, queste terribili descrizioni dei supplizi erotici hanno degli accenti degni dell'*Orlando furioso* dell'Ariosto, così come l'aveva realizzato Ronconi. I carnefici del Divino Marchese e le vittime si spostavano su dei piccoli carrelli neri, ma restavano prigionieri del quadro della scena, terribili e derisorie apparizioni truccate di verde o di viola, uguali ai personaggi del museo Grévin per un romanzo noir. Delle calze bianche, una culotte alla francese, delle capigliature irsute

a coda di cavallo fanno sembrare gli uomini dei futuri ghigliottinati. Le donne, sotto delle lunghe sottane nere aperte sul davanti, sono nude. Le pose oscene, che assumono per via degli strumenti di tortura e che esibiscono, ricordano le scene dei martiri cristiani. Non c'è nessun tipo di realismo tranne che una ammirevole trasposizione visuale di un'opera delirante per automi del crimine sulla base di una musica concreta, ironica e funerea. Ammirevole!
(A. Fermigier, «Le Nouvel Observateur», 7 maggio 1973)

Jacques Ferrier
Le 120 giornate di Sodoma
Con una lucidità rara Vasilicò ci invita a vivere una "stagione all'Inferno", che resterà per sempre nella nostra memoria. Questo non è "solo" teatro underground, quello che scopriamo nella *cave* del Tordinona è vero Grande Teatro.
(J. Ferrier, «Tribune de Genève», 1973)

Cesare Garboli
Le 120 giornate di Sodoma
Le *Giornate* sono la storia di un'orgia, minuziosamente organizzata dalla mente di un funzionario del male ossessionato dalla messa in scena, e soprattutto dalle luci artificiali. Siamo alle fonti del surrealismo. Tutto si svolge in un castello murato, sulla cima impervia di una montagna. Non il volo o il grido di un uccello. Si vive come in una caserma. Tutto previsto, calcolato, deputato. Ci si sottomette ai piaceri con rigida disciplina militare. Ai preparativi dell'orgia, alla cucina, alla scelta delle vittime, alla lista dei vini, all'arredamento, è dedicato un terzo dell'opera. Sveglia alle dieci. È fissato l'orario dei pasti e delle torture, il cerimoniale dei bisogni corporali e dei sacrifici umani. Non mancano le conferenze (e sono il meglio, tra Defoe e Buñuel). Alla fine succede di tutto e non ci è raccontato, perché l'inferno è un catalogo. Ma un istante prima che la comitiva riparta, e se ne torni a Parigi, abbiamo fatto in tempo a capire che Sade, con esperienza lungimirante, ci ha descritto la propria immagine omosessuale della vita: il matrimonio della natura con l'irrealtà.
Il vero nemico di Sade è la femminilità, o, per meglio dire, tutto ciò che è "fecondo", a vantaggio di un compatto equilibrio tra istinti di vita e morte, liberazione e putrefazione (di qui il feticismo per il luogo fisiologico della liberazione e putrefazione). In polemica contro i valori dell'aristocrazia, il coraggio, l'amicizia, la lealtà sono, per Sade, segni di effeminatezza. La virtù è femmina, per Sade, ed è quello che lo distacca dai classici. Nell'omosessualità moderna,

la femminilità rientra nel sistema come parodia. In Sade vi rientra come vittima. Non è virile, per Sade, commettere il male. È virile commetterlo vigliaccamente. È virile la *poltronnerie*, è coraggioso tradire. Assolutamente libero, l'uomo cessa di avere una misura, un confronto nel "diverso" da lui. È questo il vero ateismo, il vero materialismo di Sade: la mancanza di comunicazione. Questa liberà è illusoria. L'omosessualità produce irrealtà, e l'irrealtà è prigionia. Se ne può uscire solo a prezzo di un rito, di una cerimonia religiosa, barbarica e primitiva, cioè con una rappresentazione teatrale. Si scopre, nelle *Giornate*, un'identità di funzioni tra orgasmo e teatro. È questo il senso che mi sembra di poter assegnare allo spettacolo messo in scena da Vasilicò in uno dei tanti teatri-cantina di Roma. (C. Garboli, «Il Giorno», 15 febbraio 1973).

Colette Godard
Le 120 giornate di Sodoma
Un commento teatrale su Sade composto con molta intelligenza, amore ed eleganza. Nell'inondazione delirante delle infamie sublimate e sublimi, negli scoppi lirici dell'immaginazione strappata di Sade, Vasilicò ha scelto una serie di sequenze chiuse, autonome, che mostrano il meccanismo della dominazione, l'organizzazione della tirannia, la forza del desiderio. Davanti ad un fondale nero, marciando o avanzando a fatica, issati su dei cubi neri come delle marionette manipolate dai servi di scena, i personaggi sono mezzi nudi sotto le loro lunghe redingote nere. Indossano calzini bianchi o rossi. I loro volti sono dipinti di rosso, verde, blu, violetto, gli occhi cerchiati di nero. C'è il gruppo delle vittime, poi il tiranno con i suoi servi, e la narratrice: venduta al maestro, dice il racconto terrificante delle torture da lui inflitte. Non basta agire, ascoltare mantiene il grado di esaltazione. Ma lei non può sfuggire alla sua condizione: l'oppressore non cessa mai di opprimere, l'oppresso non cessa mai di subire. Il rapporto è immutabile. Il forte trae la sua forza dalla passività del debole. Nessuno prima di Sade aveva espresso così chiaramente (e nessuno lo aveva fatto con tanto eccesso e violenza) questa dottrina impietosa, disperata e disperante. Vasilicò la desacralizza con immagini molto stilizzate, così evidenti nella loro significazione come quelle dei fumetti per adulti. Con dei gesti, dei movimenti, degli atteggiamenti schematizzati, un codice grafico in cui la secchezza si oppone al lirismo del testo e lo sottolinea come nel Nō. E, come nel Nō, i personaggi non hanno

mai delle relazioni dirette tra loro. Si rivolgono al pubblico. Anche nel momento delle torture, i gesti sono fatti in direzione della sala. Il suono (note dure di clavicembalo, boato continuo e minaccioso, percussioni, rumori di passi che battono pesantemente il suolo, grida) è paesaggio sonoro. Con una raffinatezza e un rigore che riproducono la cerebralità del delirio di Sade, lo spettacolo dà una visione amplificata di una forma primaria di violenza, che sta alla base di ogni relazione individuale e sociale. [...]. Sade non era un "rivoluzionario" e *Le 120 giornate di Sodoma* portano all'estremo un'ideologia nazista. Ma è proprio l'"estremo" che dona ad esso questa formidabile forza sovversiva. E, rispetto a questo, Vasilicò ritiene che lo spettatore debba trarre le proprie conclusioni.
(C. Godard, «Le Monde», 30 aprile 1973)

Gerardo Guerrieri
Proust

Il *Proust* di Giuliano Vasilicò al Beat 72 (superaffollato ogni sera) è uno spettacolo fuori dell'ordinario per più ragioni. Ha avuto una preparazione lunghissima, rara in Italia (quasi due anni, ma non sono sprecati). Il regista ha ricavato da quel piccolissimo spazio effetti di sorprendente magnificenza: da Visconti in 24esimo; fra le varie invenzioni, il flusso circolare del movimento evoca in modo mirabile quello del tempo, moltiplicando i personaggi; c'è poi la straordinaria intensità con cui un gruppo di attori vive (non interpreta) la sua esperienza. Spettacolo ingegnoso e sontuoso, indice di un altro modo di fare teatro. Lo stupore di molti è come si sia potuto in un'ora e 10 minuti sintetizzare un romanzo di 3000 pagine. Di qui le voci che lo spettacolo sia illustrativo, fotografico, il che non è. Lo spettacolo è autonomo rispetto alla *Recherche* proustiana. Anche se si riconoscono momenti del romanzo (l'incontro tra Charlus e Jupien; il gioco dell'anello delle "ragazze in fiore" trasportato nel clan della Duchessa di Guermantes) lo spettacolo ha una sua struttura indipendente. Dice Vasilicò che questo spettacolo è molto diverso dai suoi precedenti, l'opposto anzi. Non ci sono categorie o classi in conflitto (libertini e vittime, come nel suo "Sade"): per la prima volta nel suo teatro ci sono degli individui. Sentiva il bisogno di una svolta, l'esigenza di affrontare temi privati, individuali, segreti, per questo ha scelto Proust (dopo aver pensato anche a Joyce, e a Dostoevskij). Lo spettacolo è nato con grandi difficoltà, in due fasi. Per cominciare, il tentativo di trasporre il romanzo in teatro drammatizzando le scene più famose si è rivelato difficile. A mano a mano la chiave dello spettacolo è diventata questa: un gruppo di attori evoca come in una seduta spiritica Proust e la *Recherche* nel Beat 72. Abbiamo capito che questa eccitazione per la morte e l'apparizione di Proust ci avrebbe dato quell'energia teatrale che fino allora mancava completamente. Da dove è scaturita questa energia? Dalle motivazioni stesse di Proust scrittore: perché ha scritto? Perché quella tremenda energia? La malattia, il senso di colpa di essere omosessuale, il senso di colpa verso la madre, la sensazione di averla uccisa. Di qui lettura attenta delle biografie. Tutto quel che si sente dire in scena è tratto dalle lettere (alla madre o a Montesquieu). È avvenuta una specie di simbiosi tra vita e opere, tra uomo e personaggi. «Con l'uomo, compare la sua epoca». Come la scena della discesa della scalinata (in un corteo stupefacente, ininterrotto, ossessivo ed ebbro di cerimonialità, puro Malraux, memorabile) può essere «una delle tante discese della scalinata dell'Opera, o l'aristocrazia che si reca a un ricevimento, o l'arrivo dei personaggi di Proust» (nella scena precedente, un brusio o gorgoglio di acque annunciano a Proust bambino le voci dei personaggi). Le due scale alla fine rovesciate fungono da bare nel funerale di Proust, che è insieme autoesaltazione della borghesia innalzante i suoi monumenti (scena ispirata alle esequie semidivine di Victor Hugo). E la scena dei ritratti di famiglia? (domina quello della madre di Proust sul fondo). È la base dello spettacolo. «Si dice che Proust invitasse a casa, dopo la morte della madre, dei giovanotti, e profanasse con loro le immagini dei genitori. Chiaramente per lui questo era un gesto d'amore per i genitori (nel romanzo è un leitmotiv ossessivo, ricorre nell'episodio di M.lle de Vinteuil). Ma di qui l'idea dei ritratti che gli attori portano in scena, e l'idea di un gesto osceno da compiere davanti ad essi, e di fare entrare i personaggi della *Recherche* o degli amici che glieli ricordano in questa scena che è della profanazione della madre e insieme della riconciliazione con la madre: in questo affermare finalmente davanti a lei (ritratto) di essere omosessuale, compiendo l'atto più abominevole che intanto lo libera». E le corazze, che fasciano il busto degli attori nella prima e nell'ultima scena? Sono «il fascino che esercitavano nel giovane Proust le storie dei cavalieri antichi, che rappresentano (per Proust e per Charlus) una categoria spirituale e un'epoca (il medioevo, il gotico) cui spesso

un teatro apocalittico

egli si riferisce. Come i cavalieri antichi cercavano il Graal, mitico equilibrio spirituale, così Proust cercava il suo equilibrio spirituale invece che attraverso il percorso cavalleresco attraverso il recupero degli episodi della propria vita. La ricerca del tempo perduto non è, come vorrebbe Deleuze, la ricerca della verità, ma la ricerca della salvezza». Di qui deriva «un confronto totale, senza scampo, fino alle radici», cui partecipano tutti gli attori, con Proust e il suo universo.
(G. Guerrieri, «Il Giorno», 29 dicembre 1976)

Dacia Maraini
Proust
Giuliano Vasilicò lavora sui testi come una tarma: mangia letteralmente le pagine rosicchiandole piano piano fino a riempirsene la pancia, lasciandosi ubriacare dalla polvere cartacea e quindi acquattandosi fra i fogli a digerire lentamente in un letargo pieno di sogni fascinosi.

Poi ecco, passato un inverno di quiete digestiva, lo vediamo muoversi con nuovo vigore. Il suo è il linguaggio delle viscere, dei sensi, di un cervello che pulsa soddisfatto.

Lo spettacolo nuovo di Vasilicò si chiama *Proust*; ma non ha niente di descrittivo, di narrativo. Non è la drammatizzazione della *Recherche* né una teatralizzazione delle luminose intuizioni psicologico-sociali dello scrittore. La scena nuda è popolata da attori in redingote, da attrici con enormi cappelli alati, stile liberty. Le luci sono taglienti. Una scala vomita corpi infagottati, eleganti, ciondolanti, caliginosi, come un fiotto di vita che si perde nel nulla. Il buio affollato della convivenza urbana inghiotte questi fantasmi zuccherini per sostituirli subito dopo con altri fantasmi altrettanto fastosi, silenziosi e solitari. Una folla fatta di persone sole, sebbene si indovini una solidarietà di classe sotterranea e viscerale.

Ma il buio dell'ottusità umana viene interrotto da uno squarcio di luce abbagliante: contro una parete di un biancore sfavillante ecco ergersi la vivente sarabanda della Grande esposizione universale: è la gioia delle scoperte tecniche: la luce elettrica, il telegrafo, il treno, i primi voli; un carosello di corpi umani disposti come le statue del trionfo della ragione sugli istinti, il trionfo ingenuo e superbo della civiltà occidentale.

Ma pure, nonostante il progresso delle scienze, i rapporti umani non sembrano mutati. Negli angoli delle strade, nei giardini pettinati, nelle sale addobbate a festa assistiamo agli approcci concitati di uomini avidi e irrequieti, agli abbracci e alle violenze di corpi carichi di passionalità e di voglie proibite.

«Ho puntato più sul sistema nervoso di Proust che sullo scontro di classe», dice Vasilicò, «mi interessano i traumi, l'esaltazione, la particolare sensibilità dello scrittore. La sua è una malattia, una malattia sociale da cui si guarisce solo con la morte».

Non potrebbe essere detto meglio: lo spirito di questo complesso e pure semplice spettacolo è quello di una discesa lucida e ammaliante nell'inconscio di uno scrittore come Proust, sopravvissuto alla propria epoca. La nostalgia per i miti favolosi dell'infanzia si mescola all'amore rabbioso e angosciato per un presente turbolento e vano che sguscia dalle mani come un'anguilla.

Proust c'è e non c'è. Ora lo vediamo come un eterno adolescente (il composto, dolce Massimo Napoli); ora come un giovanotto farfallino che frequenta i salotti bui dell'aristocrazia più perfida e retriva, facendosi vittima e carnefice delle proprie ossessioni sociali. Charlus (rappresentato con controllata furia da Renzo Rinaldi) ci conduce nelle gallerie afose dei rapporti proibiti, ci fa assistere allo scontro fra la tirannia dei sensi e le regole sociali.

Le "fanciulle in fiore" del romanzo sono assenti. Qui la donna è soprattutto un'ombra ossessiva e straziante: la madre, la morte, la crudeltà familiare.
(D. Maraini, «Tempo Illustrato», 19 dicembre 1976).

Frank Marcus
Le 120 giornate di Sodoma
Un evento teatrale di grande potenza immaginativa [...]. Sade illustrato visualmente e ritmicamente, senza esplicito naturalismo [...]. L'uso del sonoro, delle voci, dei costumi, la disciplina della compagnia sono una vera lezione per la flebile avanguardia inglese [...] Certamente un teatro diverso, rispetto a quello di Eduardo de Filippo (attualmente anch'esso in scena a Londra), eccetto che per quel meraviglioso senso di definizione degno del paese che ha creato la Commedia dell'Arte.
(F. Markus, «Sunday Telegraph», 1975)

Pierre Mazars
Le 120 giornate di Sodoma
Questo Festival di Nancy potrebbe considerarsi già un successo, anche se non presentasse altro che questo spettacolo [...]. Messo in scena e recitato alla perfezione [...] Impossibile da dimenticare.
(P. Mazars, «Le Figaro», 1973)

Giuliana Morandini
Missione psicopolitica – L'occupazione – Amleto – Le 120 gior-

un teatro apocalittico

nate di Sodoma – L'Uomo di Babilonia
Missione psicopolitica: storia di una bambina che ambisce alla violenza di un maniaco, che pensa a questa morte come a una paradossale realizzazione d'esistenza. Un groviglio di altre vicende giornalistiche, di flash, di interviste, di frammenti documentari cresce in abnorme proliferazione attorno alla tensione di questo nucleo morboso [...] è delineato il rapporto tra la vittima e il carnefice, la sua lucida folle esaltazione. E la tragedia della psicologia individuale è compresa e risolta nel sociale. E l'occhio implacabile del reporter, nuovamente compreso della esatta rubricazione dell'Enciclopedia, osserva con attenzione straordinariamente obiettiva e inevitabilmente tragica.

Più duramente politica è la storia successiva, *L'occupazione* che sa raccogliere tutta la potenzialità drammatica della difficoltà privato/pubblico scavata dall'ondata di contestazione del '68. Vasilicò è attore totale, pienamente immedesimato, manifestandovi, in impressionante continuità tra vita e scena, l'irritazione che lo sconvolge e lo accomuna alla crisi di una generazione.

L'ecatombe spaventosamente sacrificale de *L'occupazione*, il suo scandalo non componibile, esasperano le riflessioni sul senso stesso del teatro, sulla tortura connaturata al suo tremendo rito, sull'orditura di sangue e di morte che forgia le sue parole-cose, sulla sua voce impossibile che ne articola e lacera e annulla e grida i deliranti monologhi.

Così Giuliano Vasilicò ritorna a Elsinore, lui stesso è il principe-attore che impazzisce nella dialettica tra delirio e teatro, tra dimensione intima e ostensione coram populo dello scandalo, dell'innominabile.

Il delitto allaga la scena, si fa assoluto despota della sua pratica di follia. Vasilicò stesso ci avvisa della predominanza del delitto: «Il carattere viscido, osceno di questo delitto è certo una delle molle che fa scattare il particolare tipo di comportamento di Amleto: nel timpano del principe, lungo tutto l'arco della vicenda, scivola, punge, gorgoglia quel liquido esiziale, nemico al sangue dell'uomo».

Quanto al teatro è lo strumento che smaschera il delitto, che ne incide lo spettro, che ne imprime la radiografia, che ne testimonia l'impronta, che ne registra il gesto, che ne spera l'enigmatica catarsi.

Affrontando la "moralità leggendaria" Giuliano Vasilicò ripropone le sue personali dinamiche, con Lucia, con Ingrid, con l'arcaica madre, con il negativo speculare di se stesso nel giovane re, Fabio Gamma, già attore brechtiano e destinato ad essere il "regista interno" del ritmo scandito da Vasilicò (per sincronica capacità d'intuirne e afferrarne il "momento teatrale").

E non solo *Amleto* salda delitto e teatro e scopre nel delitto la caverna stessa del teatro. Introduce anche la natura quadruplice del rapporto, la duplicazione della coppia secondo Jacques Lacan, la sadica emblematicità del numero quattro, numero destinato a essere multiplo obbligato del confronto con il Marchese de Sade.

Su cassoni scuri che sembrano piedistalli da ghigliottina (perfetta equivalenza degli abissi della perversione con il secolo dei lumi, della Ragione ma anche del Terrore) i quadri esemplari di Vasilicò sfilano in un crescendo esplosivo. Donne tremanti, di pallida cera, con gabbane nere e calze rosse, uomini con gli occhi iniettati di verde bile e di livida agonia, sodomiti, governanti depravate, servi e prossenete; gesti sincopati, esibizioni, voci roche e sorde, narrazioni di passioni stupefacenti e scandalose. L'indiavolata sarabanda assume tutte le risorse figurali dei grandi esempi grotteschi, da Goya all'espressionismo di un Ensor e di un Munch: scavando con la forza maledetta della disperazione e del buio che annega dentro, con l'atrocità della solitudine e della misantropia, tutta la bestialità, scoprendo l'ambivalenza fatale della sessualità preedipica, creatività e distruttività a un tempo. E alla fine, nell'atmosfera della strage catartica, i volti della paura possono acquisire una smorfia dolorosa, una maschera che quasi dimostra un'embrionale possibilità di riparazione. [...].

Ne *Le 120 giornate di Sodoma* Vasilicò non recita. È spasmodicamente intento a registrare un'eccitazione mostruosamente esplosiva e tremendamente attuale nei "gironi" della cultura europea, nelle involuzioni fanatizzate di ogni ambizione idealistica. La gestualità raggiunge una violenza e insieme una misura incomparabili: senza tempo, in quanto fatta di essenze, è investita da una sostanza che, pur dimostrando di conoscerne le ipocrisie, si attiene scrupolosamente alle leggi, alle regole, ai princìpi, alla moda, alla metrica dell'epoca prescelta. E allora quella gestualità che poteva apparire astratta diventa di colpo sorprendentemente la "gestualità dell'Epoca", evidenziando la sua caratteristica fondamentale di fondere insieme due "qualità" di solito incompatibili: il realismo del gesto e la sua novità.

Il saper lucidamente afferrare il proprio momento storico e il plesso delle sue contraddizioni fa scuola e si può dire che innumerevoli diventano nelle varie cantine le ripetizioni-ricerche (degli incubi di Maldoror o delle notti bizantine) della sua inimitabile perentorietà.

Lo sviluppo futuribile dell'intrigo sadomasochistico l'offre, nel giugno 1974, lo stesso Vasilicò con *L'uomo di Babilonia*. La storia è quella, marcusiana, di un sistema che giunto al vertice della sua potenza, crolla, come un colosso d'argilla, come appunto il mitico impero di Babilonia e la sua torre blasfema. E ci viene analiticamente fornita la diagnosi del Sistema e denunciata l'incongruenza confusionale dei discorsi e delle lingue che lo sostengono. E sono accusate le contraddizioni che lo lacerano e frantumano.

Dopo il Messico (di Artaud), dopo Sodoma, vediamo dunque cadere anche Babel: e insieme qualcosa che è terribilmente parte di noi.

L'uomo di Babilonia è una voce, un'incancellabile voce, un urlo, una profezia di "catastrofe"; trascina dietro altre voci, altre grida in un crescendo epico. Attraverso la sua voce un'antichità solenne approda a un'utopia fantascientifica (e vera), a una società governata apparentemente con democrazia e in realtà costruita sull'alienazione del Potere e sulla sua necessaria violenza.

Al vertice di questo Stato, di questo Neo Capitalismo assoluto sta un effeminato cicisbeo-playboy con una tunica bianca e occhialoni da sole. Accanto c'è una Ninfomane vestita da marziana, una Messalina interplanetaria. Il capo della Polizia è un prete manganellatore, con relativa banda di mazzieri. Vi è poi una figura di donna emblematica di come una certa ubriacatura sessuale possa zittire: con un rotolo di scotch suggella le labbra e lo lascia poi pendere tra le cosce come un'ambigua esca. Il legame tenace tra perversione e potere viene esplicitato con smozzicate citazioni di Freud e Reich.

Il segno di Vasilicò si è fatto ancora più duro, è aumentata la temperatura della sua esasperazione.

Si susseguono, attraverso l'ossessiva ritmatura delle infernali luci e della musica elettronica, rappresentazioni di straordinaria plasticità e intensità. L'inaugurazione della mostra con i cadaveri degli omicidi bianchi ammirati come pezzi squisiti di pop-art. La processione pubblica orgiastica che culmina con il coito di stato. Le torture godute con spasimi di frenetici amplessi. Le crisi convulsive e i rantoli gustati attraverso il distacco degli obiettivi fotografici. E tante altre "crudeltà" sublimi, flash di rovina, senza neppure lo spazio della morale, delle grandi assoluzioni. Azioni serrate, veloci, aggressive, lampeggianti come le sventagliate di mitraglia. Poi il silenzio e il crollo, non detto ma conosciuto. In attesa che le violente luci si distillino nel sottile malessere della memoria.

A questo punto del percorso, Giuliano Vasilicò si accorge che l'approfondimento drammatico di quest'arco che da Sade giunge alla sconvolta e immanente predizione del nostro destino trova in Proust (almeno per quanto riguarda la nostra crescita culturale) un crinale essenziale. Nel salotto dei Verdurin e alla corte dei Guermantes c'è una consumazione straordinaria di crudeltà. Vasilicò allora legge e rilegge la *Recherche* e si conferma che la sua tragicità non è tanto nella narrazione instancabilmente accumulata quanto nella sua stessa struttura, nel rapporto con il fisico patimento dell'autore, nel battito oscillante come il respiro delle sue crisi d'asma, nella estenuante provocazione dei sensi, nella possibilità vissuta quasi come inesauribile della loro eccitazione.

Il problema della rappresentabilità di Proust si configura così come meditazione suprema e coerente per Vasilicò del suo far teatro: lavoro su di una parola più di ogni altra incisa nel corpo, lavoro sul delitto di questa incisione, sul suo insoffocabile aggetto drammatico. (G. Morandini, *Il delitto e il teatro*, «Carte Segrete», n. 32, aprile-giugno 1976)

Paolo Emilio Poesio
Amleto

Di tante edizioni sperimentali dell'*Amleto*, di tante più o meno interessanti sintesi della tragedia, questa di Vasilicò, con soli quattro personaggi in scena (Amleto, il re, la regina, Ofelia), con una scena spoglia e drammaticamente essenziale, mi sembra, fra quelle che ho visto, una delle più significanti, delle più inconsuete: non solo per la notevolissima varietà delle soluzioni registiche (e mi basterebbe lo Spettro tramutato in una sorta di marionetta comandata da Amleto stesso, per dire della qualità intuitiva del Vasilicò: così come il finale, non innaffiato di sangue, ma proiettato in una continuità senza tempo di una condizione umana), ma anche perché nella sua perentoria mutilazione di battute e personaggi, questo *Amleto* non si restringe a un messaggio circoscritto, pur assolvendo un discorso preciso. Sarebbe facile, a questo punto, pensare a una delle consuete dissacrazioni di un testo notissimo o a un'operazione di "annessione" del personaggio ai tempi di oggi, tramutandolo in un emblematico contestatore della società (a sua volta simboleggiata dalla famiglia) non permissiva o semplice-

mente guasta e imputridita: ma Vasilicò è andato, direi, molto più in là e nella sua scarnificazione del testo non ha eliminato nessuno dei molteplici temi che investono il personaggio (dal tema del potere al tema del sesso, al tema del rapporto madre-figlio) esprimendo il tutto con una sorta di ritualità gestuale cui si contrappone l'uso anche in-comunicabile della parola (le vocali al posto di un discorso), quadro fra allucinante e barbarico che ci riporta non tanto a Shakespeare quanto a un ipotetico Ur-Hamlet. Interessante Amleto, tenuto sul filo di una tensione psicologica al confine del parossismo, lo stesso Vasilicò: ma una nota personalissima la richiede Lucia Vasilicò – sorella di Giuliano – per la sua Ofelia, di un'intensità mimica e vocale raramente riscontrabile nelle interpretazioni di questo famoso personaggio. Intelligente e sottile il disegno che Ingrid Enbom fa della regina che resta chiusa alla realtà di Amleto: e Dimitri Tamarov dà rilievo al re con il suo accento esotico. Unitaria (ed è un pregio non da poco) la messinscena che è firmata, anche per musiche, luci e costumi, da Agostino Raff.
(P. E. Poesio, «La Nazione», 12 aprile 1972)

Le 120 giornate di Sodoma
Leggere drammaticamente l'opera di Sade è impresa tutt'altro che facile (ammesso che sia facile e dilettevole leggere la prosa del marchese): estrarre situazioni o battute non vuol dire rendere lo spirito di una scrittura tutta intrisa di mostruose fantasticherie alle cui spalle è situata l'illuministica fede nella ragione dell'uomo grazie alla quale possono e devono cadere pregiudizi e ipocrisie di stampo moralistico. Ma frugare nella foresta delle perversioni che Sade fece germinare dalla sua mente negli anni, soprattutto, in cui fu chiuso fra carcere e manicomio, per materializzarle in uno spettacolo teatrale, significa correre diversi rischi: da quello, citato, di scivolare nel ridicolo a quello, più grave, di limitarsi a un'epidermica figurazione. Ora, in nessuno dei due difetti è caduto Giuliano Vasilicò nell'approntare per il gruppo Beat 72 queste *120 giornate di Sodoma* [...]: qui veramente siamo nel sabba arcano e spaventoso di volti mostruosamente colorati – verdi viola rossi – di corpi seminudi in preda a una frenetica tarantola, mentre l'implacabilità dei suoni elettronici [...] avvolge lo spettatore in un alone di incubo, anche quando le note di un clavicembalo paiono – irrisorie – evocare le armonie aggraziate di un Settecento abitualmente prospettato in chiave leziosa.

Per raggiungere un risultato consimile, non stupisce che siano occorsi mesi e mesi di prova: perché non soltanto Vasilicò ha penetrato appieno l'*humus* di un libro a lungo relegato negli "inferni" delle biblioteche pubbliche ed esaltato come una bibbia delle perversioni, ma ne ha tradotto il linguaggio mediante l'espressione fisica degli attori sottoponendo questi ultimi, lo si comprende dal risultato, a un esercizio tale da renderli padroni delle più raffinate gestualità. La tensione interiore che pervade i singoli e si comunica e propaga a tutto il complesso è tale da valicare il sottile confine fra scena e platea: e l'ora, circa, di durata delle *120 giornate* passa come se molte ore o molti giorni o molte notti gremite di sogni inquietanti si fossero macinati uno sull'altro fra le mura della sala. Il buio rotto da vivide raffiche di luce, le maschere urlanti e grondanti spavento o insana sete di violenza, i muscoli che palpitano sotto la pelle, il grido che si sprigiona da labbra orribilmente vermiglie, tutto concorre a evocare, come nessuna illustrazione lo potrebbe, il mondo di Sade.
D'altro canto, Vasilicò non ha dimenticato di dare a questa danza delle streghe, a questa cerimonia nera, anche la dimensione di una società guasta e corrotta, additata con feroce puntualità dallo stesso Sade. Così il girotondo dei mostri assume un valore indicativo, assolve da ogni possibile gratuità lo scopo dello spettacolo.

Inutile fare distinzioni di merito: se cito subito Lucia Vasilicò, sorella di Giuliano e sua instancabile collaboratrice, devo anche aggiungere immediatamente il nome di Fabio Gamma e quelli di Ingrid Enbom. Sergio Slavko Petelin, Agni Al, Giovanni Saba, Lidia Montanari, Massimiliano Mila, Bruno Sais, accomunandoli tutti nel successo, così come devo fare per Agostino Raff e Angelo Delle Piane, autori dei costumi (che hanno un peso non indifferente nell'esito visivo dell'azione). Moltissimi gli applausi, anche a scena aperta.
(P. E. Poesio, «La Nazione», 6 maggio 1973)

Proust
La ricerca del "tempo perduto", il viaggio negli abissi e nei labirinti della memoria, il serpeggiante intrecciarsi degli eventi biografici e di quelli narrativi: il *Proust* di Giuliano Vasilicò è intessuto tutto di questi elementi, è commisurato su una lezione proustiana, una dimensione proustiana che va anche al di là del diretto riferimento all'autore della *Recherche* e alla sua opera. Recupero di un bagaglio che portiamo con noi, non importa se poi siano Swann e i

un teatro apocalittico

Guermantes, il barone Charlus o Albertine a prendere forma concreta, un bagaglio che sulla scena si anima in misteriose e affascinanti immagini nel concatenato impiego dell'espressione fisica, della luce, del suono, della parola detta o sussurrata, dell'intervento musicale.

Lo spettacolo [...] è forse la pagina più ardua fra quelle che portano la firma di Vasilicò: affrontare Proust è gettarsi nelle sabbie mobili di un discorso il cui rischio perpetuo risiede non tanto e non solo nella possibilità del tradimento quanto in quello dell'avvilimento di una materia inimitabile.

Avere evitato questo rischio, aver saputo cogliere lo spirito proustiano e averlo tradotto non in una *summa* pretenziosa ma in un vasto e magico affresco vivente vuol dire avere tagliato un traguardo eccezionale. Così come è eccezionale l'uso che Vasilicò fa di elementi tutti teatrali, essenzialmente teatrali, visivi e no, in un'orchestrazione perfetta grazie alla quale un sentore di vita-morte, di impura purezza, di ambiguità e di innocenza circola da un capo all'altro della rappresentazione senza cedimenti o incertezze.

Lo strepito assordante degli uccelli e le note offenbachiane del can-can, per dire due estremi, coesistono così con la frammentazione dei dialoghi, l'accendersi di lanterne magiche in cui un Proust adolescente si isola per poi essere inghiottito nel gorgo fluido delle presenze umane – nere marsine maschili con biancore di sciarpe, raffinate toilette muliebri, con cappelli dalle gigantesche tese, fantasmi non usciti dall'album di famiglia ma scaturiti piuttosto da onirici turbamenti – e la memoria suggerita dei biancospini di Combray viene ad essere d'un subito sopraffatta dalla corruzione mondana di una società imputridita, il promesso Graal si offusca in anomali amplessi. Mi è difficile dire quali siano i momenti-chiave dello spettacolo, tanto fitto è il tessuto espositivo dell'assieme: ma certo ci sono capitoli indimenticabili, come la lenta incessante discesa dei personaggi-emblema dalle sfere dell'inconscio, ci sono momenti di struggente bellezza, come la felice parata rievocativa degli svaghi sportivi, ci sono allusive tensioni, come le scale impercorribili, che restano nel ricordo con una forza incisiva particolare. Il "tempo perduto" è di continuo ritrovato, la memoria è scandagliata quasi impietosamente negli slanci repressi, nei fallimenti, nelle degradazioni fisiche e morali (di un pudore, tuttavia, rarissimo), nel gioco di un'alternanza continua tra il mondo dell'uomo Proust (che una ricca esposizio-

ne fotografica curata dall'Istituto francese fa rivivere, a prefazione dello spettacolo) e il mondo della *Recherche*. Per raggiungere l'esito che ha raggiunto, Vasilicò ha potuto contare sia sull'apporto validissimo della scenografia di Goffredo Bonanni cui si debbono anche i costumi, sia sulla qualità di un gruppo di attori non solo affiatati, ma padroni altresì di una tecnica che vuole da loro l'espressione plastica e mimica pari all'uso della parola.
(P. E. Poesio, «La Nazione», 20 novembre 1977)

Jerzy Pomianowski
Proust
Se lo spettacolo di Vasilicò è diventato un successo incontestabile, è evidentemente perché l'autore ha rinunciato a tutti i riferimenti all'intreccio dell'opera. Si può trovare il ciclo di Proust noioso o geniale, ma quel che è certo è che non può essere tagliato o riassunto. Lo spettacolo è una successione di *tableaux* drammatici legati ai personaggi e al contenuto de *La Recherche* in modo fluido, il legame è costituito niente meno che dalla personalità e dai frammenti della biografia di Proust stesso. In definitiva, lo spettacolo è una sorta di seduta di psicoanalisi, durante la quale le confidenze di Proust (e dei suoi corrispondenti) si organizzano secondo le logiche rigorose del sogno o della fantasmagoria. [...] Ci sono in questa pièce delle scene d'una ferocia sorprendente – forse è la prima volta che si parla in questo modo di omosessualità e che la si mostra così – ma, nell'insieme, *Proust* è uno spettacolo poetico, che non ha niente in comune con le regole del "buon senso" scenico, pieno di silenzio e spogliato da qualsiasi dialogo intellettuale. Non c'è tiepidezza sentimentale, ma il soffio della tragedia: il caldo respiro della vita intima, segreta, di un individuo sensibile, in seno a una società presa nella rete della celebrazione dei rituali quotidiani.
Questo ritmo disuguale, asmatico, Marcel Proust lo ha afferrato nelle parole e nei gesti più reticenti dei personaggi del suo libro. Comprendere e mostrare questa atmosfera nel corso di una rappresentazione di un'ora e mezza appena, è stupefacente. [...]
Ci sono un'enormità di cose indimenticabili in questo spettacolo. Per esempio la scenografia ascetica e parlante di Goffredo Bonanni. E soprattutto qualche scena fuori dal comune: lungo una scala invisibile, nella penombra, in una sfilata ininterrotta, per coppie o soli, avanzano dei personaggi in abiti con lo strascico, cappelli alati e frac con sembianze di bare. Passano dal non

un teatro apocalittico

essere a un secondo non essere. Discendono nell'abisso, spariscono nelle profondità anonime, in un movimento lento e ostinato, con una tale concentrazione che la scena sembra muta, anche se il ritmo è dato dalla clamorosa marcia di Berlioz. Questa cessa di essere banale: ecco di nuovo il teatro, dopo anni di frastuono dei dilettanti. I muri sono tappezzati di gigantografie di fotografie ingiallite della madre di Proust, di suo padre, di lui stesso – e tutto è abitato da quel genere di folla che si incontra ai vernissage. Accanto al barone di Charlus, accanto a Saint-Loup, accanto a Madame Verdurin e alla duchessa di Guermantes, un ragazzino moro si masturba [...]; il salone pieno di pettegolezzi tace bruscamente: in fondo alla scena, una donna di una sorprendente giovinezza si mette di fronte al pubblico e, con una voce profonda e modulata, recita – come se fosse un'aria senza musica – delle parole tratte da una lettera di Proust, parole piene di perversità e raffinatezza; non sono dette unicamente per permettere alla duchessa di Guermantes di regnare sui personaggi immersi nella meditazione, ma perché s'imprimano nell'immaginazione dello spettatore.
(J. Pomianowski, «La Quinzaine littéraire», 1 agosto 1977)

Angelo Maria Ripellino
Le 120 giornate di Sodoma

Improba impresa trasporre la "singulière partie de débauche", organizzata da quattro maturi psicopatici con un serraglio di vittime della loro lussuria in un castello remoto della Foresta Nera. Eppure il regista con lussureggiante inventiva e con ritmi serrati è riuscito a trasfondere in una pantomima compatta e di inusitata coerenza stilistica tutta l'atroce lubricità del libertinaggio, l'anatomia della copula, la fecalità, la culabria, l'accademia dell'orgia, le paratesie, il crescendo di orrori, i supplizi che allietano quei nobili degenerati. Lo spettacolo, squassato da orridi urli e da calpestii che ricordano rulli di tamburi africani, demente flamenco della perversione, incalza come una sequela di *tableaux vivants*, di squarci e barbagli mimici, strappati all'avidità delle tenebre.

A parte uno smisurato spuntone di stoppa attaccato all'inguine di un attore ed un cunno di pezza incollato all'addome di una ragazza, il regista trascura la picaresca comicità dell'abiezione, che pure pervade gli aneddoti narrati dalla Duclos e dalle altre *historiennes*, riportando invece nei vaneggiamenti gestuali e nelle allusive posture la ferocia, il ribrezzo, il risvolto di morte dell'inesausta fabbrica di sodomia. Nelle spo-

glie di spose, di efebi, di fanciulle rapite, di *fouteurs*, di ruffiane, di streghe, un'affiatatissima schiera di giovani attori scatena un carosello vertiginoso ed ubriaco, un lugubre carnevale di guizzi e di contorcimenti e di diavoleschi colori tra i quali prevalgono il nero e il rosso. Le ragazze indossano calze rosse e neri talari da abati, che si aprono, come i mantelli delle antiche vardzaki armene, sul torso nudo, sul bianco abbagliante dei seni. Gli interpreti tutti di questa "sadesca" atteggiano il volto gessoso a espressioni allibite, sgomente, a smorfie di dolorosa ebetitudine, spalancando sguaiatamente la bocca, come nel *Grido* di Munch. Con questa boccalità disperata ci si avventano addosso nelle strettoie del cunicolo, fremebondi, sconvolti, oppure vengono fuori dalle tenaglie del buio in perverse pose statuarie su mobili plinti, su neri cubi a rotelle, che si compongono in varie combinazioni, luciferino *pageant* del Vizio.
(A. M. Ripellino, «L'Espresso», 10 dicembre 1972)

Proust
Nell'atro-baratro del Beat 72, dopo lungo travaglio, Giuliano Vasilicò ha messo in scena il suo incubo *Proust*, sequenza luttuosa di trascrizioni ottiche della *Recherche* e di episodi della biografia del suo autore. Lo spazio esiguo del Beat prodigiosamente si allarga. Nella spessa materia del buio il regista ritaglia piccoli guizzi di immagini, primi piani sfuggenti, modulazioni di movimenti dell'anima. O meglio: alle lunghe frasi sinuose di Proust sostituisce una brulicante successione di minuscole inquadrature che esplodono dalla fittissima tenebra. Gentiluomini in redingote e cilindro e dame in nero satin dagli spioventi cappelli di stile Art Nouveau si aggirano a passi felpati. Ora un uomo in marsina ha le ali, come in *Le mal du pays* di Magritte, ora le siluette indossano sulla marsina il pettorale di una corazza. E Proust è in ciascuno e ciascuno è Proust. Lo spettacolo assomma bisbigli, sospiri, singhiozzi, soffi di vento, primaverile cinguettio di volatili, dissonanze di strumenti accordati per un concerto, spasimi di sodomia e seduzione, scrosci di pioggia, rumorio di carrozze: un mare acustico in cui sparuti galleggiano i rari frammenti di testo. Nella folla di ombre si riconoscono la duchessa di Guermantes e il barone di Charlus, in verità troppo simile a un alticcio nobile russo. Se nelle *120 giornate di Sodoma* gli attori sfilavano su carrelli mobili, nel *Proust* vi sono attimi in cui un interprete ne innalza un altro, formando con lui una doppia figura. Con questo espediente Va-

silicò sintetizza la Belle Epoque, la giovinezza di Proust: nella musica di *Orphée aux Enfers* di Offenbach attori portano attori che portano ruote da velocipede, occhiali da autista, un telefono con fili di rame e consimili "meraviglie" da Esposizione Universale. Ciò che più si imprime alla mente è questo viavai, questo "corso", questo apparire e svanire delle sembianze in una circolarità fantomatica, il loro convulso e torbido approccio nella cadenza funerea del terzo tempo della Sinfonia N. 1 in re maggiore di Mahler. E soprattutto la bellissima scena nella quale da scale invisibili scende un lento corteo inesauribile di raffinate parvenze, come una fiumana di larve che affluiscano dalle voragini della memoria.
(A. M. Ripellino, «L'Espresso», 9 gennaio 1977)

Elio Pagliarani
Le 120 giornate di Sodoma
Siccome che mi sembrava sdato, oggigiorno, Sade nelle cantine di avanguardia, non è che avessi una voglia particolare di vedermi *Le 120 giornate di Sodoma* al Beat '72. Facevo male. Avrei fatto male a non vederlo, perché questo spettacolo di Giuliano Vasilico è fra i più rigorosi e intensi che io abbia mai visto, a livello *underground*. Vi pare una limitazione dire "*a livello underground*"? Ma se, a quel livello, come devo, ci metto anche il Bread & Puppet e il Café La Mama (di cui ricordo per esempio l'intensissima *Medea* l'estate scorsa a Spoleto), sarà subito più chiaro, spero, che non intendo limitare mica tanto il campo del mio entusiasmo. E, seguitando nei confronti, dirò che ho visto delle nostre cantine qualche spettacolo con più idee, con più svolgimento dialettico, ma nessuno più rigoroso di questo di Vasilicò, e pochissimi alla pari: dunque anche qui non sarà, non è così vero che la reazione avanza, indiscriminatamente.

[...] In un'ora di spettacolo una quindicina di scenette, per lo più rapidissime, alcune non più che immagini fortemente scandite dalle musiche di Agostino Raff. I costumi [...] che hanno anch'essi un peso particolare nello spettacolo, hanno ovviamente tinte forti: mantelli prelatizi appunto da abate settecentesco, neri foderati di rosso indossati da fanciulle che non hanno sotto altro che mutandine, come si addice, castamente, a figurine di Sade, sadiche cioè; e Diana Cacciatrice neoclassica tutta stagnola d'argento, come è tutto argento l'Eroe, e d'argento la Corona d'alloro. Più spesso gli attori si muovono sopra carriole (secondo quanto vidi fare per la prima volta a Quartucci, e poi certo, con fama mondiale, nell'*Orlando* di Ronconi) e qui poi, in questa metafisica vicenda di schiavitù, è pressoché indispensabile la figura ghignante del "servo di scena" che spinge a mano e quasi inginocchiato il carrello a ruote. È vero che l'intenso significato della rappresentazione è quello del "gesto permanente" del carnefice che colpisce la vittima, come ha osservato lo stesso Vasilicò, e la ripetizione dell'azione ha qui soprattutto necessità di tensione: ma insomma, con qualche severità, dopo gli elogi, potremmo anche dire che lo spettacolo non ha svolgimento: la situazione è chiusa, metafisicamente. Del che si avvantaggia il rigore dello spettacolo, non la ricchezza dei significati. Bisognava cioè indicare dove è che Sade si morde la coda.

Io ora vorrei dilungarmi sui singoli attori, sulla ragazza bruna perfettamente estraniata che fa il narratore in paramenti religiosamente sadici, sulla bionda orgogliosa che fa, tra l'altro, Diana Cacciatrice, sulla tenera (suppongo) paciocca con trecce e tette al vento, e sui ragazzi sicuri e espressivi [...]. La musica e i costumi sono di livello cospicuo, assolutamente eccezionale in una cantina, come tutto lo spettacolo, del resto, ripeto, di Giuliano Vasilicò, regista e autore anche della drastica riduzione dalle centinaia di pagine di Sade.

(E. Pagliarani, «Paese Sera», 17 novembre 1972)

Edoardo Sanguineti
Proust

Il *Proust* di Vasilicò è, come presso Vasilicò è norma, una galleria spettacolare di "segni" o "geroglifici", estratti notoriamente, per lo più, dalla *Recherche* o dalla vita del suo autore, in quegli ambiti che si sanno: infanzia, iniziazione, vocazione da una parte; mondanità, amore (e gelosia), sensazioni (visive e acustiche, nel caso), dall'altra. Poi ci sono, s'intende, i "segni essenziali dell'arte".

Questi stanno nei tanti tomi del capolavoro e, per quel tanto che lo spettacolo è riuscito, e che è tanto sul serio, in scena. L'itinerario è poi il medesimo: semiotizzazione di lacerti paradigmatici, estrazione delle essenze. Le quali, per quel tanto che si incarnano, fanno sì che i segni siano, per l'appunto, «réels sans être actuels, idéaux sans être abstraits». Che l'esito sia fortemente estetizzante, anche nelle circostanze più crude, blasfeme, acerbe, è fatale: ha da essere così, o niente. Qui, per comodità di chi ci segue, diremo subito che l'impresa di Vasilicò, teste Deleuze, funziona tutta. [...] Ma questo trionfo della morte, con tanto nero su nero, ha probabilmente motivazioni più geroglifiche, proprio, siluettistiche, a flash e lampo, a lanterna magica e istantanea d'epoca, che cimiteriale davvero. D'altronde, totalizzato e totalizzante segnicamente, il Proust tutto orientato a decifrare l'universo borghese, grande borghese, altissimo borghese, impigliato con l'aristocratico e il cavalleresco, lati d'ogni aristocrazia e cavalleria possibili, come universo di morte, "dans le temps". In universo che è per-la-morte, e che è morto: e su questo, mi pare, c'è poco da discutere. Con il che si può tornare a dire che, se da siffatti morti s'ottenesse anche il silenzio, o al più gemiti strizzatamente ectoplastici, sarebbe tanto di guadagnato. Tanto più che anche qui il Marcel, via Deleuze, ci soccorre un'altra volta, quando dice nella *Prisonnière* che lui si è percorso un itinerario rovesciato, rispetto al corso storico delle nazioni, le quali approdano all'"écriture phonétique", e lui invece ai "caractères", che sono una "suite de symboles". Le parole, di conseguenza, non possono che disturbare orrendamente la incrittazione e la decrittazione simbolica. Non c'è niente di male, a noi pare, che la superficie, a "tableaux vivants", sia quella delle sciarade mondane. Anche per Marcel era proprio così, in partenza. E per la borghesia, in blocco. Chi s'arresta a quel livello, sospetta che tutto sia molto elegante e leggiero, oggi che l'omosessualità e gli sputi ai ritrattoni parentali non spaventano che poca gente, in giro. E la scena onirica freudiana, aggiungiamo, ha da essere la vera base del teatro borghese, il suo specchio autentico. Purché si entri nello specchio. Come l'isterismo è la sua malattia classica. Come Sodoma e Gomorra il suo eros essenziale. E come qui, ecco, lucidamente, si tocca con gli occhi.

Che Vasilicò respinga sdegnato l'etichetta del "teatro-immagine", si capisce. Qui non immagini, propriamente, si producono, ma ambigui enigmi: si giuoca alle statuine, ora frivole ora terrifiche, in apparenza, ma si producono emblemi, uno via l'altro. E c'è anche il temporale più temporale che ci siamo mai visti in palcoscenico, e con bellissimi ombrelli. E ci sono stupende entrate, uscite, giravolte, giostre, cenni, ammicchi, camminate emicicliche, pendule, scalinatesche, metaforiche e paraboliche, trasportative e deportative, che chi se le dimentica più? E se parliamo di figure, di immagini, io giurerei che Vasilicò non ci ha pensato un solo istante, al Max Ernst, ma se lo è raggiunto benissimo, invece, per conto suo, in certi esiti da collage, che ti fanno pensare alla *Femme 100 têtes*, alla *Semaine de bonté*, a cose molto così. E scommetto anche che non gli è passato per la

testa il Cocteau (mirabile, ancorché ormai disinvoltissimamente malfamato) del *Sang d'un poète*: almeno per le "Leçons de vol" all'Hôtel des Folies-Dramatiques, però, a noi ci è venuto in mente. Concludiamo. In Marcel, tutto il sugo è nella Ripetizione e nella Differenza. Ebbene, questo teatro dei segni di Vasilicò è fatto in questa maniera, esattamente: «le même et pourtant autre». Perché, tornando ostinati a Deleuze, «i mondi dei segni, i cerchi della Ricerca proustiana roteano secondo linee di tempo» che sono «linee d'apprendimento» segnico. Questo spettacolo, pertanto, non lo si degusta, se non lo si impara, se non lo si decifra. E l'epigrafe della rappresentazione, allora, è qui, giusta: "I segni più dolorosi dell'amore somigliano a prove teatrali". Rimane da pronunciare, soltanto, il nome di Goffredo Bonanni, attivo in scena, attivo come responsabile della scelta dei testi (e qui sorvoliamo), ma attivo soprattutto come elargitore della scenografia e dei costumi. Sia lode a lui.
(E. Sanguineti, «L'Unità», 4 febbraio 1978)

Rodolfo Wilcock
L' occupazione
Uno spettacolo coerente e scarsamente convenzionale, sia nella tecnica che nella realizzazione, ma soprattutto nel testo, la cui semplicità è in parte risultato del talento naturale e in parte del lavoro di eliminazione del luogo comune da un tema di vita contemporanea fin troppo inveteriato nel forno ceramico dell'interesse giornalistico [...]. Si ha l'impressione che il testo sia stato scritto inizialmente per esprimere qualche verità astratta e che la maturazione stessa dell'autore e del suo gruppo sia approdata invece, man mano che il lavoro di rappresentazione verace procedeva, all'ambiguità semplice della vita, prepotentemente casuale, per cui le idee, invece di provocare i fatti, li accompagnano e li seguono come stracci più o meno prestigiosi che bisogna sempre stare a raccogliere, pur di darsi un contegno lungo la traversata. La scrittura è schietta e ogni cosa vien detta una sola volta, economia di cui, sia a teatro che altrove, pochi scrittori sono capaci; la tecnica o distribuzione in scene staccate, quasi cinematografica pur rimanendo teatrale, forse è l'unica ormai possibile.
(R. Wilcock «Il Mondo», 20 maggio 1970)

Amleto
L'*Amleto* di Giuliano Vasilicò è qualcosa di quasi completamente nuovo nel teatro italiano. È logico che un uomo di teatro intelligente

e sensibile ispiri un senso di fiducia e di credibilità, anche se non tutto quello che fa possa sembrare immediatamente giustificato: apparirà giustificato magari dopo. È logico inoltre che di fronte al nuovo, la gente non sappia esattamente che cosa pensare; anch'io sono gente e se mi azzardo a giudicare questo e quello è soltanto perché molto di rado ci si imbatte in qualcosa di nuovo: di solito si tratta invece di proposte già note, e perciò giudicate, e forse qualcuno non lo sa e vuole che gli si indichi in quale misura quelle cose sono note, il che non è sempre facile o esprimibile. Ma come accade a tutti, una certa percentuale di novità mi raggiunge. Naturalmente, una cosa può essere nota ed essere eccellentissima; ma in realtà ciò che la rende eccellente appartiene alla categoria dell'irripetibile, quindi in un certo senso del nuovo. E soprattutto del personale. Vasilicò è un regista che lavora direttamente come attore e questo gli risparmia buona parte della difficile mediazione, poiché è raro che un attore faccia esattamente quel che vuole il regista. La stessa difficoltà di mediazione, se non più grave, esiste tra il regista e l'autore. Anche questa è stata risolta da Vasilicò, per il fatto che è lui stesso a scriversi i testi. Poi li compone, molto ingegnosamente, con fresca pulizia, in quadri brevi o brevissimi che trovano la loro cornice adatta in uno spazio teatrale ridotto e assai particolarmente in quello del Beat 72, reso frequentabile dal giovane Carmelo Bene e ora anche da questo giovane spiccatamente più razionale. Qui finisce il confronto di due modi di essere non paragonabili. [...] La prima dell'adattamento, in piena estate, è stata un inconfutabile successo davanti a un pubblico esclusivo di giovani certamente consapevoli del fatto teatrale, con applausi a scena aperta (anche perché al Beat la scena è sempre aperta) nei momenti di effetto massimo e l'effetto massimo lo si è avuto nella presentazione del fantasma del padre di Amleto, dove gli spunti di tre secoli di tradizione di fantasmi di re morti si slanciano in direzione imprevedibile, in una singola scena sufficiente a consacrare un regista.
(R. Wilcock, «Il Mondo», 1 agosto 1971)

Su Lucia Vasilicò

Alberto Moravia

Mater admirabilis racconta la storia di una protagonista chiamata "infanta" nelle sue diverse età: bambina, ragazza, donna, vecchia. Abbiamo detto "storia", ma bisogna subito avvertire che in

Mater admirabilis non c'è alcun racconto in senso tradizionale e che il film tiene più della poesia che procede per illuminazioni che del romanzo che osserva le regole della narrazione lineare. I tempi infatti si accavallano in un alternarsi di immagini balenanti e fortemente ritmate le quali suggeriscono, appunto, che il tempo non esiste e che la protagonista è contemporaneamente bambina, ragazza, donna e vecchia. L'autrice ci informa nella sua scheda che il film in realtà non è che la trascrizione di una serie di sogni che lei andava facendo durante la lavorazione. Le crediamo senz'altro: il sogno è infatti il trasgressore per eccellenza delle regole della durata.
Ora quale immagine della donna la regista scorge nello specchio maschile? È l'immagine di un oggetto sessuale che però, attraverso la rappresentazione, si trasforma in soggetto.
In altri termini la protagonista si vede soggetto di una vicenda psicologica che ha per tema appunto il fatto di essere un oggetto sessuale. Così sia che si masturbi con il pomo del letto, sia che mimi l'orgasmo con il movimento della macchina da cucire, sia che cerchi di fabbricarsi un pene (ovvio riferimento alla nota invidia del pene freudiana) con una bistecca, è pur sempre l'infanta che si vede come soggetto di una vicenda nella quale il maschio funziona da specchio.
L'organo intorno al quale ruota questa visione del mondo ginocentrica è, ovviamente, il sesso femminile. Esso viene rappresentato non già come un oggetto che "si può mostrare", come è il caso dei numerosi membri maschili esibiti nel corso della vicenda, ma come qualche cosa di misterioso e di ossessivo che va indovinato in fondo alle vesti o sotto il pelo pubico che lo ricopre e lo nasconde. In questa serie di sogni, le varie età della donna sono caratterizzate principalmente dall'apparenza delle parti sessuali che in qualche modo sostituiscono i tratti del volto per indicare le mutazioni apportate dal passare del tempo. Ne segue una franchezza di tipo intellettuale dovuta alla scelta consapevole di certi valori in luogo di altri. Forse è questa la qualità che apprezziamo di più in questo film eccezionale: si ha l'impressione che le immagini spesso sorprendenti e magari crude non sono mai casuali.
(A. Moravia, «L'Espresso», 9 maggio, 1982)

Biografia

Giuliano Vasilicò nasce a Reggio Emilia nel 1936. Vive la giovinezza a Genova. A metà deli anni '50 si reca in Svezia dove rimane otto anni e dove entra in contatto con i movimenti studenteschi e con esperienze artistiche di avanguardia, nei campi della letteratura, del cinema, del teatro, che lo coinvolgono molto. È particolarmente interessato alla letteratura ed inizia a scrivere suoi testi narrativi, che lascia però incompleti. Torna in Italia nel 1968 e si trasferisce a Roma, dove incontra casualmente Giancarlo Nanni, che lo coinvolge come attore nel suo *Escurial* al Teatro La Fede. L'esperienza si rivela decisiva nell'indirizzare i suoi interessi. L'anno successivo fonda un proprio gruppo del quale fanno parte la sua compagna scandinava Ingrid Enbom, che lo ha seguito dalla Svezia, e la sorella Lucia. Con il suo primo gruppo di lavoro realizza due spettacoli, basati su suoi testi, nei quali si rivela anche straordinario attore: *Missione Psicopolitica* e *L'Occupazione*. A quest'ultimo partecipa, in scena, Agostino Raff, pittore, scenografo e musicista, che sarà suo importante collaboratore in lavori successivi. Nel 1971 realizza un *Amleto* con solo quattro personaggi, dove è nella parte del protagonista, che rivela il suo lavoro alla critica e a un pubblico più vasto. Da questo momento inizia a dedicarsi principalmente alla trasposizione teatrale di importanti opere letterarie. Il 1972 è l'anno de *Le 120 giornate di Sodoma* da Sade, spettacolo che ottiene un grandissimo successo e che lancia il fenomeno delle "cantine romane" e del cosiddetto "teatro-immagine". Il lavoro viene replicato centinaia di volte, in Italia e all'estero, dove partecipa al Festival Mondiale del Teatro di Nancy e viene presentato successivamente, con tenute da record, in importanti teatri

Giuliano Vasilicò a Viareggio, fine anni '60

a Londra, Amsterdam, Parigi e alla Rassegna dell'Arte Europea a Buenos Aires. Il lavoro seguente, *L'uomo di Babilonia* (1974), segna un temporaneo ritorno di Vasilicò alla rielaborazione teatrale di propri testi. Del 1976 è un altro spettacolo di grande successo, *Proust*, creato in collaborazione con Goffredo Bonanni, che viene presentato nelle rassegne dell'Ente Teatrale Italiano e che nel 1978 riceve il premio Mondello per il migliore spettacolo italiano di ricerca dell'anno. *Le 120 giornate di Sodoma* e *Proust* vengono replicati complessivamente per cinque stagioni. Dal 1978 il gruppo si impegna in un progetto ambizioso e difficile: la teatralizzazione del romanzo di Robert Musil *L'uomo senza qualità*. Con esso inizia un periodo di profonda crisi artistica ed umana di Vasilicò, che nel frattempo aderisce al cattolicesimo. Solo nel 1984, dopo anni di lavoro ossessivo e tormentato, mette in scena al Teatro Valle di Roma (protagonisti Massimo Foschi e Lucia Vasilicò) quella che definisce la "prima parte" de *L'Uomo senza Qualità*: lavoro incompiuto e controverso che segna un'inversione di tendenza nella sua ricerca, che da questo momento diviene per lui soprattutto un percorso per approfondire delicati passaggi della vita interiore. I principali lavori successivi sono *Il ritratto di Dorian Gray* da Wilde (1985, con Maurizio Donadoni) e *Il Mago di Oz* da Baum (1988, con Fabrizia Falzetti e Lucia Vasilicò). Nel 1989 ritorna ad affrontare Musil, mettendo in scena una trascrizione teatrale del racconto *Il compimento dell'amore*, che viene presentato in importanti teatri italiani (il Quirino di Roma, il Duse di Bologna, il Parenti di Milano ed altri) e, nelle stagioni successive, sviluppato e presentato in versioni sempre diverse. Nel 1995 lo spettacolo riceve a Klagenfurt, città natale dell'autore, il Premio Internazionale Robert Musil. In seguito Vasilicò si dedica ad una intensa attività di laboratori, dimostrazioni di lavoro, interventi didattici, finalizzata anche all'approfondimento e al completamento del Progetto Musil, divenuto per lui un progetto di vita, e una possibilità per addentrarsi, come afferma in diverse occasioni, nei misteri dell'esistenza e del teatro; di sperimentare nella finzione scenica, scrive, «nuovi modi di essere uomini». Seguendo una linea di spettacolo aperto, rea-

biografia

lizza, nel periodo 1997-2000, una trilogia composta da *Il Regista in scena*, *Il Percorso Artistico*, *La Ragione e il Sentimento*, lavori legati dal filo rosso di quanto definisce l'«analisi dell'operazione creativa», e il processo «dall'idea all'opera compiuta». Conduce numerosi laboratori (Università di Parigi, Palazzo delle Esposizioni di Roma, Università Ca' Foscari di Venezia, Teatro Studio di Scandicci, Università di Napoli, Istituti austriaci di cultura di Roma e Milano, Teatro Argentina di Roma, Dams di Roma Tre, e altri istituzioni), incentrati sull'essenza del teatro e sulle funzioni dell'arte scenica. Per approfondire i temi della sua ricerca esistenziale ed artistica, a partire dal 2003 inizia un viaggio a ritroso nei suoi principali lavori storici, *Le 120 giornate di Sodoma* e *Proust*, che ripropone con nuovi attori e collaboratori, spesso in forma laboratoriale, in diverse occasioni. Dal 2006 si impegna in opere di argomento religioso come *La fede del Trecento* (2006), *Lettere da Santa Caterina da Siena* (2008), *Dal Vangelo secondo Giovanni* (2009), col quale ultimo inaugura la rassegna I Teatri del Sacro. Muore a Roma di infarto il 15 febbraio 2015.

Teatrografia (1969-1976)

Missione psicopolitica
di Giuliano Vasilicò
Regia di Giuliano Vasilicò
Con Giuliano Vasilicò, Lucia Vasilicò, Ingrid Enbom, Alberto Faenzi, Carlo Torrisi, Gino Del Cinque
Roma, Teatro Beat 72, 1 marzo 1969

L'occupazione
di Giuliano Vasilicò
Regia di Giuliano Vasilicò
Con Giuliano Vasilicò, Lucia Vasilicò, Ingrid Enbom, Agostino Raff
Roma, Teatro Beat 72, 22 aprile 1970

Amleto
di Giuliano Vasilicò, da William Shakespeare
Regia di Giuliano Vasilicò
Con Giuliano Vasilicò (Amleto), Lucia Vasilicò (Ofelia), Ingrid Enbom (la Regina), Dimitri Tamarov, poi Fabio Gamma (il Re) Assistente alla regia: Keith Adrian
Musica, scenografia, luci e costumi: Agostino Raff
Roma, Teatro Beat 72, 30 luglio 1971

Le 120 Giornate di Sodoma
di Giuliano Vasilicò, da D.A.F. de Sade
Regia di Giuliano Vasilicò
Con Fabio Gamma (duca de Blangis), Lucia Vasilicò (madame Duclos), Ingrid Enbom, Sergio Slavko Petelin, Inga Alexandrova, Giovanni Saba, Lidia Montanari, Massimiliano Mitia, Bruno Sais
Sostituzioni nelle repliche: Jean-Paul Boucher, Lina Grock, Marina Jaru, Vittorio Vitolo, Mario Verolini
Collaborazione artistica: Goffredo Bonanni

Costumi: disegnati da Agostino Raff e realizzati da Angelo Delle Piane
Scene e luci: Agostino Raff
Musiche originali: Agostino Raff, con un suono elettronico di Alvin Curran
Roma, Teatro Beat 72, 16 novembre 1972

L'Uomo di Babilonia
di Giuliano Vasilicò
Regia di Giuliano Vasilicò
Con Bettina Best (Daga), Jean Paul Boucher (primo killer), Francesco Capitano (profeta), Pier Luigi D'Orazio (prete), Claudia Falanga (secondo killer), Fabio Gamma (Fauro), Giuliano Giacomelli (capo dello squadrone), Marcello Monti (Clun), Agnès Nobécourt (Agnes), Bruno Sais (il viandante), Lucia Vasilicò (Malva), Vittorio Vitolo (Rogo)
Musica, scenografia, luci, costumi: Agostino Raff
Collaborazione alla regia: Fabio Gamma, Lucia Vasilicò
Collaborazione artistica: Goffredo Bonanni
Tecnico collaboratore: Andrea Vaccaro
Assistente: Claudine Etienne
Roma, Teatro Spazio Uno, 20 maggio 1974

Proust
di Giuliano Vasilicò, da Marcel Proust
Scelta dei testi: Goffredo Bonanni
Regia di Giuliano Vasilicò
Con Letizia Bettini, Fabrizio Boffelli, Goffredo Bonanni, Enrico Frattaroli, Alexandra Kurczab, Giorgio Lòsego, Vincenzo Mazzarella, Annarosa Morri, Massimo Napoli, Renzo Rinaldi, Bruno Sais, Isabella Tirelli
Sostituzioni nelle repliche: Luciano Bartoli, Paolo Falace, Fabio Gamma, Simone Mattioli, Rita Mari, Patrizia Melega, Cristiana Sartori
Collaborazione artistica: Bruno Sais, Giorgio Lòsego
Collaborazione alla regia: Françoise Testud
Scenografia, luci e costumi: Goffredo Bonanni
Assistenti: Stefano De Santis, Stefano Coronati
Aiuto regia: Rita Francesconi
Costumi della sartoria Cinecostume
Roma, Teatro Beat 72, 10 dicembre 1976

Bibliografia

Scritti di Giuliano Vasilicò

Il nostro è un teatro di frontiera, «L'Espresso», 2 dicembre 1973.
Le 120 giornate di Sodoma, «Sipario», n. 324, maggio 1973.
Le ragioni dell'Amleto, in Giuseppe Bartolucci (a cura di), *Teatroltre Scuola Romana*, Bulzoni, Roma, 1974, (anche in Franco Quadri, *Avanguardia teatrale in Italia*, vol. II, Einaudi, Torino, 1977, pp. 451-452).
L'operazione sperimentale, in Franco Quadri, *Avanguardia teatrale in Italia*, vol. II, cit., pp. 453-459 (anche in «Carte Segrete», n. 32, aprile-giugno 1976 e in Ettore Massarese, *Teatri/Libro. Ronconi, Vasilicò, Bene*, Aracne, Roma, 2009).
Il gestire critico, ivi, pp. 460-461 (anche in Ettore Massarese, *Teatri/Libro* ..., cit.)
Un mezzo che resta attuale, «Sipario», n. 372, maggio 1977.
L'ultimo spettacolo di Vasilicò, «Lotta Continua», 23 febbraio 1978 (anche in AA. VV., *Proust e lo spettacolo*, Teatro Ateneo - Università degli Studi di Roma La Sapienza, 1984, col titolo *La "parte nera" di Proust*).
L'utopia si realizza in teatro, «Oz. Rivista internazionale di Utopie», n. 3, 1995 (anche in Ettore Massarese, *Teatri/Libro* ..., cit.).
Una libera crescita bloccata da poche persone, «Letture», n. 548, giugno-luglio 1998.
Ricerca e tradizione per costruire il teatro, «Il Giornale dello Spettacolo», anno LVII, n. 32, 26 ottobre 2001.
Il teatro di Giuliano Vasilicò, in Silvia Carandini (a cura di), *Memorie dalle cantine. Teatro di ricerca a Roma negli anni '60 e '70*, numero monografico di «Biblioteca Teatrale», nuova serie, gennaio-settembre 2012, Bulzoni, Roma, 2013, pp. 219-237.
Come sono arrivato al teatro, in Enzo G. Bargiacchi e Rodolfo Sacchettini (a cura di), *Cento storie sul filo della memoria. Il 'Nuovo Teatro' in Italia negli anni '70*, Titivillus, Corazzano (PI), 2017, pp. 159-161.
Principali scritti inediti:
Copione di Amleto, 1972-2012, AGV.

Note di regia di Proust, 1976, AGV.
Storie romane, nota autobiografica, s. d., AGV.
L'avanguardia nelle cantine romane degli anni '70, trascrizione dell'intervento all'Acquario Romano, Roma, 26 ottobre 1997, AGV.
Teatro gestuale e di parola. Amleto come strumento didattico, 1997, AGV.
Per Vittorio Vitolo, s.d., AGV.
Autointervista, s.d., AGV.
La vocazione di scrittore è salva. Si realizza attraverso il teatro, 2006, AGV.

Interviste a Giuliano Vasilicò

Vasilicò: le donne tradite dalle rivoluzioni, a cura di Tommaso Camuto, «Sipario», n. 308, gennaio 1972.
Amleto si diverte con Vasilicò, a cura di Pier Latino Guidotti, «il Mezzogiorno», 15 marzo 1972.
Gli "underground", «La Stampa», a cura di Luca Giurato, 19 marzo 1973.
Lotta di classe in Babilonia, «Paese Sera», a cura di Franco Cordelli, 22 maggio 1974.
Giuliano Vasilicò, a cura di Dacia Maraini, in Id., *Fare teatro*, Bompiani, Milano, 1974.
A Roma, in ottobre, prima assoluta, in Id. *Una gardenia, un sospiro e Marcel entra in scena*, a cura di Rita Cirio, «L'Espresso», n. 23, 6 giugno 1976.
Vasilicò alla ricerca del tempo di Proust, a cura di Franco Cordelli, «Paese Sera», 10 dicembre 1976.
Proust se ci sei batti un colpo, a cura di Gianfranco Capitta, «Il Manifesto», 4 gennaio 1977.
Studenti e professori attorno a Marcel Proust, Enrico Fiore, «Paese Sera», ediz. Napoli, 1977, AGV.
Il nostro viaggio finisce a Musil?, a cura di Daniele Del Giudice, «Paese Sera», 7 giugno 1978.
Lo cerco e non lo trovo, a cura di Ubaldo Soddu, «Il Messaggero», 20 giugno 1979.
Le scelte difficili da Amleto a Musil, a cura di Adriana Ginammi Crisafulli, «La Sicilia», 11 luglio 1980.
O domani o mai più, a cura di S. Petrignani, «Il Messaggero», 6 novembre 1980.
La "missione psicopolitica" di Giuliano Vasilicò, a cura di Mario Canale

un teatro apocalittico

e Annarosa Morri, «Tuttospettacolo», suppl. di «La settimana a Roma», n. 1, 8 gennaio 1982.
Qualcuno ha tradito la ricerca..., a cura di Emilia Costantini, «Corriere della Sera», ediz. romana, 29 gennaio 2002.
Vasilicò, alla ricerca del teatro perduto, a cura di Francesco Greco, https://italiaexpress.wordpress.com/2013/06/19/vasilico-alla-ricerca-del-teatro-perduto/, 19 giugno 2013.

Programmi di sala e servizi di presentazione degli spettacoli
Sull'Amleto di W. Shakespeare, riduzione e regia di Giuliano Vasilicò, programma di sala ciclostilato, Teatro Beat 72, Roma, luglio 1971.
Sergio Saviane, *Amleto presenta sua sorella*, «L'Espresso», 11 luglio 1971.
Amleto, programma di sala, Teatro Off, Pescara, marzo 1972.
120 Days of Sodom, programma di sala, The Round House, Londra, 8 ottobre-9 novembre 1974.
L'uomo di Babilonia, programma di sala dattiloscritto, Teatro Spazio Uno, Roma, maggio 1974.
Alberto Beretta Anguissola, *Proust*, «Il Dramma», anno 52, n. 3, agosto 1976.
Rita Cirio, *Una gardenia, un sospiro e Marcel entra in scena*, «L'Espresso», n. 23, 6 giugno 1976.
Aldo Donfrancesco, *Studio su Proust*, «Sipario», n. 365, ottobre 1976.
Angelo Libertini, *La stagione del teatro off. Polveri bagnate?*, «Il Dramma», n. 1-2, gennaio-febbraio 1977.
"Proust" trova più spazio, «Paese Sera», 27 marzo 1977.
Le 120 giornate di Sodoma, nel catalogo della rassegna *Il teatro immaginato*, Stia, maggio 1987.
Paolo Lucchesini, *L'avanguardia si diverte. Nanni, Vasilicò & C. a Stia*, «La Nazione», 29 maggio 1987.
Proust di Giuliano Vasilicò, programma di sala dattiloscritto, Teatro India, Roma, 3-8 maggio 2005.

Contributi generali sul lavoro di Vasilicò
Giuseppe Bartolucci, *Ossessione-strutture di Vasilicò al Beat 72*, in Id., *La politica del nuovo*, Ellegi, Roma, 1973, pp. 121-126.
Daniele Del Giudice, *Sade voleva bruciare il mondo con il sole*, «Paese Sera», 3 settembre 1973.
Giuseppe Bartolucci, *Fuori dalla tana: nascita di un uomo di teatro*, in

Id. (a cura di), *Teatroltre Scuola Romana*, Bulzoni, Roma, 1974, inventario n. 1, pp. 6-8.
Giuseppe Bartolucci, *Il terrorismo del consenso e dintorni*, ibidem, pp. 10-11.
Giuseppe Bartolucci, *L'immagine astratta/penetrante*, in Id., *Mutations. L'esperienza del teatro-immagine*, Edizioni o.o.l.p., Roma-New York, 1975, pp. 25-27.
Filiberto Menna, *Immagine per sé, immagine dell'altro*, in *Uso, modalità e contraddizione dello spettacolo immagine*, atti del convegno *Nuove tendenze/teatro immagine* tenuto a Salerno nel 1973, a cura di Giuseppe Bartolucci, La Nuovo Foglio, Pollenza, 1975, p. 9 (con il titolo *L'arte, il teatro*, sta anche in *La macchina del tempo: dal teatro al teatro*, a cura di Lorenzo Mango, Editrice Umbra Cooperativa, Perugia, 1981).
Italo Moscati, *L'uso politico dell'immagine*, ivi, p.12.
Giuliana Morandini, *Il delitto e il teatro*, «Carte Segrete», n. 32, aprile-giugno 1976, pp. 59-78.
Franco Quadri, *L'avanguardia teatrale in Italia*, Einaudi, Torino, 1977, vol. I, p. 33; vol. II, pp. 451-465.
Agostino Raff, *Un ritratto di Giuliano Vasilicò*, «Machina», n.1, aprile, 1977, pp. 22-31.
Agostino Raff, *La rivincita del corpo*, in Franco Quadri, *Avanguardia teatrale in Italia*, vol. II, Einaudi, Torino, 1977, pp. 462-464.
Mario Prosperi, *Giuliano Vasilico's Proust with Some Antecedents*, «The Drama Review», vol. 22, n. 1, marzo 1978, pp. 50-62.
Italo Moscati, *La miseria creativa: cronache del teatro "non garantito"*, Cappelli, Bologna, 1978.
André Zafrief, *État présent du théâtre en Italie*, in AA. VV., *Recherches sur l'Italie Contemporaine*, «Mélanges de l'École française de Rome. Moyen-Age, Temps modernes», vol. 90, n. 1, 1978, p. 109.
Mario Prosperi, *Per Giuliano Vasilicò*, «Atti dello psicodramma», anno IV, n. 1-2, 1978.
Giuseppe Bartolucci, *Sull'esaurimento dell'immagine e sull'apporto dell'esistenziale*, «Teatroltre. La scrittura scenica», n. 19, 1979, p. 69.
Franco Mancini, *L'illusione alternativa. Lo spazio scenico dal dopoguerra ad oggi*, Einaudi, Torino, 1980, p. 217.
Achille Mango, *Teatro sperimentale e d'avanguardia*, in Mario Verdone (a cura di), *Teatro contemporaneo*, vol. I, Teatro italiano 2, Lucarini, Roma, 1981, p. 615.

Silvana Sinisi, *Dalla parte dell'occhio. Esperienze teatrali in Italia 1972-1982*, Kappa, Roma, 1983, pp. 106-113.
Alessandra Fochi, *Giuliano Vasilicò*, in *Il teatro immaginato*, catalogo della rassegna, Stia, maggio 1987, pp. 12-13.
Italo Moscati, *I quattro pedagoghi*, ivi, p. 5.
Paolo Puppa, *Teatro e spettacolo nel secondo Novecento*, Laterza, Roma-Bari, 1990, p. 285.
Erwin Hirtenfelder, *Annäherungen an Musil*, «Kleine Zeitung», 9 aprile 1992.
Giovanni Lista, *La scène moderne*, Actes Sud, Parigi, 1997, p. 248.
Barbara Panzeri, *Vasilicò Giuliano*, in *Dizionario dello Spettacolo del '900*, a cura di Felice Cappa e Piero Gelli, Baldini&Castoldi, Milano, 1998, p. 1121.
Silvana Sinisi, *Neoavanguardia e postavanguardia in Italia*, in Roberto Alonge e Guido Davico Bonino (a cura di), *Storia del teatro moderno e contemporaneo*, vol. III, Einaudi, Torino, 2001, pp. 719-720.
Nicola Viesti, *Il teatro delle cantine alla soglia degli anni Settanta*, «Prove di drammaturgia», n. 1, 2002.
Cesare Molinari, *Teatro e antiteatro dal dopoguerra a oggi*, Laterza, Bari, 2007, p. 196.
Ettore Massarese, *Teatri/Libro. Ronconi, Vasilicò, Bene*, Aracne, Roma, 2009, pp. 61-88; 107-130.
Salvatore Margiotta, *Il nuovo teatro in Italia, 1968-1975*, Titivillus, Corazzano (PI), 2013, pp. 179-181; 205-207; 226-231.
Mimma Valentino, *Il nuovo teatro in Italia, 1976-1985*, Titivillus, Corazzano (PI), 2015, pp. 120-123; 250-253.
Silvia Tarquini, *Conversazione con Fabrizio Crisafulli*, in Id. (a cura di), *Fabrizio Crisafulli: un teatro dell'essere*, Editoria&Spettacolo, Riano (RM), 2010, pp. 70-72.
Nika Tomasevic, *Incendiario per un attimo. Intervista a Fabrizio Crisafulli*, in Id. (a cura di), *Place, Body, Light, The Theatre of Fabrizio Crisafulli, 1991-2011*, Artdigiland, Dublino, 2013, pp. 58-60.
Lucia Vasilicò, *Messaggi dal fronte interiore*, in Enzo Gualtiero Bargiacchi e Rodolfo Sacchettini (a cura di), *Cento storie...*, cit., pp. 162-165.
Giuliano Vasilicò, in *Enciclopedia Treccani* online, http://www.treccani.it/enciclopedia/giuliano-vasilico/
Articoli e interventi commemorativi:
Addio a Giuliano Vasilicò, regista d'avanguardia con la passione per la letteratura, «la Repubblica.it», 15 febbraio 2015.

Ricordo di Giuliano Vasilicò, intervista a Fabrizio Crisafulli, a cura di Laura Palmieri, RadioTre, 16 febbraio 2015 (https://player.fm/series/rai-podcast-radio3-19383/il-teatro-di-radio3-del-16022015-ricordo-di-giuliano-vasilico).

Rita Sala, *Vasilicò, ricerca e sperimentazione come tormento di vita*, «Il Messaggero», 16 febbraio 2015.

Franco Cordelli, *Addio a Giuliano Vasilicò, regista dell'avanguardia*, «Corriere della Sera», 16 febbraio 2015.

Pippo Di Marca, *I turbamenti del giovane Vasilicò (Giuliano)*, «Le Reti di Dedalus», rivista online, marzo 2015.

Recensioni

Missione Psicopolitica

Franco Cordelli, *Missione psicopolitica*, «Paese Sera», 3 marzo 1969 (anche in Giuseppe Bartolucci, *Teatroltre Scuola Romana*, Bulzoni, Roma, 1974).

L'occupazione

Elio Pagliarani, *"L'occupazione" dei colonnelli*, «Paese Sera», 26 aprile 1970.

Rodolfo Wilcock, *L'Occupazione*, «Il Mondo», 20 maggio 1970.

Amleto

Andrea Rapisarda, *L'"Amleto" al Beat 72*, «Il Messaggero», 22 luglio 1971.

Vice (Roberto Alemanno), *Un Amleto "sintetico"*, «l'Unità», 23 luglio 1971.

Vice, *La tragedia impossibile di Amleto di Danimarca*, «Paese Sera», 23 luglio 1971.

Rodolfo Wilcock, *Shakespeare per quattro*, «Il Mondo», 1 agosto 1971.

Vice, *Un discorso sul potere*, «Avanti!», 4 agosto 1971.

Italo Moscati, *Amleto si nasconde*, «Sette Giorni», 1 agosto 1971.

Sergio Saviane, *L'Amleto scantonato*, «L'Espresso», 21 novembre 1971.

Maurizio Giammusso, *Al Beat 72 Amleto o del potere*, «Il Dramma», n. 11-12, novembre-dicembre 1971.

Franco Cuomo, *Amleto*, «Sipario», n. 305, ottobre 1971.

Carlo Rietmann, *Un Amleto intelligente*, «il Secolo XIX», 7 gennaio 1972.

un teatro apocalittico

Vice, *Amleto ed Ofelia giocano con le mani*, «Il Lavoro», 7 gennaio 1972.
Vice, *Il mito di "Amleto"*, «Corriere Mercantile», 7 gennaio 1972.
Paolo Emilio Poesio, *Amleto e gli altri tre*, «La Nazione», 12 aprile 1972.
Alberto Blandi, *Un "Amleto" in quattro*, «La Stampa», 5 luglio 1972.
Giuseppe Bartolucci, *La visione-spettacolo dell'Amleto di Vasilicò*, in Id., *La politica del nuovo*, Ellegi, Roma, 1973, pp. 121-123.

Le 120 giornate di Sodoma

Elio Pagliarani, *Dov'è che De Sade si morde la coda?*, «Paese Sera», 17 novembre 1972 (in altra ediz. del giornale, col titolo *Il Marchese De Sade fra i suoi "carnefici"*).
Maricla Boggio, *Le 120 giornate di Sodoma al Beat 72*, «Avanti!», 17 novembre 1972.
Vice, *Le 120 giornate di Sodoma*, «Il Messaggero», 17 novembre 1972.
Vice, *Con De Sade agli inferi della coscienza*, «l'Unità», 17 novembre 1972.
Italo Moscati, *Spettacoli non "ufficiali"*, «Sette Giorni», 10 dicembre 1972.
Franco Quadri, *Le 120 giornate di Sodoma*, «Panorama», 14 dicembre 1972.
Angelo Maria Ripellino, *Un libertino nella foresta*, «L'Espresso», 10 dicembre 1972.
Fabio Doplicher, *Le 120 giornate di Sodoma*, «Sipario», n. 320, gennaio 1973.
Edoardo Fadini, *Due spettacoli "off": de Sade e l'Italietta*, «Rinascita», 12 gennaio 1973.
Cesare Garboli, *Storia di orge*, in Id., *Un po' prima del piombo*, prefaz. di Ferdinando Taviani, Sansoni, Milano, 1998, pp. 34-36 (originariamente in «Il Giorno», 15 febbraio 1973).
Marcella Elseberger, *De Sade a Tor di Nona*, «Paese Sera», 7 marzo 1973.
P. L., *Les 120 jours de Sodoma*, «L'est républicain», 26 aprile 1973.
Colette Godard, «Le Monde», 30 aprile 1973.
Paolo Emilio Poesio, *Nell'inferno con de Sade*, «La Nazione», 6 maggio 1973.
André Fermigier, *Le grand exorcism*, «Le Nouvel Observateur», 7 maggio 1973.
Alberto Blandi, *Sade e Collodi per il teatro off*, «La Stampa», 8 maggio 1973.
John Francis Lane, «Plays and Players», agosto 1973 (AGV).

bibliografia

Italo Moscati, *Un de Sade tipo-esportazione*, in «Sette Giorni», 21 ottobre 1973.
John Francis Lane, *Luce nera per Peter Pan*, «L'Europeo», 22 novembre 1973.
Giuseppe Bartolucci, *La ripetizione e la politicità del gesto di de Sade*, in Id., *La politica del nuovo*, Ellegi, Roma, 1973, pp. 123-126.
Dacia Maraini, *Un Sade secondo il senso comune*, in Id., *Fare Teatro*, Bompiani, Milano, 1974 (originariamente in «Aut», col titolo *Sade*).
F. Bettini, *Negatività della materia e residuo della scena nelle "120 giornate di Sodoma"*, «Proposta», marzo-giugno, 1974.
La critica inglese divisa su Vasilicò, «Paese Sera», 30 ottobre 1974.
Giorgio Magrì, *L'avanguardia si guarda alle spalle*, «Il Settimanale», 15 marzo 1975.
Siro Ferrone, *"Le 120 giornate di Sodoma" riproposta alla Pergola*, «L'Unità», ediz. Firenze, 3 maggio 1975.
Enrico Rondoni, *Le 120 giornate di Sodoma*, «Nuovo Sound», anno II, n. 11, marzo 1975.
Paolo Calcagno, *Il potere per piacere*, «Corriere di Informazione», 5 aprile 1975.
Roberto De Monticelli, *Il minuetto di Sodoma*, «Corriere della Sera», 6 aprile 1975.
Sulle riprese dello spettacolo:
Aggeo Savioli, *I "pudori" di Sade*, «L'Unità», 22 gennaio 1985.
Rodolfo Di Giammarco, *Le giornate di Sodoma gran ritorno di Vasilicò*, «La Repubblica», 18 dicembre 2002.
Renato Nicolini, *Per mantenere viva la conoscenza*, «tuttoteatro.com», rivista online, anno III, n. 46, 23 dicembre 2002.
Emilia Costantini, *Gli orrori della libertà secondo Sade*, «Corriere della Sera», 2 dicembre 2003.
Marco Palladini, *I teatronauti del chaos. La scena sperimentale e postmoderna in Italia (1976-2008)*, Fermenti, Roma, 2009, pp. 139-140.

L'uomo di Babilonia
Aggeo Savioli, *Immagini di una Babilonia futura*, «l'Unità», 25 maggio 1974.
Giorgio Prosperi, *Babilonia siamo noi*, «Il Tempo», 25 maggio 1974.
Franco Cordelli, *Il vivere di oggi è la Babilonia*, «Paese Sera», 26 maggio 1974.
Maricla Boggio, *Una seria ricerca*, «Avanti!», 28 maggio 1974.
g. b., *"Babilonia" a Salerno*, «l'Unità», 1 giugno 1974.

un teatro apocalittico

Corrado Augias, *L'uomo di Babilonia*, «l'Espresso», 2 giugno 1974.
Edoardo Sanguineti, «Paese Sera», 13 giugno 1974.
Vice, *L'uomo di Babilonia*, «Il Messaggero», 22 giugno 1974.
Rino Mele, *I corpi di New York*, «Proposta», n.12-13, marzo-giugno 1974.
Franco Quadri, *L'uomo di Babilonia*, «Panorama», 4 luglio 1974.
Giovanni Lombardo Radice, *L'uomo di Babilonia*, «Sipario», n. 338, luglio 1974.

Proust
Maricla Boggio, *"Proust" di Vasilicò*, «Avanti!», 11 dicembre 1976.
Tommaso Chiaretti, *Quando un incubo diventa "grazioso"*, «la Repubblica», 12 dicembre 1976.
Elio Pagliarani, *Dopo due anni la luce ha fatto clic su Proust*, «Paese Sera», 12 dicembre 1976.
Aggeo Savioli, *Con "Proust" una discesa agli inferi*, «l'Unità», 12 dicembre 1976.
Renzo Tian, *Fogli d'album per il teatro dello sguardo*, «Il Messaggero», 12 dicembre 1976.
Maurizio Giammusso, *Alla ricerca di Proust*, «Corriere della Sera», 14 dicembre 1976.
Ettore Zocaro, *Il "Proust" di Vasilicò più "maledetto" che romantico*, «Momento Sera», 15 dicembre 1976.
Claudio Scorretti, *Ricognizione su Proust*, «Vita Sera», 16 dicembre 1976.
Dacia Maraini, *Che ridere! È passata una donna*, «Tempo Illustrato», 19 dicembre 1976.
Alberto Abruzzese, *L'aura del nome Proust e la tecnica*, «Rinascita», 24 dicembre 1976.
Gerardo Guerrieri, *I fantasmi di Proust in una seduta spiritica*, «Il Giorno», 29 dicembre 1976.
Gianfranco Capitta, *Proust se ci sei batti un colpo*, «Il Manifesto», 4 gennaio 1977.
Angelo Maria Ripellino, *Le 120 giornate di Proust*, «L'Espresso», 9 gennaio 1977.
Franca Angelini, *Da Sade a Proust*, «Scena», n.1, febbraio 1977.
Franco Quadri, *Proust*, «Panorama», 15 marzo 1977.
Mario Prosperi, *Il Proust di Vasilicò contro la mistica del teatro povero*, «Ridotto», n. 4, aprile 1977.
Jerzy Pomianowski, *Proust à la scène en Italie*, «La Quinzaine littéraire», 1 agosto 1977.

Giovanni Lombardi, *Vasilicò rivive il sapore di Proust*, «Paese Sera», ediz. Firenze, 19 novembre 1977.
Sara Mamone, *"Proust" come una serie di foto d'epoca*, «l'Unità», ediz. Firenze, 19 novembre 1977.
Paolo Emilio Poesio, *Negli abissi della memoria*, «La Nazione», 20 novembre 1977.
Fabio Doplicher, *Proust*, «Sipario», n. 369, giugno-luglio 1977.
Enrico Fiore, *Fantasmi in folla su scale sontuose*, «Paese sera», ediz. Napoli, 1977, AGV.
Emanuela Senapa, *Proust*, «Art Dimension», n. 11-12, dicembre 1977.
Gastone Geron, *Un balletto senza danze "Proust" di Vasilicò*, «Il Giornale», 4 febbraio 1978.
Giancarlo Vigorelli, *Proust rimpicciolito ma ha del fascino*, «Il Giorno», 4 febbraio 1978.
Roberto De Monticelli, *Proust voyeur del pianeta Memoria*, «Corriere della Sera», 4 febbraio 1978.
Pasquale Guadagnolo, *Il "Proust" di Vasilicò: elegante operazione sulla belle époque*, «Avanti!», 4 febbraio 1978.
Odoardo Bertani, *La discesa borghese all'inferno*, «Avvenire», 4 febbraio 1978.
Edoardo Sanguineti, *I segni di Proust*, in Id., *Scribilli*, Feltrinelli, Milano, 1985, pp. 29-31 (originariamente in «L'Unità», 4 febbraio 1978).
Guido Davico Bonino, *Proust in scena con la "Ricerca"*, «La Stampa», 11 febbraio 1978.
Mario Prosperi, *Giuliano Vasilico's Proust with Some Antecedents*, «The Drama Review», vol. 22, n. 1, marzo 1978, pp. 50-62.

Documenti filmati

Al di là della parola, al di là del gesto. Libera interpretazione del lavoro teatrale "Missione psicopolitica" di Giuliano Vasilicò, regia di Vittorio De Sisti, Egle Cinematografica, 1969, 11' (presso Cineteca Nazionale, Centro Sperimentale di Cinematografia).
Le 120 giornate di Sodoma, estratti da film b/n, 1972, 70' circa, AGV.
Il regista in scena, a cura di Giuliano Vasilicò, con Manuel Fiorentini, 44', 2013, AGV.

Lucia Vasilicò

Scritti e interviste:
Il Natale con i tuoi, romanzo, Magma, Roma, 1974.

un teatro apocalittico

Angelo Pizzuto, *Addio fratello crudele*, «La Sicilia», intervista, 5 dicembre 1978.
Il comandante straniero: epistolario dal fronte interiore, romanzo, Aracne, Roma, 2014.
Messaggi dal fronte interiore, in Enzo G. Bargiacchi e Rodolfo Sacchettini (a cura di), *Cento storie...*, cit., pp. 162-165.
Scritti e interviste inediti:
Sade, 1972, ALV.
Coazione a ripetere, s.d., ALV.
Lola, 1977, ALV.
Intervista a Lucia Vasilicò, a cura di Agostino Raff, marzo 2015, ALV.
Intervista a Lucia Vasilicò, a cura di Angela Domina, in Id., *Il teatro italiano d'avanguardia tra storia e cultura: indagine su alcune protagoniste degli anni '70*, tesi di laurea specialistica, 2007, ALV.
Recensioni:
Aggeo Savioli, *Lola performance*, «l'Unità», 6 marzo 1977.
Franco Cordelli, *Lettere dall'ultima spiaggia*, «Paese Sera», 8 marzo 1977 (anche in «Teatroltre. La scrittura scenica», n. 17, 1977, pp. 126-127).
Mario Prosperi, *Lucia Vasilicò in "Lola"*, «Il Tempo», 17 ottobre 1977.
Franco Cordelli, *L'inutile costruzione*, «Paese Sera», 28 giugno 1978.
Ubaldo Soddu, *E Ofelia rinasce dal fiume*, «Il Messaggero», 28 giugno 1978.
Claudio Scorretti, *Silenzi e grida in riva al fiume*, «Vita Sera», 28 giugno 1978.
Nico Garrone, *La speranza corre lungo il fiume*, «la Repubblica», 1 luglio 1978.
Angelo Pizzuto, *Se mi scappa l'Ofelia*, «La Sicilia», 19 agosto 1978.
Tommaso Chiaretti, *I messaggi del corpo*, «la Repubblica», 9 febbraio 1979.
Franco Cordelli, *Della Madonna restò la mano*, «Paese Sera», 9 febbraio 1979.
Giorgio Polacco, *Teatro del silenzio*, «Corriere della Sera», 9 febbraio 1979.
Nino Ferrero, *Quella Madonna muta di Lucia Vasilicò*, «l'Unità», 9 febbraio 1979.
Tommaso Chiaretti, *Ballerina meccanica con amori solitari*, «la Repubblica», 1 dicembre 1979.
Rita Sala, *Le malizie di un inchino*, «Il Messaggero», 3 dicembre 1979.
Franco Cordelli, *Questa cara Lucia così isterica così inerme così danzante*, «Paese Sera», 1 dicembre 1979.

bibliografia

Mario Prosperi, *Lucia Vasilicò alla Maddalena*, «Il Tempo», 3 dicembre 1979.
Titti Danese Caravella, *L'irriverenza*, 1980, ALV.
Angelo Pizzuto, *La riverenza*, «La Sicilia», 13 marzo 1980.
Alberto Moravia, *Là, in fondo alle tue vesti*, «L'Espresso», n. 18, 9 maggio 1982.
Paolo Petroni, *L'immacolata concezione*, «Corriere della Sera», 16 ottobre 1988.
Nico Garrone, *Un'ora di lezione al catechismo di Lucia Vasilicò*, «la Repubblica», 20 ottobre 1988.
Rita Sala, *Questa vergine davvero ha poco equilibrio*, «Il Messaggero», 20 ottobre 1988.
Giorgio Prosperi, *L'Immacolata concezione tra immagine e sogno*, «Il Tempo», 24 ottobre 1988.
Fabrizio Crisafulli, *Lucia Vasilicò*, «Juliet Art Magazine», n. 41, aprile-maggio 1989.

Agostino Raff
Scritti di Agostino Raff:
Un ritratto di Giuliano Vasilicò, in «Machina», anno I, n. 1, aprile 1977.
La rivincita del corpo, in Franco Quadri, *Avanguardia teatrale in Italia*, vol. II, Einaudi, Torino, 1977, pp. 462-464.
Scritti inediti:
Il comandante straniero, testo di presentazione dell'omonimo libro di Lucia Vasilicò alla Libreria Fandango, Roma, 2015, AAR.

Goffredo Bonanni
Lilia Melissa, *L'edificio della memoria proustiana*, «Casabella», n. 461, settembre 1980.
Davio Fabris (a cura di), *La geometria dell'anima. Goffredo Bonanni*, intervista, «Juliet Art Magazine», n. 3-4, giugno-ottobre 1981, pp. 25-27.
Annarosa Morri (a cura di), *Dallo spazio proustiano allo spazio di Musil*, intervista, «Tuttospettacolo», supplemento a «La settimana a Roma», n.1, 8 gennaio 1982.

Riferimenti agli archivi privati:
AGV: Archivio Giuliano Vasilicò
ALV: Archivio Lucia Vasilicò
AAR: Archivio Agostino Raff

Crediti fotografici

Fabrizio Crisafulli   pp. 124, 126, 128

Claudio Di Domenico   p. 176

Agnese De Donato   pp. 36, 39, 40, 41, 42, 43, 51, 54, 57, 58, 59, 60 (dx), 69, 115, 256, 278

Piero Marsili   pp. 84, 86, 88, 89, 90, 93, 95, 96, 97, 103, 156, 184

Paolo Parente   p. 122

Giorgio Piredda   pp. 60 (sin.), 63, 159

Un racconto inedito

Amleto finalmente[1]

di Lucia Vasilicò

Non conosco nessuno, non conosco niente. Non ho nessuna pratica di nulla.

Possibile che tu non conosca mai niente? Tu non sia pratico di nulla? Tu non conosca mai nessuno, nulla? L'abbiamo incontrato insieme, non ricordi?

Ma no, non ricordo, come faccio a ricordarmi per nome le persone di cui mi parli, perché dovrei? Tu conosci i nomi di tutte le persone di cui ti parlo?

No.

Allora, vedi...!

Lo conosci anche tu... eravamo insieme. Non ricordi niente o non l'hai mai visto?

Non l'ho mai visto, non lo ricordo.

Cosa conosci, allora? Chi conosci? C'è qualcosa che conosci, o

[1]. Per l'aiuto e i consigli durante la stesura del racconto, l'autrice ringrazia Antonella Cerquaglia, Fabrizio Crisafulli e Agostino Raff.

Giuliano Vasilicò durante le prove di *Amleto*, 1971

che capisci, di cui ti intendi, se di questo non ne capisci, di quest'altro non sei pratico, questo non lo conosci, di quest'altro non te ne intendi, c'è qualcosa che conosci allora? Di cui sai? Non ti sei mai accorto di nessuno, nessun nome conosci? Non hai mai visto nessuno? Questo non lo sai, quest'altro non lo sai...

Non conosco nessuno. Nessuno per nome. No, no, no, di questo proprio non me ne intendo, non lo sapevo, non l'ho mai saputo...

Cosa conosci allora? Ci sarà pure qualcosa di cui sai, di cui ti intendi...

No, niente...

Non riesco a crederci, non c'è niente di cui sai? Nulla che conosci di cui mi possa parlare. Qualcuno che conosci anche tu...

No, no.

Come fai a dire così! Ci sarà pure qualcuno che ti ricordi delle persone di cui parliamo per esempio.

No, no, non lo conosco affatto.

Chi conosci, allora?

Amleto!

Ho tremato. Aveva forse detto che conosceva Amleto? Nel modo in cui si dice conosco solo lui e nessun altro? Amleto, aveva proprio detto così. Pur essendo una risposta forte, sicura, portava in sé come una timidezza, un'impercettibile insicurezza, quasi un pudore. Ho taciuto. Cosa non sapevo di Amleto? C'era qualcosa che non mi aveva detto di lui? Tremavo, volevo sapere, ne avevamo parlato così tanto allora, che non mi sembrava possibile. Amleto, una parola d'ordine, la chiave celtica che apre le porte più segrete. Così per dire, molto di più. Amleto lo conoscevo anch'io. Qualcuno che conoscevamo tutti e due, finalmente.

Qualcosa mi assaliva, una frase voleva prevalere, o meglio, mi sono trattenuta dal dire: *Vengo per lo spettacolo, devo sembrare indifferente. Il teatro mi aiuterà a mettere in trappola la coscienza del re.* Per fortuna ho taciuto: *Va' avanti, ti prego. La fantasia gli stravolge la ragione. Come andrà a finire?* Si fingeva pazzo. Alle prove vestiva di nero, le scarpe da ginnastica. Era bello, con i capelli un po' lunghi e mossi come ci fosse un leggero vento, giù in cantina; non era il vento a muovere i suoi capelli, erano i suoi occhi forti a vibrare spinti dal vento dei tempi teatrali, tempi e ritmi che solo lui sembrava conoscere; fissava qualcosa giù in cantina, non si capiva dove stesse guardando dal momento che non c'era niente. Infatti: *Che guardi, Amleto? / Non dimenticare!* Non c'era nessuno. Uno spazio vuoto, nero. Non c'era nessuno, si poteva avere un po' di paura. Subito dopo, in pochi movimenti e voci, ecco, appariva tutto, il respiro della scena. La sua fronte alta e il pallore del volto si stagliavano nel nero fosco delle pareti. Lui capiva il teatro, gioiva dell'aria teatrale, la conosceva e riconosceva, come l'aria natìa, atmosfera che sembrava mettere in moto tutte le sue facoltà che *gareggiavano per zelo*. Con premura ho pensato: *Sono qui per presentare i comici. Benvenuti maestri, benvenuti, amici. Benvenuti ad Elsinore! Avanti, subito all'opera come falconieri francesi: addosso a tutto quello che vedete. Subito un discorso. Avanti, un discorso appassionato... / Che discorso mio buon signore?*

Sembrava volesse dire non so... Perché anch'io ero nella sua forza. Mi sembrava di trovarmi in lui. Avevo la sensazione insomma che da quella energia, l'energia di lui, venisse anche la mia vita. Ho taciuto. Nella dolcezza e umiltà della risposta a una domanda così lunga perché da me incalzata - non dico con una certa protervia, ma quasi - poteva sembrare una conversazione che non avrebbe mai trovato la fine, sembrava un voler come, non so, forse, arrivare a dire di quegli anni, che si dicevano di rivoluzione e di radicale cambiamento, i più felici forse, per la speranza, quasi per poterli riprendere. Anni che in verità hanno cambiato molte cose. Non credo, comunque, non credo che lui avesse pensato a questo. Invero tutto stava cambiando, anzi era già cambiato. La gioia, la speranza, la rinascita cominciava da lui. Nel teatro. Perché ho taciuto? Da parte sua, anche lui del resto, taceva. Toccava a me. Era mia la battuta. Invece tutto oscillava in un vuoto silente. Come la caduta di una foglia che non vede l'ora di raggiungere il suolo, alla fine d'autunno. O il volo di una piuma. Avrei voluto sentire il seguito di quella parola: AMLETO! Non osava continuare, o meglio, non continuava perché non era necessario continuare, non si doveva dire di più, come se in quel silenzio tutto venisse detto. Perché: *Il resto è silenzio*. Non osavo dirlo. Senza riuscire a cambiare discorso, ho taciuto. Anche se la voce era tremante, abbassata ma decisa, il nome pronunciato chiaro: Amleto. Ha fermato con questo nome quello che poteva diventare un inutile diverbio, quasi grottesco, anche meschino, da parte mia. Un nome che al fine conosceva, di tanti nomi che avevo pronunciato insistentemente. Sapeva di lui, finalmente un amico comune. Lo conoscevamo tutti e due, ecco. Avevo avuto paura. Di nuovo eravamo d'accordo. Un nome che non era un grido ma lo poteva sembrare, un flebile, camuffato, grido di aiuto. Era un chiaro inafferrabile grido di aiuto. Forse no, di sicuro, aspettava da me una parola che non sapevo dire, che avevo paura di pronunciare, al momento. Eravamo in febbraio, nei giorni di carnevale, non per questo, certo. Ci si avvicinava a San Valentino, neanche per questo; se dicessi anche l'anno sarebbe più giusto. Non pioveva. Ma non era neanche per questo. Amleto lo conoscevo anch'io. Una persona che conoscevamo tutti e due, di cui sapevamo bene parole e pensieri. Credevo che avremmo litigato come al solito e finito con la consueta incomprensione. Stavo per piangere. Non riuscivo neanche in questo. Eppure ero sempre stata veloce nel rispondergli, persino troppo. Veloce e arrogante, cattiva, qualche volta, "nulla di umano", chissà da dove, e perché, soprattutto. Amleto. La sua voce era venuta da lontano come il fischio di un treno. Quasi una parola magica: Amleto. Allo stesso modo mi aveva dato un sussulto di gioia. Come il dondolare di una pentola in cucina che toccando appena l'altra, fa come un suono di campane, lontano. Lo stesso impulso ad alzarsi, e andare. All'improvviso, Amleto. Sembrava perduto per sempre, invece d'un balzo era lì, davanti a me con inchini, volteggi, sberleffi e tutto il cerimoniale di un Arlecchino. Dico così solo per la velocità dell'apparizione. Tanto improvvisa e imprevedibile era apparsa la sua risposta. Non per la parola, la parola sembrava venuta dal profondo e quasi pronunciata inconsapevolmente. Avevo taciuto. Ero piena di gioia e di sgomento, come se qualcuno tanto atteso fosse ritornato dopo un lungo viaggio. I cavalieri del Graal, con mantelli, gualdrappe colorate e cavalli, sentivo il rumore degli zoccoli, la festosità dei colori, delle voci. Li conoscevamo, i nomi: Parsifal, Galvano, Lohengrin. Non ho continuato a fare domande incalzanti e stupide. Forse quello che volevo sapere lo avevo saputo. Amleto non era morto. Lo avevo pensato tante volte, era lo stesso pensiero, si può dire. I nostri pensieri per un attimo si erano di nuovo raggiunti, congiunti, eppure non si erano accordati per questo appuntamento. Amleto ci trovava di nuovo insieme. Invero era stato un appuntamento. La mia insistenza perché lui si spiegasse, perché si decidesse a finire la frase. Il mio stuzzicare, il mio incalzare, per trovare un punto in cui, perché buttasse fuori, un punto dove ci dovevamo incontrare *e se, monsignore, vi tentasse al gorgo o alla cima spaventosa di quella roccia che si sporge sul mare e lì assumesse qualche altra orrenda forma.*

Cercava la mia approvazione? Per fortuna ho taciuto. Forse senza volere, insistevo in modo snervante e fastidioso. Mi sbagliavo. Perché tra noi non parlavamo mai di qualsiasi cosa, o come si dice, del più e del meno. Lui mi conduceva in sentieri forti, impervi, sontuosi. Cercavamo sempre qualcosa, qualcuno.
Rancore, vendetta, rimostranze insieme a tutto il resto, erano spariti. Amleto ci aveva fatto planare in una terra dolce come sulle tavole appena appoggiate di un palcoscenico. Volevo soltanto giocare? "Martin Puma è legger come una piuma e discende, scende, scende, in un campo fra le tende". Sarebbe stato inopportuno, forse, anche se a lui piaceva il gioco.

Così agile, pieno di forza, veloce nella corsa e nella capacità di capire. Un albero pieno di fronde... si muoveva anche quando era fermo. Confusa nel mio ruolo, subito, con un inchino, ho insistito, solo nel pensiero e senza volere: *Sono qui per presentare i comici. Vengo per lo spettacolo, devo sembrare indifferente. / Benvenuti amici, benvenuti ad Elsinore!*

Allora che cosa conosci, non conosci nessuno non ti intendi di niente, c'è qualcosa che conosci? Abbiamo anche mangiato insieme, era alla tua destra, non lo hai riconosciuto?

Senza spiegarmene il motivo, sono stata accerchiata dalla frase, anzi, sento la sua voce: *Attacca assassino! Finiscila con le smorfie e attacca! Mugghia il corvo gracchiante alla vendetta...* Mi piaceva tanto quando spronava i comici!

Devo sembrare indifferente... *Comincia con Pirro! L'irsuto Pirro come belva Ircana no, non è così! Comincia con questo verso, vediamo, vediamo. L'irsuto Pirro attacca, smetti di fare quelle boccacce e attacca, assassino!*

Il Re e la Regina, in piedi davanti al trono, nella penombra, fanno dei giochi con le mani, vicino al viso, l'uno di fronte all'altra, in fretta, hanno paura di essere scoperti, intrecciano insieme le dita per simulare una tresca, appunto, poi versano qualcosa nell'orecchio del re seduto sul trono, addormentato. È lei, la madre, la regina, a versare il fatale veleno nell'orecchio del re, e fuggono. Il re si sveglia e traballa inesorabilmente fino a cadere. È lo stesso re, l'assassino, a venire avvelenato e a perdere l'equilibrio barcollando senza trovare sostegno, sotto l'arco nero della cantina: un attore russo con riccioli rossicci, il viso arrossato, una voce gutturale, pronuncia esotica, marcava le parole, infido, all'apparenza. È così adatto alla parte, come la Regina. Ho ricordato a memoria, nella traduzione di allora: *Benché abbia ancora il suo color del verde la memoria di nostro caro fratello, Amleto Re e a noi bene si addica di vestire a lutto i nostri cuori. Ciò nonpertanto natura e ragione hanno talmente combattuto in noi...*

Nel discorso iniziale, davanti al trono tutto d'oro, l'Aula Magna, il Re e la Regina giravano lentamente la testa e lo sguardo, come fari nella notte. Arrivava il loro sguardo in fondo fino all'ultimo spettatore, nel caso ci fosse stato qualcuno. Saranno loro stessi i comici nello spettacolo preparato da Amleto, a recitare il delitto. Il delitto che loro stessi hanno compiuto. Presi in un vortice di rispecchiamento. "Lo splendore di questo Amleto" e "Il rigore della rappresentazione". Così i giornali. Eppure era buio giù in cantina. Eravamo solo in quattro.

Basta così, arriva a Ecuba / ma chi, ahimè, avesse visto la Regina tutta imbacuccata / la Regina imbacuccata? / Uno straccio sul capo dove prima aveva un diadema.

Ascoltava sempre attento quando parlavo. Le tue parole, le mie parole, non capisco perché, si stampano nell'aria, rimangono come sospese, indimenticabili. Perché tutto quello che dici, le tue frasi, diventano così importanti? La mia sembrava una voce, non so, una voce che voleva sentire, la voce conosciuta da cui partiva, a cui ricorreva, la voce alla quale forse voleva ritornare. Tutto faceva pensare... si meravigliava sempre di quello che dicevo, di quello che avrei voluto dire, quello che avrei detto, quello che non dicevo. Molte volte ho visto che sorrideva di una mia frase mentre nessun altro aveva capito. Sempre era su di me il suo sguardo quando parlavo. Se c'era chiasso e molte persone, guardava la mia bocca, leggeva dalle labbra "Perché le tue frasi rimangono come scolpite nell'aria?". Quello che nascondevo. Erano tante le cose che non ci dicevamo. Tanto quello che si taceva. Che non capivamo di noi. Molto di quello che lui non voleva dire. Ci tenevamo d'occhio, per captare ogni cenno, ogni allusione, ogni citazione, tutte le affermazioni e le discordanze, ognuno ascoltava quello che diceva l'altro, nulla doveva sfuggire, con vigilanza gioiosa e preoccupata, come in una boscaglia buia e intricata ci si dà voce per ritrovarsi. Di loro sapevano di non poter perdere una sillaba, né un momento. *Ascolta vecchio mio, potresti imparare un discorso di dodici o sedici versi che io butterei giù e inserirei nel testo?*

Lui avrebbe potuto recitare l'*Amleto* da solo, tanto era il fulcro di tutto. Tanto era guardingo, tanto scrutava ogni azione, i nostri movimenti, le parole, i ritmi, in qualsiasi angolo, agile e cauto, costantemente all'attacco, - mi vinceva sempre alle corse - pronto a intervenire avesse perso ritmo una scena - non succedeva mai - o non si potesse capire il suo significato. O traballasse un trono. Era un trono solido. Tanto era lui, Amleto.

Gli attori girovaghi continuavano... e io con loro: *e tutto per niente. Per Ecuba! Ma chi è Ecuba per lui e lui per Ecuba, che lui ne debba piangere? Che farebbe se avesse il motivo e lo spirito che ho io?*

In fondo al piccolo spazio nero, la cantina, quasi una cripta egizia, avevamo messo un trono grande tutto d'oro. Sono immagini che sfuggono alla volontà, disturbano il racconto e vogliono a tutti i costi farsi ricordare. Eppure questo trono brilla e troneggia, in questo momento. È venuto fuori dal buio. Il trono dorato a due posti, il Re e la Regina. Un grande trono longobardo che luccicava e prendeva quasi tutto lo spazio, il solo oggetto di scena, sotto l'arco nero. Ora siamo sugli spalti, è notte, fa molto freddo. È difficile raccontare, si sovrappongono le immagini. E le parole.

Fa molto freddo, l'aria morde. Si sente il mare ruggire in basso.

Alla parola Amleto, pronunciata da lui, era svanita la rabbia, l'insopportabile fastidio del sospetto, magari, che lui non volesse capire le sue parole, non ricordare alcuni nomi che lei diceva, persone che avevamo conosciuto, non so, non volesse venirle incontro, come si dice, e mi sembra di aver detto anche questo, il rancore, la fretta, la fretta in particolare. Non c'era più nessuna fretta, parlavamo pacati, piano, nessuna concitazione, il tempo si era fermato. Comparso all'improvviso il presente. Come ad un appello.

Non ricordi più nessun nome?

Perché dovrei conoscere tutte le persone di cui mi parli? Conosci forse tu per esempio... non so... non ricordi...

Ma no.

Perché non li ricordi?

Perché dovrei, non li ho mai visti.

Se eravamo insieme, l'altra sera...

Vedi anche tu allora quando sono andato a Parigi da Barthes... aveva scritto un articolo che si è perso.

Dobbiamo ritrovarlo.

Hai detto dobbiamo ritrovarlo?

Sì, ho detto, dobbiamo ritrovarlo, dobbiamo far di tutto per ritrovarlo.

Hai detto dobbiamo fare di tutto per ritrovarlo?

Sì.

Sembrava felice.

Sade, Fourier, Loyola: la scrittura come eccesso era il libro che lei aveva tenuto per anni sotto il cuscino. Lo aveva scritto Roland Barthes. Lui aveva preso l'aereo ed era andato fino a Parigi, per parlargli. L'attonita Ofelia!

Torniamo sugli spalti. Questo dialogo lo sapevo tutto a memoria: *Chi è là? No, rispondi tu, Bernardo? / Lui. / Arrivi puntualmente. È suonata mezzanotte. / Va a Letto, Francesco. / Grazie per il cambio, c'è molto freddo, e il cuore mi fa male. / Tutto tranquillo? / Non si è mosso un topo. / Se incontri Orazio... e Marcello, i miei compagni di guardia... di' che si affrettino. / Fermi, chi è là? / Amici a questa terra. / Ma dimmi, c'è Orazio? / Un pezzo di lui. / Salute Orazio, salute buon Marcello. / Beh? La cosa si è vista questa notte?*

Era buio sugli spalti, faceva freddo, la sera prima era apparso lo spettro del Re.

Cosa intendeva quando ha detto con un po' d'emozione: conosco Amleto. Non ho risposto. Un esempio. Voleva dire di questo sono veramente esperto? Sì, era vero, ma non voleva dire solo così.

un teatro apocalittico

Nella sera, si delinea un potente castello, isolato, nessuno intorno. Nel cielo al riflesso del tramonto il grigio sfuma nel rosa tenue, si stagliano le torri. Corre un cavallo, vola il mantello del centauro tutto chinato su di lui. Non c'è più niente altro, tutto è in lui, nel Principe Amleto, in quella cavalcata e dentro quel maniero. Tutto è deciso in lui e dentro al castello, nulla esiste al di fuori. Nessuno da avvistare, il nemico è all'interno. Furioso, il mare batte sulle mura. Amleto ha saputo del padre. E rientra, fuori di sé, spaventato, forse lo ha ucciso.

L'aria del vecchio maniero era in realtà la cantina di un palazzo nel quartiere umbertino di Prati, a Roma. La via è Gioacchino Belli, il nome della cantina: "Beat" più il numero civico, 72. Un nido già pronto, abbandonato. Lo aveva appena lasciato Carmelo Bene. L'aria di rivoluzione circolava in piazza.

Insieme a quell'aria altrettanto conosciuta e che scendeva, come si dice, fino al suo cuore. Un'aria antica: la canzoncina che Ofelia con un filo di voce canta e si ripete nella spirale in tutte le stanze della sua anima, con la piccola voce di lei, la mia, e la danza appena accennata, piccoli passi e movimento delle braccia sognanti, eppure precisi, studiati, consueti, una danza del tempo e senza tempo. Ofelia avanza dal buio della cantina fino al proscenio con gesti dolci e decisi, sembra sollevata da terra, come portata veniva avanti danzando lentamente, a passi leggeri appunto, fievoli eppur sicuri. Quella stupida Ofelia vittima del sospetto ontologico! Essere o non essere. Aveva visto il delitto, lo scambio di persona. Era testimone dell'incubo di Amleto che, identificandosi con il padre, è lui stesso a venire ucciso. Forse è questo il motivo della sua follia? Con gesti precisi eppure sognanti, dona e raccoglie la messe – molto le cade dalle braccia – come in un campo di grano, il pubblico è preoccupato, nessuno si muove. Lui, come un mietitore attento e scrupoloso, raccoglie le spighe. Qualcuno dopo lo spettacolo si domandava se quello che si era visto fare da Ofelia, quella sera, fosse successo davvero o fosse stato invece solo immaginazione. Liberata, d'accordo con lui in tutto. Anche nelle loro liti più furiose. *Sempre così rannuvolato! Anzi monsignore, vivo fin troppo a ciel sereno, io.*

Sì, ma se io ti dico nome e cognome di una persona che abbiamo frequentato e conosciuto insieme, perché non la ricordi? Sembra che tu faccia finta di non ricordare. Lo fai apposta? Non è di questo che vuoi parlare, o non vuoi parlare? Dobbiamo andare in archivio e cercare quell'articolo di Barthes.

Hai proprio detto dobbiamo andare, a cercare subito?

Sì, ho detto così.

Sembrava felice.

Quando lui recitava credevo sempre in un primo momento che parlasse sul serio. Per l'estro, il furore, la gioiosa ispirazione poetica che metteva nei movimenti del corpo e del volto, in ogni parola, nella voce. Non avevo mai visto recitare così. Neanche, non so, Jean-Louis Barrault, per dire di uno che vedevo come un dio. Ma lasciamo stare i nomi, l'abbiamo incontrato insieme a Trinità dei Monti; no, no, se poi lui non si ricorda andiamo a litigare.

Spesso, quando lui si metteva in scena per istruire gli attori, qualche volta, solo qualche volta, dal momento che mi mancava quasi il respiro, guardavo furtivamente dalla parte delle scale che portavano all'uscita, tanta era l'emozione. Eppure l'aria per respirare non veniva dalla strada, dal fiume, da Castel Sant'Angelo, o da Campo De' Fiori, no, veniva da lui che si muoveva in cantina. Non è vero, non guardavo l'uscita, mentre lui creava ero ferma, silenziosa, ammirata e tranquilla. Sicura dei sentieri, dei meandri dell'anima in cui lo seguivo. Mi riposavo in questa sua avventura, pur essendo sempre in subbuglio per portargli qualcosa che lo avrebbe interessato. Mi sono sorpresa a pensare: *Tempi schiodati i nostri e non è dannata beffa che proprio io avessi da nascere per rimetterli in sesto? Devo essere cattivo per essere buono. Anzi Monsignore, vivo fin troppo a ciel sereno, io!*

Era venuto il momento in cui si poteva vivere "a ciel sereno". Se pur nelle profondità del grande palazzo in un quartiere romano. Liberi, a ciel sereno. Il soffitto nero della cantina era cielo

un teatro apocalittico

azzurro, per noi, era campi di grano e profumo di tigli in fiore. Il meraviglioso paesaggio erano le parole. Senza dubbio, e forse io senza saperlo, eravamo i protagonisti dei primi movimenti di un teatro nuovo. Al buio, nelle cantine c'era subbuglio, bulbi in fermento fiorivano. Come se non ci fosse più nessuno, né padre né madre. Più nessuno, nessuna provenienza, eravamo solo noi, il principe Amleto e la sua folle sorella Ofelia, timida e delirante. Ora esile e pudica, ora energica e sfrenata. (Nell'Ur- Hamlet, Amleto e Ofelia erano fratelli). Lui del resto mi aveva scelta, per dire, mi aveva informata, che avremmo messo in scena *Amleto*. Da parte mia avevo già rinunciato al sogno del teatro. La Regina? ho detto io. No, Ofelia, ha risposto. Invasa dalla gioia fino al midollo, avrei saltato come un canguro tutto il giorno. Siamo scesi in cantina. Ho dovuto continuare: *Giù le mani, signori, o per il cielo, farò uno spettro di chi mi trattiene! Via, dico!*

Le corde che tirava gridando a squarciagola sembravano partire dal trono o dal soffitto, da dove venivano quelle corde che lui muoveva urlando? Lui stesso faceva parlare lo spettro, lui scandiva le parole del padre, le parole che rivelavano come era stato ucciso e da chi. Era il burattinaio. Il burattinaio del Re di Danimarca assassinato. Lo faceva parlare con la sua voce. Il Re dorme seduto sul trono. Amleto gli lega delle corde alle caviglie e ai polsi. Prende queste corde e le tira come con le marionette e fa muovere il Re. Fatto di stracci, ormai rimane inerte. A dire la verità eravamo anche noi, il Re, la Regina e l'ignara Ofelia, i suoi burattini, anche di noi lui tirava le fila. Ho quasi gridato dentro di me: *Oh Amleto, che caduta fu quella... Se mai amasti il tuo caro padre, vendica il suo turpe e mostruoso assassinio. Oh! Orribile! Orribile!*

Amleto tirava freneticamente i fili luminosi nella nera cripta, sembrava un compasso, doveva disegnare l'arco che racchiudeva l'apparizione spostandosi continuamente per conoscere la verità. Dal trono tutto d'oro muoveva l'amato spettro nella figura del suo odiato rivale e gli dava voce. Urlava le parole del padre, a squarciagola, ho già detto, diceva tutto quello che poteva, era l'unica possibilità, aveva in suo potere l'usurpatore, l'assassino del padre, il profanatore della madre. Le ginocchia piegate, le spalle protese, abbassate come per un grande sforzo, come un cavallo che continua a scalciare nel piccolo spazio nero prima di decidersi alla gara. Legato dalle stesse corde che usava per il Re. Brillava la maglia celeste e oro che gli avevo regalato. Il pubblico attonito si sentiva rimproverato. Come lo ammirava Ofelia! Come era presa nel vortice in cui lui vorticava! Non voleva rimandare più neanche di un attimo la vendetta. Eravamo lì per questo: il teatro ci avrebbe aiutati a mettere in trappola la coscienza del Re. La Regina ci avrebbe visti... *Ascolta, Amleto, oh ascolta, se mai amasti il tuo buon padre vendica il suo turpe assassinio... ascolta, oh ascolta... giacevo nel mio giardino addormentato...*

Negli anfratti della cantina lo vedevo di schiena e a dire la verità non capivo se era lui a parlare o lo spettro di nostro padre, e da dove venissero quelle corde che muovevano la scena. Cercavamo in fondo l'amore. In fondo al barile. Febbricitanti come cercatori d'oro. Lui stesso era lo spettro e il figlio del padre ucciso. *Giurate! / Sei lì brav'uomo? Avanti! Ascoltate questo tipo giù in cantina. Giurate, su! Giurate.*

Urlava e si muoveva; si muoveva forte e deciso a tirare da quei fili e dal corpo inerte, tutta la verità, agile e sicuro come un saltimbanco. Manovrato da Amleto con la forza di un ragno filatore, il Re non si svegliava. Amleto sapeva la verità, aveva appena saputo la verità. Veramente stava ascoltando la verità che lui stesso rivelava. Per violenza e rabbia, sembrava Ivan Vasil'evic, detto Il Terribile. Un Amleto terribile, deciso alla vendetta. Sembrava che tutto ad un tratto la verità di quello che era stato fatto si fosse rivelata in lui, fulminea. Nulla avrebbe potuto fermare la sua vendetta. Neanche il pensiero, questa volta. Parla in modo concitato, butta fuori tutte le parole una dietro l'altra con la paura che qualcosa rimanga dentro di lui. Nulla deve restare non rivelato.

Teneva ben forti anche le redini del pubblico. ... *una fiala del maledetto veleno per la porta dell'orecchio versa in me...*

Era bello poter manovrare un'apparizione, essere tu a tirarne i fili. *Se è tempra di uomo in te, non sopportare, ricordati, ricor-*

dati, ricordati di me.

Continuava, urlava tutto quello che era necessario dire. Nel buio Amleto toglieva al Re ormai smascherato, le corde che lo costringevano. E si accendeva di nuovo la luce. Il trono d'oro splendeva, vuoto. Mi permetto di suggerire senza parlare: *Ricordarmi di te? Sì, per il cielo fino a quando la memoria ha uno spazio in questo globo impazzito.*

... Amleto caro... è legge comune che ogni cosa viva muoia passando dalla natura all'eternità. / Difatti signora mia, è molto comune. / E se così è perché ora ti sembra solo tua? / Sembra, signora? / No: è. Io non so che sia sembra.

Di sbieco al pubblico, gambe divaricate, piantato vicino al trono su cui erano seduti il Re e la Regina, Amleto pronto a lottare, insieme all'incauta Ofelia, con una rosa bianca nei capelli raccolti sulla nuca. Nel caso ci fosse stato qualcuno. Questo avrei voluto dirlo: *Tieniti alla retroguardia della tua passione. La fanciulla più ritrosa è già prodiga se scopre la sua bellezza alla luna.*

Seduti sui gradini che scendono in cantina "Amleto e gli altri tre" mangiano dei panini per l'ora di pranzo. Del resto l'amore è un gioco a quattro, dice Sade. Ricominciano le prove. Il Re e la Regina siedono sul trono d'oro. Lentamente sollevano i loro lunghi vestiti, strusciandoli sulle gambe, lasciano scorgere prima le ginocchia poi piano piano le cosce fino all'incrocio preoccupante, sembrano nudi. La foia del Re e della Regina è incontenibile. Lei sale a cavallo su di lui.

Mormora Amleto trattenendo a stento rabbia e dileggio, seguendo la madre verso le sue stanze, lo spettatore immagina le stanze, intendo, e ci potevano essere per la glabra bellezza della scena, sempre se ci fosse stata la scena, e qualcuno a guardare. Ma come ho già detto le scene con lui venivano dal nulla. Nel ricordo quel momento con la madre l'avevo fatto un mio cavallo di battaglia. Quante volte l'ho ripetuto immaginando la scena: *Oh se questa mia troppo solida carne si sciogliesse e diventasse rugiada... Oh se l'Eterno...*

Amleto e la madre, lui la segue, attraversano lentamente quasi in punta di piedi il nero arco del palcoscenico. Vanno piano come una nenia, lui sussurra e sospira, si capisce che non vuol farsi sentire da lei (lei si volta e gli sorride) ma da qualcuno seduto sulle panche da inferno, nel caso ci fosse stato qualcuno. Lei, la Regina, sente la sua presenza e senza capire si volta ogni tanto e gli sorride dolcemente, amorosa e materna ma completamente ignara delle terribili accuse. La mano della madre, il dolce braccio nudo per le maniche larghe che scendono fino al gomito, tiene un candelabro con due, forse tre, candele accese. Come non dire: *Che si sia giunti a questo! Morto da appena due mesi, ma che dico, meno, meno! Fragilità, il tuo nome è donna ma spezzati cuore debbo frenare la lingua.*

Luci che tremano nel buio e illuminano il viso della madre pieno di dolcezza. Poca luce illumina il viso di lui. Il suo sguardo è fermo sulla nuca della madre con la stessa forza di un fermaglio di diamanti, sembravano camminare da tempo e c'era così poco spazio! E poco tempo, in fondo. Lei continua a voltarsi delicatamente e dolcemente gli sorride. Non capisce il dramma del figlio. Si volta, tutto si ferma su di lei, che sorride fino a uscire di scena. Lui la segue. Intanto Amleto tiene ben tirate le redini del pubblico. Non si sente un fiato. *Di nuovo buona notte. Devo essere crudele solo per essere buono.*

"Pur facendo teatro riesci a fare i primi piani, come è possibile?", gli aveva detto Antonioni. Infatti nel buio il viso di Amleto inseguiva, imprecando piano, il viso della madre. Il suo braccio tornito, come quello dei quadri, reggeva il candelabro. Sopra il capo, sui capelli sciolti di un rosso dorato, lunghi fino alla cintura, posava una corona arcaica, composta da file sovrapposte di grosse perle bianche. Poi tutto spariva nel nero della cantina. Com'era fresco in cantina!

"In una torrida estate romana".

Il re, l'usurpatore, preso da rimorso, in ginocchio sotto l'arco nero sta pregando. Amleto giunge in punta di piedi dietro di lui e alza un pugnale: *Ora potrei farlo ora che sta pregando, questo*

un teatro apocalittico

è il momento... ora lo farò...

Amleto parla a lungo ma poi ripone il coltello nel fodero e sempre in punta di piedi esce. Aspetta un'occasione più propizia. Rimane il brillare della sua maglia, mentre il re continua la preghiera di pentimento. Ofelia, nascosta nei cunicoli della cantina, pensava che quello fosse il momento, non capiva perché Amleto non avesse ucciso l'assassino del padre, l'amante di sua madre, in un momento così propizio. L'assassino di nostro padre, l'amante di nostra madre. Forse lo avevo pensato. Disperatamente continuo: *Ero nella mia stanzetta, monsignore, quando tutto ad un tratto mi è apparso davanti il principe Amleto, il giustacuore tutto slacciato, le calze inzaccherate, giù come ceppi alle caviglie.*

Ora è di fronte a lui, la madre, Regina di Danimarca, la sua ragazza, lappone, occhi turchesi, una cascata di capelli rosso oro, come ho detto, una pronuncia nordica che dava più forza alla frase e incantava: *Andate via, maledetti cani danesi! Via, via!* Calati nell'abisso lui gridava: Madre, Madre, Madre! Il grido di Amleto sembra scuotere le mura. Ofelia trema fino alla scena successiva. Per questo ho creduto di dire: *Amleto, tu hai molto offeso tuo padre. / Madre, voi avete molto offeso mio padre. / Mi rispondi con lingua sciocca. / Mi interrogate con lingua malvagia...*

Con la stessa forza e determinazione di un arcangelo nell'Annuncio, l'arcangelo del Veronese quando appare a Maria, la stessa improvvisa irruenza, la stessa forza delle braccia, la stessa luce sulle spalle, lui viene ad annunciarle Amleto. Impossibile non rimanere sorpresi e pieni di gioia, impossibile rifiutare. Anche a lei era caduto il libro dalle ginocchia. Forse non era il libro delle preghiere. Tirata per un braccio, a spintoni, ricatti, rimproveri tutto era lecito. Entusiasmata dal suo entusiasmo, finalmente si decide a scendere in cantina. Ora il teatro si fa così, dice lui, nelle cantine, nei sotterranei. Davvero? Si può inventare al momento, ah, sì? Si può improvvisare.

... mi ha preso il polso stringendomelo forte...

Come se volesse portarmi con sé, ha detto: andiamo! Ti sei sbagliato, non sono io! L'umidità e il buio della cantina non avevano importanza, c'era la luce e il calore della sua fantasia e dei suoi capelli appena cresciuti sul collo con imprevedibili volteggi, come onde, nel suo collo largo e forte, capelli che in un uomo erano davvero una novità, non li avevo mai visti in famiglia, così lunghi. Solo nel '45 quando si andava alla messa in paese, la mamma li chiamava alla partigiana, li avevano solo loro i capelli lunghi, quelli che resistevano, e facevano i fuochi sulla montagna. Quei capelli cresciuti dietro l'orecchio di lui (non c'era il tempo di tagliarli, non era più obbligatorio) mi davano un'inspiegabile sicurezza, un: quasi ce l'abbiamo fatta! Pensavo tra me: siam giunti, ecco Betlemme, con lui c'era nel buio di quella cantina lo splendore di una natività. Creava dal nulla tutte le cose. Quelle che entravano nello spazio nero, in quegli anfratti, e che uscivano in volo. Nello scendere le scale ripide e ruvide verso l'Acheronte e vedere lui di schiena che insegnava agli attori mentre creava una scena, avevo l'impressione gioiosa di esser giunta, e insieme di andare avanti, di progredire, pur essendo arrivata a destinazione. Prima c'era uno spazio vuoto, oscuro, una cripta, poi dal nulla nasceva una scena, con gesti, persone, parole, miracolosamente. Lui è sempre stato la radice di ogni mia parola, l'etimologia di ogni frase, il significato di ogni mio pensiero, la matrice di ogni mia azione. Mi ripeto, mi accorgo di dire sempre le stesse cose. Quando il pensiero ha risposto, si esprime, crea. Forse ho già detto anche questo, ero sicura di essere scesa in fondo, con uno scandaglio, di partecipare ad un esperimento, come in chimica, del resto si chiamava teatro sperimentale, di ricerca. Mi sembrava di cercare il tesoro nascosto da tanto tempo, il tesoro che nascondevo da bambina nell'aiuola delle ortensie, anzi, di averlo trovato. Stavamo scendendo in fondo alla nostra vita. Mi è sfuggita senza volere, forse: *Un tempo mi amavate, monsignore. / No, io non vi ho mai amato. / Monsignore, ho qui certi vostri ricordi... / No, io non vi ho dato mai niente.*

Sapevamo molto bene di non essere i personaggi di Shakespeare. Eravamo noi, noi due, uno di fronte all'altra presi dalle spire del teatro, sotto gli occhi degli spettatori. Forse gli spettatori non c'erano. Tenevamo le braccia alzate, mani aperte a ventaglio con solo la punta del pollice appoggiato sulla testa, sembrava una corona, volevamo imitare i pavoni. E per essere orgogliosi, lo eravamo. Era una danza, con le mani in testa, in segno vittorioso. Un dialogo segreto e nello stesso tempo svelato. Ma anche un segno di resa, quelle mani alzate. Il teatro ci faceva arrendere. Come resistere a: *Siete onesta, voi? / Cosa intende monsignore? / e siete bella? Perché se siete onesta e bella...*

Si aggiravano intorno l'uno all'altra, sotto l'arco nero della cantina, parlando di profilo o di fronte o di schiena, sempre in movimento, come due uccelli in una lenta e puntigliosa lotta per la supremazia. O una sfida amorosa, un corteggiamento. Ondulati erano i loro movimenti, ognuno sembrava spostare l'aria dell'altro senza mai entrare troppo nella sua sfera, pianeti lontani, stelle di passaggio, comete, nessun fruscio, nessun rumore, solo il vestito bianco di lei, lungo, sembrava neve che cadeva piano. I loro sguardi verdi non si lasciavano mai. Il pubblico tratteneva il fiato, i pochi presenti, o forse non c'era nessuno. Come aironi sfioravano solo la terra da sembrare che potessero da un momento all'altro riprendere il volo. Trattenevamo il respiro, eravamo senza peso. Non ci eravamo mai sfidati fino a questo punto, guardati a lungo, di fronte, come una singolar tenzone. Era difficile mantenere lo sguardo, una strana spietatezza quasi olimpica. La scena scorreva mentre loro si sfuggivano, e si riavvicinavano per sfuggirsi di nuovo. Poteva sembrare una postazione di caccia, lo era. Si scrutavano. Ofelia non si accorgeva di essere lei la preda. Come una gioia già conosciuta e finalmente presente nel loro non avvicinarsi ed essere nel contempo una sola persona, uniti. Eravamo piombati nella mitologia, non c'era niente da fare. Breve e intensa, come si dice, quella scena, poteva durare in eterno. Invece era solo un attimo. Quando sembrava di potersi conoscere la luce si spegneva. Mi è sembrato di sentire: *Potrei giacervi in grembo, signora? / No, monsignore / intendo dire con il capo in grembo a voi / siete faceto altezza / chi, io? Il vostro modesto fornitore di facezie. Due mesi, così tanto tempo e non ancora dimenticato? Uh! Uh! Uh! Il cavallin di legno non c'è più!*

Eravamo sempre d'accordo, sulle tavole del palcoscenico, quasi sempre. Anche se lì non c'erano le tavole, e non era proprio un palcoscenico ma una cantina. Non c'era il pavimento di legno, quelle tavole tanto amate e desiderate dove lei avrebbe voluto vivere, ma un impiantito duro tirato a cemento. C'era intesa lo stesso. Bastava che ci fosse teatro. Nel teatro ci incontravamo. Solo il vestito di lei, Ofelia, bianco con la "pazienza" che si muoveva nei gesti, a volte improvvisi. Lui calzamaglia nera e una breve cotta celeste e oro, traforata come le maglie dei cavalieri medioevali. Pochi spettatori sulle panche improvvisate e scomode. Qualche risatina di compiacimento da parte di una ammiratrice illustre. Quella risatina breve, intermittente, quasi come un tossire appena, ci confermava il valore di ogni passaggio, sottolineava le scene, guidava, orientava, ci dava gioia e forza, era come la voce dell'allodola che annuncia il nuovo giorno. È l'alba, bisogna andare. Ofelia con l'abito di raso bianco gira per la scena. Affiora appena: *Io vi ho amato, una volta. / In verità, Monsignore, me lo avete fatto credere. / Non avreste dovuto credermi. Io non vi amavo. / Tanto più sono stata ingannata. Monsignore, ho qui certi vostri ricordi / io non vi ho dato mai niente.*

La scena era come muta, fatta solo di sguardi e di agilità dei corpi, durava poco, un lampo, una spirale, sguardi di sfida. *Ancheggiate, ondeggiate, bisbigliate...* Subito dopo, il buio. *Non credere a nessuno di noi, siamo tutti malfattori. / O dolci cieli, potenze celesti, aiutatelo!*

Quando si riaccende la luce, Ofelia è spinta fin sul proscenio, le mani sul viso urlando. La sua voce, il suo grido dall'arco buio e umido giungeva a qualche spettatore spaventato. Può darsi che non ci fosse nessuno. Quella scena non la facevo volentieri, protestavo sempre, temevo che mi rendesse brutta. Non la voglio fare questa scena: perché mi devo mettere le mani sul viso? *Come nell'urlo di Munch*, diceva lui per invogliarmi. Ho dovuto dire quasi piangendo: *Oh, tanto stravolto, tanto stravolto un così nobile intelletto*. Allora c'erano un po' di strattoni da parte di lui, qualche insistenza e spinte perché la scena si aprisse. Tutto era lecito, alla corte di Elsinore, dal ricatto all'inganno, dalla preghiera agli strattoni... ai bigliettini passati di nascosto all'ultimo momento, al raggiro... E la scena si apriva anche per pochi spettatori, lo spettacolo si faceva lo stesso.

un teatro apocalittico

In piedi, davanti alla scala, qualche volta Gertrude Regina di Danimarca e la piccola Ofelia, guardavano in alto verso la porta d'ingresso, come due sante al martirio: il marciapiede vuoto, la strada bagnata, il rumore di qualche passo che non si fermava.

Oh! Tanto stravolto un così nobile intelletto!... Tanto stravolto un così nobile intelletto! Oh! Tanto stravolto un così nobile intelletto! / Come state, signora? / Ahimè, come stai tu, che volgi l'occhio nel vuoto e scambi parole con l'aria senza corpo? / Lui! Lui! Guardate. Non vedete nulla? / No, nulla. Eppure vedo tutto quello che c'è. / Mio padre, è sulla porta, guardate! Ecco, ora esce. (Perché nostro padre – il vero padre – era chiuso fuori dalla porta? Non era ammesso alle prove).

Con un tono sarcastico e irriverente, Ofelia entra, striscia verso la scena aperta con i movimenti del cobra, vestita di bianco appoggiandosi a pareti immaginarie, quasi di schiena al trono, strisciando come se rasentasse un muro e non volesse del tutto far vedere il suo viso al Re e alla Regina tranquillamente seduti. Sogghigna, frena qualche risata oscena, finge risatine. Si rivolge a lei, la Regina, parla dei suoi sandali e del bordo delle sue vesti, chiedendole se la riconosce almeno da lì, dal bastone di comando, se non dal suo amore. Mi ero chiusa nella mia stanza per preparare la scena della pazzia, anzi *Ero nella mia cameretta*. Volevo proporre un abbozzo, pronta a cambiare registro se necessario. Non tanto improvvisato, ben ponderato, invece, dolcemente sorseggiato come una bevanda benefica. Mi batteva il cuore forte. Sì, possiamo fare questa. Delle versioni che avrei voluto proporre. Meravigliosa cantina! Che estate fu quella! Buio trasformato in luce.

Dov'è la maestà bellissima di Danimarca? / Che c'è anima cara, cosa significa questa canzone? / Lui se ne è andato, signora, è morto, una zolla verde al capo, un sasso ai piedi oh oh oh! bianco il suo sudario come neve sui monti, coperto di dolci fiori / come state bella fanciulla? / Bene, bene... dicono che il gufo fosse la figlia del fornaio... Domani di buon mattino è il giorno di San Valentino... domani di buon mattino...

Ofelia si toglie la "pazienza". Rimane solo la tonaca di raso bianco. Libera nella pazzia da qualsiasi vincolo, si sente, come si dice, padrona della scena. Non deve seguire nessun cerimoniale, solo quello che le suggerisce la sua mente. Si scioglie i capelli, si spettina, si mette un rossetto sbaffato sulle labbra, è sempre scalza, scuote il vestito, lo tira su quasi alle mutandine, è sguaiata con il Re e soprattutto con la Regina, con tutti sconveniente. Forse non c'era nessuno.
Dov'è la maestà bellissima di Danimarca? Come state, gentile Ofelia? / Bene, bene, dicono che il gufo fosse la figlia del fornaio...

Il Re e la Regina sono seduti sul trono dorato, uno scrigno molto prezioso, immobili, spaventati. La Regina dice appena, con voce turbata: *Che c'è anima cara, cosa significa questa canzone? Cosa significa questa canzone? / Oggi è il giorno di San Valentino. Oggi è il giorno di San Valentino... il giorno di San Valentino io busso ai tuoi vetri pianino per essere la tua Valentina... io busso ai tuoi vetri pianino...*

Lei si cambiava con poca luce nei meandri della cantina. C'era sempre qualcuno che la spiava, tutte le sere, non riusciva a distinguerlo nella penombra, si nascondeva. Lei era nervosa, temeva che questo "ammiratore affezionato" la confondesse, le facesse perdere la concentrazione, addirittura la volesse trattenere, o abbracciare.
Dal buio alla luce della scena, Ofelia scivola in serpentina reggendosi a tendaggi che non ci sono, recita una canzonetta popolare, con voce contraffatta e licenziosa.

Domani di buon mattino – è il giorno di San Valentino – io busso ai tuoi vetri pianino per essere la tua Valentina... Lei si alza il vestito si mette – le apre e la porta con sé – quando entra è fanciulla e quando esce fanciulla non è, fanciulla non è, fanciulla non è, fanciulla non è. È tutta la mia gioia il caro dolce Robin! E non tornerà, non tornerà, non tornerà? No, è morto e non ritornerà. Vai al tuo letto di morte, mai ritornerà. Ecco il rosmarino per il ricordo, ti prego amore per il buon ricordo... / Graziosa Ofelia... / ...ecco una margherita

un teatro apocalittico

Lucia Vasilicò in *Amleto*, 1971

Ofelia vagava in quel piccolo spazio nero, volteggiava come in un prato fiorito, chiede le si faccia il ritornello, insiste perché si

battano le mani, si rotola come nell'erba alta. *Quattro capitani lo portino come un soldato al palco. Lascia che il daino ferito sospiri... il cervo illeso...*
Le braccia indietro, le mani mosse come branchie la seguono.
Esce di scena in una nuvola bianca spinta dal vento.
Non si sente un respiro.

Io amavo Ofelia...

Era la sera di San Valentino. Era proprio quella sera.

Gli attori sono pronti.

Artdigiland è un'attività editoriale che offre – attraverso l'editoria digitale e il broadcasting – interviste esclusive ad artisti internazionali. E saggi, monografie, biografie, raccolte di materiali. Artdigiland è anche una community web di autori, curatori, videomaker.

Vi invitiamo a sottoscrivere la nostra newsletter per essere informati sulle nuove uscite, sui nostri eventi e sulle offerte riservate ai nostri lettori: http://www.artdigiland.com/newsl

http://artdigiland.com

Per informazioni: www.artdigiland.com
Per contatti: info@artdigiland.com

intervista a Marc Scialom
a cura di Silvia Tarquini

intervista a Fabrizio Crisafulli
a cura di Enzo Cillo

intervista a Beppe Lanci
a cura di Monica Pollini

intervista a Adriana Berselli
a cura di Vittoria C. Caratozzolo

intervista a Eugène Green
a cura di Federico Francioni

intervista a Luca Bigazzi
a cura di Alberto Spadafora

Di Fabrizio Crisafulli Artdigiland ha pubblicato:

IL TEATRO DEI LUOGHI
Lo spettacolo generato dalla realtà
di Fabrizio Crisafulli
con un testo su danza e luogo di Giovanna Summo,
prefazione Raimondo Guarino, 2015

Crisafulli analizza quel particolare tipo di ricerca che ha chiamato "teatro dei luoghi", a oltre vent'anni dalla sua prima formulazione. Un tipo di lavoro nel quale il "luogo" e l'insieme delle relazioni che lo costituiscono vengono assunti come matrice e "testo" della creazione teatrale. Le motivazioni alla base di questa ricerca, il suo riportare l'attenzione sulla realtà locale, la prossimità, si sono riaffermate nel corso degli anni per l'accrescersi delle questioni legate allo sviluppo mediatico, alla perdita di contatto della vita quotidiana con i luoghi, e per le criticità che le forme di comunicazione a distanza e i social network creano, accanto a nuove opportunità, sul piano delle relazioni umane e dei modi di sentire lo spazio. Il volume fa definitivamente luce sul fatto che il "teatro dei luoghi", nell'uso comune a volte inteso (e frainteso) semplicemente come teatro che si svolge fuori dagli edifici teatrali, non è definito dallo spazio dove si fa lo spettacolo, ma dall'idea stessa di "luogo" e dal modo specifico in cui il lavoro si relaziona al sito. In qualsiasi posto si svolga. Chiarendo ragioni e operatività di quello che è un modo radicalmente nuovo di fare e concepire il teatro.

LUMIERE ACTIVE
Poétiques de la lumière dans le théâtre contemporain
de Fabrizio Crisafulli
préface de Anne Surgers, 2015

Cet ouvrage revisite, du point de vue des poétiques de la lumière, quelques épisodes importants de la mise en scène théâtrale au XXe siècle, depuis les grands réformateurs des premières décennies jusqu'à divers artistes contemporains tels que Josef Svoboda, Alwin Nikolais, Robert Wilson. Non pour proposer une histoire plus ou moins organique de la lumière au théâtre, mais pour tenter de préciser, relativement à son utilisation, certaines questions fondamentales. S'affranchissant des contextes étroits de la technique et de l'image dans lesquels on tend souvent à les enfermer, les problématiques de la lumière sont examinées ici sous d'autres angles, ceux de la structure spatio-temporelle du spectacle, de la construction dramatique, de la création poétique, de l'action, du rapport avec le performer. Une partie de l'ouvrage est consacrée au travail théâtral de l'auteur. Elle documente le point de vue particulier sur lequel sa réflexion se fonde, point de vue suscité et enrichi par son expérience personnelle de metteur en scène.

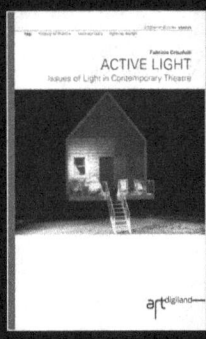

ACTIVE LIGHT
Issues of Light in Contemporary Theatre
by Fabrizio Crisafulli
foreword by Dorita Hannah, 2013

This book looks at various important events relating to the poetics of light in theatre production in the West in the twentieth century, from the great reformists at the beginning of the century to contemporary artists such as Josef Svoboda, Alwin Nikolais and Robert Wilson. The intention isn't to outline a somewhat organised history of stage lighting, instead it is an attempt to identify some basic issues concerning its use. Lighting issues are unshackled from the limited contexts of technique and image, where they often end up only to be relegated, and examined in the context of the performance's space/time structure, poetic and dramatic construction, and the relationship with the performer. A section dedicated to the theatrical work of the author outlines the distinctive point of view behind the book.

Su Fabrizio Crisafulli Artdigiland ha pubblicato:

PLACE, BODY, LIGHT.
The Theatre of / Il teatro di Fabrizio Crisafulli. Twenty Years of Research / Venti anni di ricerca 1991-2011
edited by / a cura di Nika Tomašević, foreword by / prefazione di Silvana Sinisi, 2013

Luogo, Corpo e Luce sono i termini sui quali si incentra la ricerca teatrale di Fabrizio Crisafulli. Una ricerca che mette in discussione dalle fondamenta le pratiche performative, tentando di risalire alla forza originaria del teatro, rivendicandone allo stesso tempo necessità ed efficacia nel contemporaneo. Vi si incontrano danza e architettura, teatro e senso del territorio, performance del corpo e azione poetica della luce. I suoi lavori, poetici e visionari, ipnotici e sospesi, altamente emozionali e insieme filosofici, producono immaginifici scambi tra archetipi e mondo attuale. Un percorso intenso, ricostruito attraverso interviste, testimonianze, recensioni, dati e immagini riguardanti gli spettacoli e le installazioni realizzati dal 1991 al 2011.

Fabrizio Crisafulli's theatre research centres on Place, Body and Light, and challenges performance practices at their very foundations, in an attempt to reclaim the original potency of theatre and its relevance and effectiveness in contemporary times. This is where dance meets architecture, drama meets territory, and the performance of the body meets poetic light. Crisafulli's works - poetic and visionary, hypnotic and deeply emotional, full of life and irony - are revealed through interviews, personal accounts, critiques, information and photos related to performances and installations created between 1991 and 2011.

In italiano:

LA LUCE NECESSARIA
Conversazione con Luca Bigazzi
a cura di Alberto Spadafora
prefazione di Silvia Tarquini, 2012 - II ed. agg. 2014

Un libro intervista che "illumina" aspetti non noti delle migliori opere cinematografiche italiane degli ultimi trent'anni. La narrazione di Luca Bigazzi – direttore della fotografia e insieme operatore di macchina – raccoglie con coerenza caratteri tecnici, artistici ed etici del lavoro sul set. Bigazzi racconta la genesi del suo modo di lavorare libero da regole codificate, i motivi delle sue scelte professionali, la luce che ama, le ragioni della sua passione per lo stare in macchina. Come "controcampo", le testimonianze di 24 protagonisti del cinema italiano, tra registi, attori, produttori, fotografi di scena e collaboratori.

IL MIO ZAVATTINI
Incontri percorsi sopralluoghi
di Lorenzo Pellizzari, 2012

Il libro raccoglie quanto Pellizzari ha scritto e pensato su Zavattini da quando era ragazzo ad oggi, insieme ad una storica intervista, in cui Zavattini si concede forse come mai; documenta un lungo rapporto intellettuale e personale, fatto di infinite riflessioni, desideri, slanci, critiche, pentimenti, ripensamenti; e rivela l'ininterrotto impegno del critico a capire, da una parte, e a "stimolare", quasi, dall'altra, il suo personaggio. Un impegno appassionato e civile, e insieme sedotto dalla qualità giocosa della scrittura zavattiniana.

L'AVVENTURA DI UNO SPETTATORE
Italo Calvino e il cinema
a cura di Lorenzo Pellizzari, 2015
con saggi e autori vari

Nel trentennale della scomparsa, Artdigiland celebra Italo Calvino. Il libro ripercorre le poche ma fruttuose relazioni dello scrittore con il cinema italiano ma soprattutto sviluppa il viaggio in un immaginario che dal cinema prende le mosse. Si parte da quanto Calvino racconta nella sua *Autobiografia di uno spettatore*, del '74, prefazione al volume *Fellini: quattro film*, si attraversano racconti, romanzi, saggi critici individuando l'imprinting cinematografico, e si arriva al "segno calviniano" di non poche opere del cinema e del disegno animato contemporanei. L'apparato iconografico rende omaggio alla fascinazione calviniana per il cinema classico, soprattutto americano.

LE OMBRE CANTANO E PARLANO
Il passaggio dal muto al sonoro nel cinema italiano attraverso i periodici d'epoca (1927-1932)
di Stefania Carpiceci
prefazione di Adriano Aprà, vol. I, 2012

L'intento di questo libro è quello di indagare, in Italia, il passaggio dal cinema silenzioso delle origini ai nuovi fonofilm. A fare da mappa sono soprattutto le riviste e i periodici cinematografici nazionali d'epoca, analizzati a partire dal 1927 – anno della prima proiezione americana de *Il cantante di jazz*, pellicola che notoriamente decreta la nascita ufficiale e internazionale del cinema sonoro – fino al 1932, data di adozione del doppiaggio in Italia. Undici film sono poi scelti e analizzati come casi rappresentativi delle questioni messe in campo dal sonoro.

LE OMBRE CANTANO E PARLANO
Il passaggio dal muto al sonoro nel cinema italiano attraverso i periodici d'epoca (1927-1932)
di Stefania Carpiceci, vol. II Apparati, 2013

Il volume II di *Le ombre cantano e parlano* propone una mappatura ragionata dei maggiori periodici cinematografici dell'epoca: «L'Argante», «Cine-Gazzettino», «Cinema Illustrazione», «Il Cinema Italiano», «Cinema-Teatro», «La Cinematografia», «Il Cine Mio», «L'Eco del Cinema», «Kines», «La Rivista Cinematografica», «Rivista Italiana di Cinetecnica» e «Lo Spettacolo Italiano». Ad essi si aggiungono due riviste teatrali, «Comoedia» e «Il Dramma», e un quotidiano, «Il Tevere», particolarmente attenti al cinema. Le testate sono scandagliate in relazione ai vari aspetti del passaggio dal muto al sonoro. Altro osservatorio privilegiato sono naturalmente i film, dei quali si riporta il repertorio.

RITA HAYWORTH
Cinema, danza, passione
di Claudio Valentinetti
prefazione di Lorenzo Pellizzari, 2014

Una sterminata filmografia, più di sessanta titoli, anche se pochi sono quelli folgoranti, *Sangue e arena*, *La signora di Shanghai*, *Gilda*. Cinque mariti, tra cui il genio Orson Welles e l'"imam" Ali Khan, e molti grandi partner sul set. Un mito costruito dalla Mecca del Cinema di quegli anni per mano di sapienti produttori e di abili registi: Charles Vidor, Rouben Mamoulian, Howard Hawks, William Dieterle, Henry Hathaway, Raul Walsh e, ovviamente, Welles. Una vita durissima: un lungo lavoro per raggiungere il successo, prima come ballerina, negli spettacoli e nella scuola di flamenco della sua famiglia, i Dancing Cansinos, e poi come attrice. Senza mai ottenere quello che più desiderava: la felicità familiare.

LA VERITÀ DETTA
Testimonianze sul Pasolini politico
a cura di Enzo De Camillis, 2015

Il quarantennale della morte di Pasolini cade in una fase del nostro Paese che in molti definiscono di "catastrofe culturale" (e politica, economica, umanitaria). Ponendosi in relazione con l'oggi, il libro propone una serie di testimonianze inedite sul Pasolini "politico", intellettuale spesso in contrasto con la sinistra ufficiale della sua epoca.

Si avvisano i lettori che il libro è esaurito.

IL CALENDARIO DEL CINEMA
Ovvero L'altra faccia della Luna
365 giorni tra persone, film, momenti di riguardo (e senza riguardo)
di Lorenzo Pellizzari, 2016

Un calendario che si rispetti dedica ognuno dei suoi 365 giorni a un cosiddetto santo o a un memorabile momento della liturgia. Poteva sfuggire alla regola un calendario dedicato all'empireo del cinema, all'Olimpo dei suoi divi e delle sue divine, agli eventi della sua ormai lunga storia? Non poteva. Persone, film, momenti, ripescati dalla memoria di un vecchio critico, con il dovuto riguardo per quanti se lo meritano e senza alcun riguardo per altri. Anche un modo per rievocare incontri personali, amici scomparsi, visioni effimere.

ADRIANA BERSELLI. L'AVVENTURA DEL COSTUME
Cinema, teatro, televisione, moda, design
a cura di Vittoria Caterina Caratozzolo, Silvia Tarquin
prefazione di Steve Della Casa, 2016

Un libro intervista, un ritratto d'artista che traccia contestualmente la fisionomia di un mestiere. Dopo l'esordio con Pabst, negli anni '50, Berselli è al fianco di Blasetti, Risi, Comencini, Vasile, Petron e Camerini in film che ritraggono l'evoluzione della società italiana del boom economico. Michelangelo Antonioni le affida i costumi per *L'avventura*. Negli anni '60 Berselli rappresenta la rivoluzione sessantottina e l'affermarsi di nuove tecniche, nuovi tessuti, nuove forme. Nei '70 racconta sottotraccia le intemperanze e le frustrazioni di un decennio già carico di fallimenti ideologici e politici. A fine anni '70 segue il marito in Venezuela, paese in cui ha ottenuto premi e riconoscimenti nei campi del teatro e della moda e ha tenuto corsi sul costume in accademie, circoli culturali, università e in programmi televisivi. Tornata poi in Italia, al cinema e alla televisione, esprime ancor il suo talento disegnando "personaggi di strada".

UN LIBRO CHIAMATO CORPO
di Akira Kasai
a cura di Maria Pia D'Orazi, 2016

Le discipline esoteriche insegnano che il corpo non è ma un ostacolo per la realizzazione dell'individuo. Al contrario è il mezzo necessario per la sua elevazione spirituale, perché lo spirito si forma per gradi dopo aver accolto ed elaborate le esperienze del mondo fisico. È attraverso la percezione delle sensazioni fisiche che l'essere umano può acquisire consapevolezza della sua identità più profonda: quando mette a tacere l'intelletto e dirige la coscienza sulle sensazion riesce a percepire il corpo interiore come un flusso di energ che scorre nell'organismo, sperimentando il contatto con sua identità di essenza a partire dalla sua identità di form Attraverso il contatto con l'Essenza è possibile distingue i pensieri individuali generati dal proprio sé da que provenienti da istinti fisici o abitudini sociali; mentre si ent in un territorio senza limiti dove "io è un altro" e scompar ogni differenza fra individui, generazioni, civiltà o religio che possa generare una cultura della sopraffazione e dell violenza. Allora, la ricerca espressiva diventa qualcosa di pi e d'altro: è sistema pedagogico e visione dell'uomo nuovo

LA LUCE COME EMOZIONE
Conversazione con Giuseppe Lanci
a cura di Monica Pollini, 2017

La voce pacata e l'espressione attenta di Giuseppe Lanci, non di rado accompagnate da sottile e delicato umorismo, condurranno il lettore in un racconto che attraversa, nel vivo del set, oltre cinquant'anni del migliore cinema italiano, e non solo. Dalla formazione al Centro Sperimentale di Cinematografia all'esperienza da operatore di macchina al fianco di Tonino Delli Colli e Franco Di Giacomo, dalle incertezze degli esordi all'immersione nella dimensione unica del cinema di Andrej Tarkovskij per *Nostalghia*, dai sodalizi artistici con Marco Bellocchio, Paolo e Vittorio Taviani, Nanni Moretti agli incontri con Bolognini, Magni, Wertmüller, Von Trotta, Cavani, Del Monte, Greco, Piscicelli, Archibugi, Luchetti, Benigni, Franchi... L'arte e il mestiere del creare la luce e l'impatto visivo del film sono resi con dovizia di particolari tecnici ma sempre nell'ambito di un approccio umanistico, e in un insieme di riflessioni che vanno dai condizionamenti produttivi alle relazioni con gli altri reparti del set e gli attori, fino al tema della "carriera" in generale. L'intervista si sofferma poi sull'ultima passione di Lanci, quella per l'insegnamento e per lo scambio con i giovani, passione che lo riporta, da docente e coordinatore didattico, al Centro Sperimentale dei suoi inizi. Foto di scena e di set illustrano questo percorso magistrale e testimonianze di registi e colleghi fanno da contrappunto alla narrazione di uno dei maggiori direttori della fotografia italiani.

LA LUCE COME EMOZIONE
Conversazione con Giuseppe Lanci
a cura di Monica Pollini, 2017

Del volume *La luce come emozione* è disponibile una versione economica di formato ridotto e senza immagini; le immagini sono disponibili per i nostri lettori sul sito Artdigiland, al link indicato nel libro.

In italiano, francese e inglese:

L'IMMAGINE COLORE
Le fer à cheval un film Pathé
a cura di / ed. by Marcello Seregni
prefazione di / foreword by Giulia Barini, 2016

Il libro propone una raccolta di saggi dedicati alla storia del cinema muto e al restauro del film, con particolare riferimento a *Le fer à cheval* (1909) di Camille de Morlhon, restaurato a cura di Associazione Culturale Hommelette e Fondation Jérôme Seydoux-Pathé. Hanno contribuito Rossella Catanese, Eric Le Roy, Federico Pierotti, Alice Rispoli, Stéphanie Salmon, Claudio Santancini, Elisa Uffreduzzi, Giandomenico Zeppa; premessa di Giulia Barini. A conclusione del volume un ampio inserto iconografico con fotogrammi a colori. All'interno le modalità per richiedere la visione gratuita online di *Le fer à cheval*.

In italiano e francese:

MARC SCIALOM. IMPASSE DU CINEMA
Esilio, memoria, utopia / Exil, mémoire, utopie
a cura di / sous la direction de Mila Lazić, Silvia Tarquini
prefazione di / préface de Marco Bertozzi, 2012

Marc Scialom, ebreo di origini italiane, toscane, poi naturalizzato francese, nasce a Tunisi nel 1934. Dopo le persecuzioni naziste nel '43 in Tunisia, le ripercussioni sugli Italiani, meccanicamente associati al fascismo nel periodo dell'"epurazione", e la strage di Biserta (1961) – che il regista denuncia nel corto *La parole perdue* (1969) –, si trasferisce in Francia. La sua vita si intreccia, "mancandola", con la storia del cinema: a Parigi il lungometraggio *Lettre à la prison* (1969-70), realizzato senza un produttore e quasi clandestinamente, non è sostenuto dai suoi amici cineasti, tra cui Chris Marker. Deluso, Scialom chiude il film in un cassetto. Torna alle sue origini, allo studio della lingua e della letteratura Italiane. Traduce la *Divina Commedia* (Le Livre de Poche, 1996). Dopo il ritrovamento di *Lettre à la prison*, il restauro e la presentazione nel 2008 al Festival International du Documentaire di Marsiglia, Scialom torna al lavoro cinematografico con *Nuit sur la mer* (2012).

En français:

LETTRE A LA PRISON DE MARC SCIALOM
Le film manquant
sous la direction de Mila Lazić, Silvia Tarquini
préface de Marco Bertozzi, 2014

Le livre présente, en français seulement, la partie consacrée à *Lettre à la prison* dans l'ouvrage bilingue – italien et français – *Marc Scialom. Impasse du cinéma. Esilio, memoria, utopie/ Exil, mémoire, utopie*, sous la direction de Mila Lazić et Silvia Tarquini (2012). Le livre source est consacré à l' œuvre de Scialom – cinématographique et littéraire – dans son ensemble, et approfondit sa relation avec la *Divine Comédie* de Dante Alighieri. Ce volume restitue à l'histoire du cinéma la mémoire historique et cinématographique cristallisée dans l'aventure, au sens antonionien, de Marc Scialom. Avec *Lettre à la prison* (1969) nous sommes confrontés à un film Nouvelle Vagues "trouvé", tourné avec une camera prêtée par Chris Marker, puis englouti dans un abîme bien précis, personnel et historique. La préface de Marco Bertozzi cite Alberto Grifi, Chris Marker et Jean Rouch, filmmakers "dépaysés", constamment à la recherche, à travers le cinéma, d'un contact avec la réalité.

LES AUTRES ETOILES
de Marc Scialom
roman, préface de Frédérick Tristan, 2015

«Voici donc ce que je souhaitais réussir : le lecteur serait plus ou moins perdu tout au long de mon livre, perdu mais accroché, avec le sentiment croissant de frôler une chose intense, de l'entrevoir dans un brouillard, de supposer cette chose peut-être à tort, un peu comme un rêveur sur le point de s'éveiller voit parfois poindre à travers les volutes et sous les masques de son rêve une vérité douteuse, douteuse mais imminente, cela jusqu'aux dernières pages – puis tout à coup il comprendrait : rétrospectivement sa lecture indécise lui deviendrait claire parce qu'il découvrirait, lovée au coeur de la spirale et hors littérature, la scène première dont le livre est sorti».

INVENTION DU REEL. TROIS CONTES
de Marc Scialom
illustré par Mélik Ouzani, 2016

Le réel est-il vrai ? Le vrai est-il réel ? Humoristiques mais graves, noirs mais flamboyants et bariolés, burlesques mais parfois terrifiants, ces contes ne peignent pas seulement un univers distinct du nôtre mais qui lui ressemble. À l'aveuglette et à tâtons, ils en esquissent aussi quelques possibles prolongements futurs...

In English:

THE GREAT BEAUTY
Told by Director of Photography Luca Bigazzi
ed. by Alberto Spadafora, 2014

Luca Bigazzi is one of Italy's most acclaimed award-winning directors of photography (DOP). His life has been dedicated entirely to the best of independent Italian cinema (not counting his work with Abbas Kiarostami). He has worked with directors such as Mario Martone, Gianni Amelio, Ciprì e Maresco, Silvio Soldini, Carlo Mazzacurati, Antonio Capuano, Leonardo Di Costanzo and Andrea Segre, and has been working with Paolo Sorrentino since *The Consequences of Love* in 2004. In this interview, edited by the photographer and film critic Alberto Spadafora, the Italian cinematographer talks about *The Great Beauty*, prizewinner of the Academy Award for Best Foreign Language Film of 2014.

THE SUBSTANCE OF DRAWING
A Guide to Visual Power, by Bjorn Laursen
preface by John Kennedy, 2017

This book is not a manual as it is normally meant. It is not just a technical guide to learning how to draw. It lets you understand the motivations and impulses that are at the origin of drawing and the processes that are activated when you draw. And drawing is intended not so much as a simple tool, more or less effective, to imitate reality, but as a means of knowledge and memory with respect to reality. What Bjørn Laursen lets us understand is how listening and the availability to be captured by what we have around are essential qualities for an artist, and how the act of drawing is not a passive recording of objects, but a discovering and imagining, discovering the present and its history, and imaging the future of the environment we live in.

www.ingramcontent.com/pod-product-compliance
Lightning Source LLC
Chambersburg PA
CBHW072040160426
43197CB00014B/2569